感谢中山大学"一带一路"研究院为本书出版提供资助！

大洋洲研究文集

喻常森◎著

Collected Works on Oceanian Studies

中山大学出版社
SUN YAT-SEN UNIVERSITY PRESS
·广州·

版权所有　翻印必究

图书在版编目（CIP）数据

大洋洲研究文集：汉、英/喻常森著．—广州：中山大学出版社，2024.4
ISBN 978 - 7 - 306 - 08069 - 1

Ⅰ. ①大… Ⅱ. ①喻… Ⅲ. ①大洋洲—文集—汉、英 Ⅳ. ①D76 - 53

中国国家版本馆 CIP 数据核字（2024）第 067439 号

DAYANGZHOU YANJIU WENJI

出　版　人：王天琪
策划编辑：熊锡源
责任编辑：熊锡源
封面设计：林绵华
责任校对：郑雪漫
责任技编：靳晓虹
出版发行：中山大学出版社
电　　话：编辑部 020 - 84110283，84113349，84111997，84110779，84110776
　　　　　发行部 020 - 84111998，84111981，84111160
地　　址：广州市新港西路 135 号
邮　　编：510275　　　　　传　真：020 - 84036565
网　　址：http://www.zsup.com.cn　　E-mail：zdcbs@ mail.sysu.edu.cn
印　刷　者：广州市友盛彩印有限公司
规　　格：787mm×1092mm　　1/16　　19.5 印张　　375 千字
版次印次：2024 年 4 月第 1 版　　2024 年 4 月第 1 次印刷
定　　价：60.00 元

如发现本书因印装质量影响阅读，请与出版社发行部联系调换

序

汪诗明

我已记不清在一个什么样的场合，喻老师说他快要退休了。我当时没在意，以为他只是说说而已，因为说自己快要退休了，这在学术界好像是一种文化，比较流行。更何况在我的印象里，喻老师还很年轻，离退休似乎不沾边。当然，还有一层比较自私的想法：大洋洲学界需要像喻老师这样兢兢业业的学者。2021年，喻老师办理了荣休手续。我当时受邀向喻老师发去了一段表示敬意和祝福的视频，并表达了不舍之情。事到如今，我还没有完全接受这样的现实，当然也不相信喻老师真的过上那种归隐山林、笑傲江湖的生活，而他以自己的实际行动证明了他仍是大洋洲学术界不可缺少的一分子，不仅与大洋洲学界同仁互动频繁，而且经常性地接受媒体采访，就中澳关系、中国与太平洋岛国关系发表真知灼见。前不久得知他的研究成果将结集出版，名为《大洋洲研究文集》。对大洋洲学界来说，此乃幸事！

我与喻老师年龄相仿，开始涉足大洋洲研究的时间也差不多，但我们相识却比较晚。在2012年9月聊城大学为庆祝太平洋岛国研究中心成立而举办的第一届学术论坛上，我与喻老师首次碰面。当时，喻老师给我的印象是，人比较高大，腰板挺直，话虽不多，但说话时眼角带笑，一副典型的学者形象。自那以后，我们之间的交流多了起来，也成为彼此的朋友。

喻老师是一位对大洋洲研究有着执念且特点鲜明的学者。他先后多次赴澳大利亚高校访学和进行学术交流，并与澳大利亚同行一直保持着密切的学术联系，这使得他对澳大利亚学界有关澳中关系的研究动态有比较全面的掌握和及时的了解。他与他的同事创建了国内第一家以"大洋洲研究"来命名的研究机构。该机构成立十年来，通过举办学术研讨会或学术工作坊、出版《大洋洲蓝皮书——大洋洲发展报告》和编辑《大洋洲研究通讯》，在学术界获誉不断。不得不提及的是，2019年11月，该中心成功举办了第三届大洋洲研究高层论坛，为扩大大洋洲研究在国内学界的影响力做出了重要贡献。喻老师是一位不计名利、甘于奉献、笃行不怠的学者。主编《大洋洲蓝皮书——大洋洲发展报告》和编辑《大洋洲研究通讯》是一项耗时费力的工作。在国内现有的学术评价机制下，邀请专家和学者为大洋洲蓝皮书撰稿并非易事。因为大洋洲研究本来就不是一个容易产出的领域，一年内想不出一个有意义的选题是常有之事。大洋洲蓝皮书按时保质出版，让学界同仁感到欣喜的同时，也令我不由得为喻老师拥有广泛的人脉点赞！编辑《大洋洲研究通讯》更是令人感佩不已。虽然只是一本小册子，但要及时跟踪大洋洲世界所发生的大事件，记录大洋洲学界的研究动态，并对上述信息进行审核、比较、分类、编辑和校对，没有一颗公益心、佛系心态和学术求真的精神，是做不了这方面工作的。

《大洋洲研究文集》是一本比较厚重的学术文集，下面我谈谈三个方面的感受。

首先，这是一本名副其实的大洋洲研究文集。大洋洲地域广泛，国家众多，除较为众人熟知的澳大利亚、新西兰外，还有 14 个岛国。就目前国内大洋洲学界而言，研究澳大利亚的居绝对多数，研究太平洋岛国的次之[①]，研究新西兰的人数最少。至于为何出现这种不太易解的学术现象，这可能要从三方面去寻找原因。一是新西兰是一个人口规模较小的国家，这是一个客观原因；二是新西兰是一个比较"安分"的国家，热点、焦点问题不多；三是澳新存在一些相似之处，而澳大利亚的比较优势这时候就显现出来了。由于存在上述情况，所以，对绝大多数人来说，要么是研究澳大利亚，要么是研究太平洋岛国或研究某某岛国，要么是研究新西兰。说自己是研究大洋洲的，人数恐怕少得可怜。喻老师一开始是研究澳大利亚的，澳大利亚外交尤其是中澳关系和澳美关系是他的主研方向，后来在大洋洲研究中心成立后，为使中心功能名实相符，他有意识地扩大了自己的研究领域。当中国与太平洋岛国在"一带一路"框架下开展互惠合作、中太关系进入一个新的发展阶段时，中国与太平洋岛国的经济外交、美国对太平洋岛国的援助战略、亚洲开发银行对太平洋岛国的援助特点等，就成为喻老师一段时间内予以重点探讨的对象。至于新西兰问题，喻老师自谦没有多少研究，但他撰写了四篇大洋洲地区年度发展综述。当我们观察一年来新西兰的政治、经济、外交、防务、环境、公共卫生等领域的状况时，如果不与一年前或多年前的发展状况相联系，如果不考虑历史传承即历史与现实的关联，我们是无法对现实状况进行叙事和评估的，更无法对日后作出任何有意义的展望，所以，喻老师对新西兰问题并不陌生，而且是有所研究的。

其次，跨学科研究方法的运用。跨学科研究是区域与国别研究中用得比较多的方法之一，这是因为区域与国别研究注重整体性、全面性和综合性。这一研究特质决定了单一学科是无法胜任区域与国别研究的。就研究者个体

---

① 这里是就太平洋岛国作为一个研究整体而言的，如果仅就个体岛国来说，研究的力量应是最薄弱的。

来说，谁都希望自己是做跨学科研究的，但能够如愿且得到学界认可的确实很少。研究的意识、研究的能力（主要指多学科背景）以及研究的问题导向是跨学科研究必须具备的三个基本要素，而且缺一不可。喻老师是历史学专业出身的，这为他日后从事多学科或跨学科研究奠定了必要的基础。这里并不是说其他学科背景的人做不了跨学科研究，而是说相较于其他学科，历史学科的知识结构、人才培养理念以及社会需求模式决定了历史专业背景的人拥有比较扎实的历史文化知识以及社会基础知识，而这些恰恰为跨学科研究提供了较为有利的条件。学术实践中的一些案例也为这一观点提供了令人信服的注脚。比如，以历史研究见长后来转向国际政治或国际关系或区域国别研究的大有人在，而且做得成功的也不少；反之，从事国际政治或国际关系的却鲜有人转向历史研究。再比如，拟报考国际政治或国际关系专业方向的博士生，什么专业背景的都有；但报考历史学方向的生源就比较纯粹了。也许有人辩解说，历史研究不是热门，研究历史用处不大，这或许是一个原因，但真正的原因是历史研究的门槛较高。从喻老师的研究成果来看，在对中澳关系或澳美关系研究方面，他能很好地把历史梳理与现实观察有机地结合起来，而且后期也基本转向了国际政治或国际关系领域研究。我们还注意到，这本文集中还收录了一定数量的以经济研究为主或与经济研究相关的主题论文，如《中国企业在太平洋岛国投资的社会政治风险分析》。对于非经济学专业背景的人来说，这是一个可望而不可及的议题。我一直以为自己在课题研究所需要的专业知识背景方面有一定的顺应力，但坦率地说，我比较发怵的还是经济学。这并不是说我对经济学原理不感兴趣，也不意味着我的数学基础知识相当不堪，而是本人对经济学中的模型建构分析一窍不通。这篇论文的研究目的非常明确，如作者在前言中所阐明的，就是致力于建构大洋洲国家投资的非传统风险分析模型并提出相关建议。对于一个从事大洋洲研究的学者来说，这既是一个朴素无华的想法，也是一个志存高远的理想。我无法从一个专业的角度去对这篇文章所建构的分析框架作出评判，但我相信，由大量数据、图表、风险指标及风险系数的设定所建构的分析模型，对于相关课题的进一步研究是有参考或借鉴意义的。

最后，注重成果的国际发表。现在国内的很多高校尤其是"双一流"高校都把国际化办学视为一个重要方向，并且视为彰显高校办学实力和影响力的一个重要指标。但是，在国际刊物上发表自己的研究成果谈何容易？首先是要找到适合刊物需求的选题，其次是语言的表达能力问题。对国内很多学者来说，最大的困难或挑战莫过于语言书写能力问题。喻老师在文集的最后部分，安排了他在国外期刊以及其他平台上发表的数篇英文论文。据喻老师说，国内的大洋洲学界同仁对他的这些成果不是很了解，这也是他打算出版他的研究文集的初衷之一。坦率地说，此前我也不掌握这方面的信息，在感到惊讶的同时，也对喻老师顿生敬意。因为我非常清楚，作为一个非英语专业背景的学者，无论你的英语水平有多高，用外文写作尤其是撰写高水平的论文肯定会遇到各种各样的困难或挑战。可是，喻老师做到了。他的英文代表作是《相互依赖的困局：中澳关系的现实特征与未来走势》（"The Dilemma of Interdependence：Current Features and Trends in Sino-Australian Relations"）。该文发表在 2012 年第 5 期《澳大利亚国际关系期刊》（*Australian Journal of International Affairs*）上。《澳大利亚国际关系期刊》是国际关系研究领域几个较有影响的国际期刊之一，也是我常常参阅的期刊之一。可以说，在英文论文发表方面，喻老师给大洋洲学界尤其是给年轻学者树立了一个很好的榜样。

文集收录了喻老师的二十余篇论文或研究综述，每篇论文或研究综述要么在选题视角上给人以启示，要么在观点立论方面令人印象深刻，要么在研究方法或研究路径上独辟蹊径，要么在资料信息方面开人眼界……总之，每篇论文或研究综述都有其独到的学术价值。由于担心对文集中的作品的认知或解读会出现我个人的某些主观之见，进而会对读者的品读产生影响，所以，恕我这里偷一点懒，不再去对具体作品的主要观点作一一点评了。希望读者打开文集，与喻老师的作品进行对话，并走进一位澳研人或大洋洲学者的学术人生。

大洋洲研究作为一个学术群体关注的对象，在我国的历史并不长，准确地说是在改革开放之后。近年来，得益于国家的全方位开放战略以及中国作为一个世界性大国的和平崛起，区域国别研究受到了国家有关部门前所未有的重视并且出台相关政策予以扶持。大洋洲研究的重要性就是在这种时代语境下被人们重新认识。当越来越多的人对大洋洲研究产生兴趣并将其作为自己的学术追求时，这一领域的学术成果就令人应接不暇，但出版学术研究文集的并不多见。澳研前辈、南开大学殷汝祥先生曾经出版过澳大利亚研究的系列文集，我也曾有幸得到他的签名赐书。每当我需要查询中澳建交至20世纪 90 年代澳大利亚经济发展数据以及中澳经贸数据时，我第一时间就去书柜寻找殷先生的澳研文集，并悠然自得地引用书中的相关数据。正因为如此，包括本人在内的大洋洲学界期待喻老师的文集早日面世，也借此机会感谢中山大学"一带一路"研究院领导的这一厚德惠学之举。

此文为序。如有表述不周或失言之处，恳请喻老师海涵！

2022 年 7 月 18 日于苏州

目　录

澳大利亚研究

太平洋岛国研究

大洋洲研究综述

Publications in English

澳大利亚研究

澳大利亚对中国崛起的认知与反应*

引　言

2009 年中澳关系波澜跌宕。先是年初澳大利亚政府公布新版《国防白皮书》，直指"中国威胁"。接着是力拓案引燃中澳媒体大战。加之是年秋季中国"疆独"分子热比娅窜访澳大利亚受到新闻界热捧，中方对此表示"强烈不满"。凡此种种，促使人们对中澳关系走向表示出极大的关注。实际上，中澳关系的上述发展变化，在一定程度上反映了一个处于崛起与复兴之中的大国与一个希望继续维持现状的中等强国之间的相互再认识与关系调适过程。本文重点分析澳大利亚方面是如何看待中国和平崛起的。

澳大利亚为南半球最大的国家，国土面积 770 万平方公里，全球排名第六位，相当于中国的 4/5。但是，澳大利亚的常住人口只有 2020 万，相当于中国的 1.6%，其中白人占 90%，华人 50 万，占 4% 左右。从政治制度上看，澳大利亚属英联邦国家，实行资本主义议会民主制。1972 年 12 月 21 日中澳建立正式外交关系。此后，双边关系发展相对比较平稳，互设大使馆和众多领事馆，缔结了一批友好省份和姐妹城市。近年来，中澳双方的教育文化交流十分活跃。统计资料显示，2008 年有 12.7 万中国学生在澳大利亚注册留学，占外国留学生的 23%。2008 年到澳大利亚旅游的中国大陆游客人数达到 35.6 万人次，占澳大利亚外国游客总数的 6.4%，中国成为澳大利亚第五大外国游客来源地国家。中澳两国经济贸易发展势头迅猛。2007 年，中国一度成为澳大利亚最大的贸易伙伴，双边货物贸易额为 444.8 亿美元。2008 年，中国是澳大利亚第二大贸易伙伴，双边贸易额（含服务贸易）为 573.0 亿美元，排在日本之后。澳大利亚向中国出口的主要商品为矿产品、纺织原料和农产品，澳大利亚自中国进口的主要商品为机电产品、纺织品、家具和玩具制品。两国从 2005 年开始商谈自由贸易协定，目前已经进行了14 轮谈判。但是，就在中澳两国经济贸易关系不断加深的同时，必须看到，由于各自的文化传统和社会政治制度不同，以及安全战略分歧，澳大利亚从

---

* 原文发表于《当代亚太》2010 年第 4 期。

民间到官方，均存在一定程度的对华认知误区。随着近年来中国国家实力的不断提高，澳大利亚部分学术界和官方人士担忧亚太地区权力结构出现对自己不利的改变。这些认知误区或担忧，如果得不到及时澄清和舒缓，可能会损害中澳两国关系的进一步发展。

一、澳大利亚学术界对中国崛起的认识

近年来，在澳大利亚学术界中，有关"中国问题"的研究成为一门显学，其主要研究力量分布在各高等院校、智库、新闻媒体和政府相关部门。他们通过学术出版、新闻评论和咨询报告等形式影响政府对华决策，形成了一个中国事务的"认知共同体"（epistemic community）和"外交政策网络"（foreign policy networks）。①澳大利亚学术界对于中国崛起问题的评价，总的来说是持"谨慎的乐观"态度。根据学术观点差异，可以细分为三大流派：自由主义、现实主义和保守主义。

（一）自由主义学派——乐见其成

在澳大利亚中国问题研究的学术圈子中，自由主义学派主要包括退休外交官、经济学家和汉学家等"知华派"人士。他们大都非常熟悉中国情况，对华持友好态度。他们主张澳大利亚应该以积极与平静的心态对待中国崛起。这一部分学者所持的基本观点是：①中国是一个文明古国，人口众多，富有创造性。自改革开放以后，中国取得了巨大的成绩，为人类社会做出了重大贡献。②中国政府采取和平友好的外交政策，积极参与多边合作，中国融入国际制度将产生积极的社会化（socialization）影响。③中澳两国经济结构存在较大的互补性，中国的经济发展为澳大利亚创造了繁荣的机会。早在20世纪80年代，澳大利亚驻华大使郜若素（Ross Garnaut）就向澳大利亚总理霍克提出要利用中国改革开放的机会，搭上东北亚经济发展的顺风车，为此，他大力倡导组建亚太经济合作组织，将中国大陆、台湾地区和香港特别行政区纳入其中。② 中国的经济发展，为澳大利亚产品提供了一个有利可

① Allan Gyngell, Michael Wesley, *Making Australian Foreign Policy*, Second Edition, Cambridge, UK.：Cambridge University Press, 2007, p. 165.

② Ross Garnaut, *Australian and the Northeast Asian Ascendancy：Report to the Prime Minister and the Minister of Foreign Affairs and Trade*, Canberra：Australian Government Publishing Service, 1989, p. 2.

图的出口市场；中国强劲且有效率的工业，为澳大利亚提供了大量的廉价商品，双方都从各自的优势中获益。中国作为一个新兴的全球经济体，在亚太地区未来的经济格局中发挥领导作用。由于澳大利亚与中国在经济上有巨大的互补性，澳大利亚的繁荣有赖于中国经济的持续增长。"澳大利亚的繁荣与安全将取决于创造一种能够（同时）容纳中国经济容量和较小的亚太经济体利益的国际经济与政治体制。"① 因而，他们鼓励并建议澳大利亚政府继续推行与中国建设性接触政策，同时加强与中国坦诚的对话。针对近期两国经贸合作中出现的一些风波，澳大利亚国立大学中国研究院教授、著名经济学家彼得·德赖斯代尔（Peter Drysdale）指出，澳大利亚对于中国投资的忧虑毫无根据，澳大利亚应该鼓励更多中国企业投资其资源行业。他说，澳大利亚使用外资的历史久远，从长远发展的战略角度考虑，澳大利亚以及其他发达国家应该欢迎中国企业的投资，而不是对它们秉持狐疑的立场。只有实行强强联合才是硬道理。中国目前是世界上最重要的外国直接投资来源国之一，有望成为未来外国直接投资的重要力量。2008 年，全球外国直接投资同比大幅下降（21% 左右），而中国的外国直接投资数量却翻了一番。中国的发展速度令包括澳大利亚政策制定者在内的很多人感到惊讶。但中国目前在澳大利亚的投资总额还很低，发展潜力巨大。② 针对有关中国威胁问题，大部分学者持否定态度。正如澳大利亚国立大学中国研究院任格瑞（Richard Rigby）院长所指出的，"对外部世界来说，一个更加富裕和强大的中国并不必然是一种挑战。而一个失败的中国比一个成功的中国对世界更加危险"③。由此可见，自由主义学派主要从中澳经济的相互依赖关系，特别是中国经济发展为澳大利亚提供的巨大机会方面着眼，希望分享中国经济发展的红利，对中国崛起做出积极、正面的评价。2009 年最新统计数字显示，中国已经超过日本成为澳大利亚最大的贸易伙伴（含货物贸易及服务贸易），双边贸易总额达到 851 亿多澳元，占澳大利亚对外贸易总额的 16.8% ,④ 中国同时成为澳大利亚第二大的投资来源地，当年合同投资总额

---

① Ross Garnaut, "The Sustainability and Some Consequences of Chinese Economic Growth", *Australian Journal of International Affairs*, Vol. 59, No. 4, 2005, pp. 517 –518.

② 彼得·德赖斯代尔：《西方担心中国投资无根据》，《经济参考报》2009 年 07 月 20 日。

③ Wednesday Lunch at Lowy-Dr Richard Rigby presentation, 6 Aug 2008, *Rising China on the eve of the Olympics*, http://www. lowyinstitute. org/Publication. asp?pid = 867.

④ *Composition of Trade* 2009 , Australian Government Department of Foreign Affairs and Trade, p. 33, http://www. dfat. gov. au/publications/stats-pubs/composition_ trade. html.

达到 265 亿澳元。① 澳大利亚的发展与中国密不可分。

（二）现实主义学派——两面下注

持现实主义立场的人士大部分是高校和研究机构从事国际政治教学和研究的学者，以及智库学者。这一流派学者认为，中国崛起是不争的事实，但中国未来发展走向至今无法预测。因而，澳大利亚一方面应该继续积极同中国打交道，另一方面必须谨慎防止中国单独主导亚洲事务。澳大利亚现实主义学派的中国观包括：①中国的经济发展必然会推进国防现代化，从而导致地区战略力量对比的失衡；②如何协调与美国的安全同盟关系和越来越重要的中国贸易伙伴关系已经成为澳大利亚主要的外交政策挑战；③澳大利亚必须致力于建立一种有效的地区多边制度，将中国纳入其中。学者们认为，澳大利亚尽管算得上是一个中等强国，但是，在大国竞争中，从来不具备独立的抗衡能力。无论在亚洲还是在其他地方均是如此。也就是说，仅仅依靠自己的力量，澳大利亚认为无法与中国竞争，更不用说与其抗衡。澳大利亚主要奉行的国家战略是"双管齐下"：一方面依靠自己的力量追求自己的利益，努力营造一个对自己有利的国际和地区环境；另一方面，借助联盟的力量，对外部威胁加以消化，维护和增强自己实力和利益。中国作为一个负责任的利益攸关方参与亚洲秩序，符合澳大利亚的地区政策。如果中国未来采取扩张主义政策的话，澳大利亚就要和盟国一道对中国加以围堵和制衡，就像"冷战"时期那样。② 鉴于未来中美冲突可能难以避免，澳大利亚与美国和中国的关系确实遭遇非常大的困境——甚至毫不夸张地说是本国面临最大的困境——它需要堪培拉政府更加周密的考虑。③ 澳大利亚对澳美同盟的忠诚可能与它想避免引起北京的不快相矛盾。美国布什政府的副国务卿里查德·阿米蒂奇在 1999 年曾经明确指出："当华盛顿发现自己与中国（大陆）就台湾发生冲突的时候，它将希望得到澳大利亚的支持。如果没有得到澳大利亚的支持，这就意味着美澳同盟关系的终结。"④ 所以，澳大利亚一方面

---

① Australian Government Foreign Investment Review Board, *Annual Report*, 2008 – 2009, http://www.firb.gov.au/content/publications.asp?NavID = 5.

② Rod Lyon, "Changing Asia, Rising China, and Australia's Strategic Choices", *Policy Analysis*, ASPI, Australian Strategic Policy Institute, Friday, 17 April 2009.

③ Michael Wesley, *The Howard Paradox*: *Australian Diplomacy in Asia*, *1996 – 2006*, Sydney: ABC Books, 2007, p. 130.

④ Edwards, "Permanent Friends?", in Michael Wesley, *The Howard Paradox*: *Australian Diplomacy in Asia*, *1996 – 2006*, Sydney: ABC Books, 2007, pp. 125 – 126.

要承担与美国的同盟义务，同时又必须避免刺激中国，澳大利亚必须致力于建立一种稳定和建设性的中—美—澳三角关系。有学者直言不讳地指出："如何应对正在崛起的中国成为澳新美同盟条约（ANZUS）建立半个世纪以来最根本的挑战。"①澳大利亚必须很好地调和它在地理上和经济上在亚洲的利益与战后在战略和历史文化上与美国的一致性关系之间的矛盾。在这一进程中，澳大利亚必须制定出一种成功的政策，不至于疏远北京或者华盛顿。这影响未来十年内澳大利亚的国家安全。澳大利亚应该采取一种深思熟虑的对华对美关系的决策模式，以最大限度上保障国家利益。在重大战略问题上与两个大国保持持久和制度性的对话与协商，避免夹在中美冲突的中间。除借助与美国的同盟关系维护澳大利亚国家安全外，对像澳大利亚这样一个没有自然区域的"富有国家"来说，多边制度是一个有益的再保险措施。多边制度不但能够降低国际体系中丛林规则所产生的副作用，而且能够为中小国取得更大的话语权。② 学者们建议，在安全战略上，应该致力于在亚太地区实现从"排他性的"双边主义到"包容性的"集合安全（convergence security）战略的转移。③ "集合安全"设想在多边地区安全秩序建立过程中给予中国、美国等地区大国一个集体的利害关系，同时，鼓励像澳大利亚这样的中小国家在建立和捍卫这一合作框架方面承担合适的责任。因而，大部分现实主义学派的学者们主张对中国采取"两面下注"（hedge strategy）的战略，即一方面，对中国进行积极接触，另一方面，通过同盟关系和多边制度对中国进行适当约束，以最大限度地确保澳大利亚的国家利益以及地区秩序的和平转换。现实主义学派主要是从传统国际政治中的权力转移视角来看待中国崛起。根据历史的经验，澳大利亚因为与美国结成了安全同盟，无论从同盟义务还是以澳大利亚自身安全考虑，一旦中美爆发战争，澳大利亚将难以独善其身。所以，澳大利亚一方面应该加强自身的防御能力（自助），另一方面也要通过国际机制，试图发挥中美之间的桥梁作用，消化中国崛起带来的不稳定因素，极力避免卷入两败俱伤的同盟战争。

---

① William T. Tow and Leisa Hay, "Australia, the United States and a 'China Growing Strong': Managing Conflict Avoidance", *Australian Journal of International Affairs*, 2001, 55 (1), pp. 37 – 54.

② Michael Wesley, "Critical Hinking Needed to Bolster Ties with Asia", *The Australian*, April 30, 2007.

③ William T. Tow, *Asia-Pacific Strategic Relations: Seeking Convergent Security*, Cambridge, UK.: Cambridge University Press, 2001, p. 213.

（三）保守主义学派——遏制与围堵

澳大利亚的保守主义学派人物主要为国防决策人员、部分智库高级研究人员和情报分析部门人员。澳大利亚保守主义学派对华的基本判断是：①伴随中国军事能力的大幅度提高，特别是信息战和反卫星武器的开发，中国会对美国武装力量产生威胁；②中国崛起所导致的地缘战略影响使美国的亚洲盟国面临严峻选择，中国经济可能会在未来几十年内赶上美国，而且其战略与政治力量都将随之提高，从而冲击美国在全世界的领导地位；③中国是在非西方集团中实行局部优化（sub-optimization）战略，这将动摇自由资本主义制度，或者说"华盛顿共识"以及西方民主价值观。他们认为，将来最有可能的情况是，随着中国经济的持续增长，它的政治和军事权力也将进一步增强（中国出现衰退的可能性很低）。根据购买力平价衡量，中国的经济规模将在 2020 年或 2030 年与美国持平。同样按照购买力平价计算，中国的国防预算已经超过了日本和俄罗斯。伦敦国际战略研究所（The International Institute for Strategic Studies，IISS）评估，2007 年中国的国防开支为 1220 亿美元，而美国国防部对中国军事开支的估计是 850 亿美元到 1250 亿美元之间。无论如何，到了 2020 年，中国的军费开支都是全世界排名第二的。中国将增加具有更强持续作战能力的核战略力量（陆基和海基洲际弹道导弹），除非日本也大规模增加国防支出，否则，中国将毫无疑问地成为亚洲最强大的海空军力量。而且，中国正在按部就班地进行航空母舰和反导弹系统建设，从而具备一定程度的反导弹能力。保守主义学者们推测，随着中国的实力上升，中国在东南亚和朝鲜半岛的影响力将超过美国。对澳大利亚来说，最大的挑战是确保东亚地缘政治平衡关系转换不至于损害地区的基本安全环境，确保中国的崛起不会限制澳大利亚的行动自由。另外一个严峻挑战是，美国对中国的崛起没有做好准备，导致包括日本和澳大利亚在内的盟国对美国维护地区战略秩序承诺信心的丧失。所以，澳大利亚必须为东亚地缘政治发展做好足够的准备。[①]对澳大利亚来说，这种选择尤为重要，因为美国优势的衰落，意味着自越南战争以后形成的亚洲秩序的终结。而这一秩序确保了最近数十年亚洲与澳大利亚的和平。这同时也预示着盎格鲁－撒克逊文明对亚洲海洋控制时代的终结，而这正是澳大利亚建国以来国家安全的必

---

① Paul Dibb, *The Future Balance of Power in East Asia：What Are the Geopolitical Risks?* Strategic and Defence Studies Centre, Australian National University, Canberra, ACT 0200, Australia, January 2008, Defence Studies Centre Working Paper No. 406.

要条件。① 中国崛起不仅挑战亚太安全结构和西方主导的秩序，而且必将从根本上动摇西方民主价值观，而这些安全结构、秩序和价值观，都是过去30 年中被经济学家、政府和产业界奉若神明的法宝。尽管中国和其他非西方国家也属于这一系统，但是，这一行为的后果是，它们是通过使更大集团遭到损失为代价来追求的相对获益，特别是在能源领域。为了保持原有的优势地位，避免地区权力结构漂移，这派学者建议澳大利亚应该放弃其传统的"均势"战略，增加国防投入，打造强大的海军潜艇部队和空军，以应对中国崛起可能引发的战争危险。② 学者们建议，鉴于中国军事现代化的步伐和规模可能给地区造成误判和不稳定，澳大利亚必须加强与美国、日本等民主国家之间团结与合作，建立和加固美、日、澳三边对话机制，强化三方政策协调能力，共同应对中国崛起的挑战。③由此可见，澳大利亚这部分保守主义学派学者主要从意识形态和冷战思维出发，对社会主义中国怀着非常强烈的不信任感和偏见，从消极的立场审视中国崛起。他们将中国崛起看成一种挑战和威胁，甚至危言耸听地认为，中国的崛起会影响澳大利亚的国家安全，冲击自由资本主义体系，因而主张遏制、围堵中国。

必须指出的是，本文上述对澳大利亚学术界有关中国事务研究的流派划分并不是非常严格和绝对的，主要是为了研究的方便起见。而且，如同国际政治研究领域的学术流派一样，各种流派之间具有某种相互渗透和彼此借重的关系。

二、澳大利亚公众及媒体对中国崛起的反应

中澳经济关系的不断加强，特别是中国超过日本成为澳大利亚最大的贸易伙伴——这是澳大利亚历史上第一次出现最大的贸易伙伴不是联盟体系成员（过去先后是英国、美国、日本）——使得澳大利亚与中国的关系变得非常复杂和微妙。中国崛起的现实，给澳大利亚公众造成了一定程度的心理

---

① Hugh White, "The Geo-Strategic Implications of China's Growth, in Ross Garnaut, Ligang Song and Wing Thye Woo (eds), *China's New Place in a World in Crisis: Economic, Geopolitical and Environmental dimensions*, Social Science Academic Press, 2009, p. 101.

② Hugh White, "A Focused Force: Australia's Defence Priorities in the Asian Century", Lowy Institute Paper, April 26, 2009 (http://lowyinstitute. richmedia-server. com/docs/White-A-focused-force_ exec-summ. pdf).

③ Paul Dibb, "Australia's Security Relationship with Japan: How Much Further Can It Go?", Working Paper No. 407, April 2008.

震撼，必然使他们经历一个漫长的调适过程。

中国的奥运火炬传递，西藏、新疆平暴，以及中澳之间贸易纠纷的发生，都在不同程度上对澳大利亚民众的中国印象注入了负面因素。就在 2008 年奥运火炬在澳大利亚首都堪培拉传递之际，一些当地媒体却纷纷炒作"中国大使馆给火炬接力活动'租借人群'"。经过舆论的夸大宣传，近年来，澳大利亚民众对中国的认识发生了一些消极变化。

有迹象表明，澳大利亚人对中国崛起的不适应感日益明显。澳大利亚著名智库洛伊国际政策研究所（Lowy Institute of International Policy）调查结果显示，2008 年与 2006 年相比，有更多的澳大利亚人主张与其他国家一道来限制中国的影响力，并主张澳大利亚在人权方面应该给中国施加足够的压力。只有三分之一的受访者认同中国崛起不会损害澳大利亚的利益。不少人认为，在未来的十年时间里，中国崛起为世界性大国将对澳大利亚构成重大威胁，这个数字比 2006 年上升了 9 个百分点。[1]而 2009 年该研究所民调显示，澳大利亚民众对中国的负面印象进一步加深。主要表现在以下几个方面：第一，对中国的态度趋于消极和冷淡，亲近度三年下降了近 14 个百分点（由 2006 年的 67% 下降到 2009 年的 53%）。第二，63% 的澳大利亚受访者认为目前中国是澳大利亚最重要的经济合作伙伴，95% 的人认为中国已经或者将要成为亚洲的主导力量。第三，对于中国崛起的态度，52% 的人感到不快，48% 的人认为可以接受。第四，59% 的人相信中国是世界上一个负责任的国家，41% 的人不同意。91% 的人认为澳政府应该对中国实行友好合作与接触政策。46% 的人主张澳政府应采取有力的行动限制中国发展，52% 的人不赞成这样做。第五，大部分（57%）的澳大利亚人认为在未来 20 年内中国不太可能成为澳大利亚的军事威胁，而 41% 的人认为有这个可能性。40% 的人认为中国成为一个世界性大国将对澳大利亚的核心利益构成威胁（比 2006 年增长了 15 个百分点）。[2] 第六，关于外来投资问题，中国排在阿联酋之后，是最不受欢迎的外来投资者之一。50% 的受访者认为澳大利亚政府允许太多的中国投资，42% 的人主张允许中国投资但是要加以适当限制。[3]

---

[1] *The Lowy Institute Poll* 2008, http://www.lowyinstitute.org/Publication.asp?pid = 895

[2] *The Lowy Institute Poll* 2009, p. 9. http://www.lowyinstitute.org/Publication.asp?pid = 1148.

[3] *The Lowy Institute Poll* 2009, p. 29. http://www.lowyinstitute.org/Publication.asp? pid = 1148.

　　澳大利亚民众对中国的消极反应，在很大程度上受到本国媒体不良宣传的影响。2009 年度，中澳两国媒体围绕澳大利亚新版《国防白皮书》和力拓事件展开了激烈的交锋，其中，力拓事件成为引燃澳大利亚媒体仇华报道的导火线。该事件的起因是，2009 年 2 月，中国国有控股企业——中铝公司（Chinalco）与全球三大矿业公司之一、总部设在英国（89% 总资产集中在西澳大利亚，澳大利亚总部在墨尔本）的力拓（Rio Tinto）集团签署了合作与执行协议，中方以总计 195 亿美元战略入股力拓集团，届时中国将持有该公司 18% 的股份。但是，澳大利亚媒体和部分反对党议员却反复强调中铝集团为"中国国有企业"，呼吁政府应设法保护国家资源行业利益和国家安全。澳大利亚商人伊恩·梅尔罗斯甚至私人出资 20 万澳元制作了一部宣传片，在澳大利亚电视台反复播放，矛头直指中铝与力拓的交易。澳大利亚反对党领袖马尔科姆·特恩布尔更是利用此事极力批评陆克文政府，指称陆克文政府为北京的"传声筒"。在各方面的合力作用下，澳大利亚外商投资审查委员会将中铝并购力拓的申请由一般的 30 天审查期延长了 90 天。到了 6 月 5 日，力拓集团董事会撤销与中铝达成的交易协议，并依据事先约定向中铝支付了 1. 95 亿美元的分手费，转而与总部设在澳大利亚的必和必拓（BHP Billiton）公司达成合作协议，交易额为 58 亿美元。一个月以后，即 7 月 5 日，力拓集团上海首席代表、力拓中国区哈默斯利铁矿业务总经理胡士泰等 4 名员工因"涉嫌为境外窃取、刺探中国国家机密"罪（后降格为商业贿赂罪）被中国政法部门刑事拘留。力拓事件本来纯属商业与司法问题，但澳大利亚媒体却加以大肆炒作。就在中铝注资并购力拓失败的消息发出第二天，澳大利亚媒体均大篇幅报道此事，总体上是"一片欢呼"。其中，一份报纸在相关报道中精心配制的一幅漫画非常抢眼。画面中，一条口吐火焰的红鳞黄鬃巨龙，正忿忿地被矿用铲车运走，而开车的正是力拓和必和必拓的两位老总。但是，在公布胡士泰等 4 人被捕消息后，澳大利亚媒体反应十分激烈。第二天，该国各大报纸都在头版刊登了这一消息，而且几乎众口一词地认为，逮捕力拓员工的事件是中国政府对中铝并购力拓矿业公司失败的报复行为。澳大利亚主流媒体《澳大利亚人报》发表的《不要向中国的欺凌磕头》评论文章最具有代表性。该文抨击陆克文政府的对华政策是一种胆怯行为，并认为学者的温和言论具有误导性。文章称，中国逮捕澳大利亚公民胡士泰的目的是胁迫澳大利亚，"胁迫我们的政府，胁迫我们的公司和整个公民社会"。"显然，北京是蓄意要惩戒和教训澳大利亚。"[①] 根据发表在

---

　　① Greg Sheridan, Don't kowtow to Beijing bully, *The Australian*, July 23, 2009.

《澳大利亚人报》网络版的该文读者 100 个跟帖，澳大利亚网民对此反应激烈。有读者认为，与中国的贸易会加强中国的军事力量，这对澳大利亚来说无疑是自杀，号召西方国家团结起来对中国进行制裁；有读者指出澳大利亚对中国经济的过度依赖已经暴露出自己的脆弱性；有读者主张对中国实施报复，包括停止与中国进行的矿山合作，并邀请达赖喇嘛和台湾政府官员访问澳大利亚；等等。① 正是在这种不利的舆论环境下，8 月，澳大利亚新闻协会才一意孤行地邀请中国"疆独"分子热比娅窜访澳大利亚，并公开接受媒体采访，攻击中国的内政外交政策。在开放的公民社会里，媒体所反映出的民意，对国家的内政外交政策是一个不可忽视的重要干预变量。澳大利亚新闻媒体的上述仇华言行，极大地恶化了两国的外交环境，致使双方一度停止了高层往来。

三、澳大利亚政府对中国崛起的应对策略

中澳建交至今，澳大利亚对华政策重点在各个时期有所不同。从建交初期到冷战结束（1972—1990 年），澳大利亚对华政策的特点是，经济上充分利用中国改革开放的机遇，发展与中国的经济贸易关系；政治安全上利用中国作为制衡苏联南下太平洋的力量。冷战结束初期（1991—1995 年），工党霍克和基廷执政期间，澳大利亚将主要精力放在与中国发展经济合作上，并致力于将中国（中国大陆、台湾和香港）纳入澳大利亚倡导的亚太经济合作组织（APEC）等地区合作制度框架中。到了自由党—国家党联盟霍华德政府执政时期（1996—2007 年），澳大利亚的对华政策又做了一些调整，在经济上将国家利益与友谊区分开来，而且更重视前者。在政治上，重点放在寻求建立澳大利亚、美国、中国三方平衡关系。2007 年 11 月，澳大利亚工党领袖陆克文（Kevin Rudd）在联邦大选中击败了执政长达 11 年之久的自由党—国家党联盟领袖霍华德，成为澳大利亚第 26 任联邦总理。在施政纲领中，陆克文提出"新领导""新思想"口号。在对外政策上，除继续发展澳美同盟关系外，同时强调发展"富有创造力的中等强国外交"，② 并表示将重点加强与亚洲各国的关系。上任伊始，陆克文即提出"亚太共同体"构想，期望以此取代 APEC 成为新的地区多边框架。2010 年 6 月，吉拉德代替陆

---

① Greg Sheridan, Don't kowtow to Beijing bully, *The Australian*, July 23, 2009.

② 唐小松、宾科：《陆克文"中等强国外交"评析》，载《现代国际关系》，2008 年第 10 期，第 18 页。

克文担任澳大利亚新总理，将致力于继续推行工党政府积极稳健的外交战略。

在对华政策上，澳大利亚政府吸收了学术界各种流派有关中国问题的各种不同观点。首先，澳大利亚工党政府在对华总体战略上主要基于现实主义的政策立场，将应对中国崛起作为首要任务和挑战。工党政府认为，中国的崛起，以及整个亚洲的崛起，改变了澳大利亚的国际环境，澳大利亚必须对此做出反应，并及时调整政策。

其次，为了保持政策的连续性，如同霍华德领导下的自由党—国家党联合政府一样，陆克文—吉拉德工党政府执政时期，继续将经济关系与政治安全关系区分开来。在经济政策上充分吸收了自由主义学派的主张，继续全面加强与中国的经济贸易关系和技术合作，因为这种合作符合澳大利亚的国家利益。在力拓事件的处理上，陆克文政府迁就于舆论，不断向中方施压。澳大利亚外商投资审查委员会有意拖延对中铝并购力拓的协议审批期限，为促成力拓摆脱资金困境以及毁约并转向新的合作伙伴——必和必拓的谈判赢得了时间。力拓事件并没有从根本上影响中澳两国正常的经济合作关系。2009年8月，澳大利亚资源和能源部部长马丁·弗格森访问中国，并与中国签订了价值500亿澳元的液化天然气合作协议。根据协议，中石油（CNPC）每年将从埃克森美孚在西澳大利亚海岸外的高庚项目（Gorgon）购买225万吨液化天然气，期限20年，这是澳大利亚有史以来最大的贸易协议。这笔交易将为澳大利亚创造6000个就业岗位。2009年9月，澳大利亚政府又有条件地批准了中国山东兖州煤业股份有限公司以29亿美元收购澳费利克斯资源有限公司的交易案。2009年10月底，时任中国国务院副总理李克强成功访问澳大利亚，标志着两国紧张关系时期的结束。2009年，中国已经稳居澳大利亚最大贸易伙伴的地位，当年两国双边贸易额比上年增长了近30%，达到860亿澳元（超过800亿美元）。如果这一趋势得以持续，预计2010年双边贸易额将达到1000亿澳元。为了推动双边贸易发展，中断一年多的中澳两国自由贸易区谈判也于2010年2月重新启动。两国自由贸易协定一旦签订，将在未来20年内为澳大利亚经济创造价值1460亿澳元的收入。

最后，在政治安全上，澳大利亚当前工党政府的对华政策除主要立足于现实主义的考量外，同时还部分采纳了保守主义的某些主张。例如，在人权、民主和宗教自由等方面继续对中国进行批评，并声称要做中国的"诤友"。[①] 在国防政策上，重点加强了对中国的防范。2009年春天，澳大利亚

---

① 《陆克文在北大用中文演讲，澳总理期待澳中成"诤友"》，中国新闻网2008年4月10日，http://news. sina. com. cn/c/2008 – 04 – 10/042013712560s. shtml。

公布了题为《2030年的军力——在一个亚太世纪里保卫澳大利亚》的新版《国防白皮书》，明确将中国崛起当成亚太地区不稳定因素，把中国当成未来澳大利亚国防建设的假想敌。白皮书大肆渲染"中国威胁"，称中国的军事现代化引发了周边国家的不安。随着中国等国军力的崛起，亚太地区在未来20年有可能发生战争。白皮书强调美国仍将是澳大利亚"不可或缺"的盟友。为了应对中国崛起所造成的不确定性，白皮书表示，澳大利亚将在未来20年里投入700多亿美元改善军备，将潜艇数量扩充一倍至12艘，购入100架F35战机，并希望购入8艘新型护卫舰和3艘驱逐舰。① 澳大利亚国防白皮书所包含的"中国威胁论"，在"很大程度上是澳大利亚政治生态和安全观念的一种综合体现，同时也折射出澳大利亚对国际体系转型带来的不确定因素所感到的不安"②。

中澳关系的上述发展充分说明，尽管双方在政治理念和安全战略上存在一定分歧，但只要彼此更多地从共同利益出发，就一定能够找出化解矛盾和纠纷的办法。正如澳大利亚前总理陆克文所明确表示的那样："中澳关系总是充满挑战……它一直都是这样，在未来相当长的时间内也还会如此。""这是因为，我们同在中国的朋友拥有巨大的共同利益和持续的分歧，他们的价值观与我们不同，而且往往利益也不相同。"③事实确实如此，中澳关系的这种政经分离的双重性特征，为国际政治经济学的复合相互依赖关系理论提供了一个鲜活的案例。

结论与启示

目前，中澳关系的性质是崛起（或复兴）中的东方社会主义大国与倾向维持现状的西方资本主义中等强国之间的合作与竞争关系。这是国际政治权力转移过程中的必然规律。同时，中澳关系发展也在很大程度上受到地缘政治、价值观、联盟关系、经济利益分配等多重因素制约，是一种复杂的相互依赖关系。鉴于近年来中国与澳大利亚之间的经济相互依赖程度不断提

---

① Defending Australia in the Asia Pacific Century：Force 2030，http://www.apo.org.au/sites/default/files/defence_white_paper_2009.pdf.

② 胡欣：《澳大利亚的战略利益观与"中国威胁论"——解读澳大利亚2009年度国防白皮书》，载《外交评论》2009年第5期，第133页。

③ 《陆克文回应驻华大使回国：澳中关系充满挑战》，载《环球时报》2009年8月20日。

高，两国自由贸易协定（FTA）的签署具有重大意义。因为，它可以在某种程度上为缓解双方经济合作领域的纠纷提供稳定的指导性框架，并尽可能避免经济纠纷演变为外交争端。中澳两国必须进一步加强政治互信建设，充分理解对方的关切和核心利益。健康和良性发展的中澳关系，不仅有利于实现中国的和平崛起，而且是21世纪亚太地区稳定与繁荣的重要条件之一。

中澳关系面面观：写在中澳建交四十周年之际*

中华人民共和国与澳大利亚联邦于 1972 年正式建交，至今 40 周年了。中澳关系在这 40 年间发生了重大的变化。特别是进入 21 世纪后，两国在各自国家的对外战略地位明显上升。但是，值得注意的是，随着近年来中澳两国经济贸易关系的发展和加深，两国的政治安全关系并没有得到相应提升，反而有进一步下滑的趋势。目前，中澳关系仍然处于重要的调整和转换时期，未来发展既取决于国际大格局的变化，也取决于两国政治家的智慧和判断。本文将从政治、经济和军事安全等三个方面全面透视中澳关系的现状与特点。

一、政治上：从相互隔离到相互调适

20 世纪 70 年代初，中澳成功实现建交，这既是中国和平共处外交战略的实际运用，也是澳大利亚外交政策重大调整的结果。

20 世纪 50 年代，中国与澳大利亚分属东方和西方两个不同的"冷战"阵营，双方采取针锋相对的外交政策。20 世纪 60 年代中期以后，中国由原来的社会主义国家阵营的中坚力量演变为奉行独立自主外交政策的中坚力量。中苏由盟友走向分裂，使西方国家认识到社会主义阵营并非铁板一块。此后，中国的外交政策表现出更大的灵活性与多元化，从而给中国与西方国家的接触以及关系的正常化打开了大门。1971 年 10 月 25 日，中国恢复联合国合法席位。1972 年春天，美国总统尼克松访华，两国签署了《中美联合公报》。新中国国际地位提高，随之迎来了一个新的建交高峰。

澳大利亚及时把握住这一有利时机，积极开拓与中国的关系。此时的澳大利亚也正在经历一次外交政策的重大调整。1971 年英国签署加入欧共体

---

* 原文登载于常晨光、喻常森、曾筱龙主编：《中澳关系大趋势：利益共同体的建构与展望——纪念中澳建交 40 周年》，中山大学出版社 2012 年版；原文第二作者为常晨光，中山大学翻译学院院长、教授。

条约以后，逐步取消了英联邦"帝国特惠制"①，使传统上依靠英联邦市场的澳大利亚经济受到严重影响。没有英国的保护，对于没有自己自然区域的澳大利亚来说，很难在大洋洲生存下来，更不用说发展。在 1972 年的大选中，工党击败自由党组阁，惠特拉姆成为澳大利亚新总理。惠特拉姆执政后，首先废除了推行半个多世纪的"白澳政策"，实行开放平等的移民政策，这是一个向包括中国在内的广大亚洲国家示好的重大举措。此后，澳大利亚在经济上加速向亚洲靠拢，在外交上加大与亚太国家的联系。在这个背景下，中澳建交乃是大势所趋。

1972 年 12 月 21 日，中国驻法国大使黄镇与澳大利亚驻法国大使雷诺夫分别代表两国政府签署《中澳关于建立外交关系的联合公报》，宣布两国建立正式外交关系。该建交公报指出："（中澳）两国政府同意，在互相尊重主权和领土完整、互不侵犯、互不干涉内政、平等互利和和平共处的原则的基础上，发展两国之间的外交、友好和合作关系。""澳大利亚政府承认中华人民共和国政府是中国的唯一合法政府，承认中国政府关于台湾是中华人民共和国的一个省的立场，并决定于一九七三年一月二十五日前从台湾撤走其官方代表机构。"② 1973 年 10 月，澳总理惠特拉姆对中国进行正式访问，周恩来总理亲自主持会谈，毛泽东主席和邓小平副总理分别会见了澳大利亚代表团一行。

但是，建交以后，中澳两国由于传统文化差异、政治制度分野以及现实国际政治结构限制，难以成为志同道合的朋友，在政治上经历了一个相互调适的过程。

中国是一个以儒家文化为主体价值观的东方大国，儒家文化主张集体主义、等级观念，尊崇权威。而澳大利亚是西方盎格鲁－撒克逊文化的继承者，主张实用主义、竞争意识、权力意识与平等思想。在政治制度上，中国是共产党领导下的社会主义国家，而澳大利亚是属于英国式的议会民主制国家，多党制在实际中体现为两党轮流执政。中澳两国在民主、人权、宗教自由等方面有着不同的理解和观念分歧。由于两国主体价值观不同而导致现实

①　帝国特惠制，是指英国和英联邦其他成员国间在贸易上相互优待的制度，于 1932 年在加拿大渥太华英帝国会议上制定。主要内容是：对成员国间的进口商品，相互降低税率或免税；对成员国以外的进口商品，则征高额关税，以阻止美国及其他国家势力渗入英联邦市场。后改称英联邦特惠制。

②　《中澳关于建立外交关系的联合公报》，新华网，http://news. xinhuanet. com/ziliao/2002－08/30/content_544270. htm。

政策相互冲突。在澳大利亚的要求下，从 1997 年开始，中澳建立人权对话论坛，目前已经举行了 13 届。在人权问题上，中国始终认为，人权必须建立在各国人民基本的生存与发展状况基础之上，而且必须与整个国家的经济社会发展水平相适应。澳大利亚主张天赋人权观，把政治平等与宗教自由看成是最崇高的人权，而且，人权高于主权。正是由于这些基本价值判断差异，澳大利亚政府允许中国西藏分裂分子达赖喇嘛以宗教人士的身份，允许新疆分裂分子热比娅以政治民主派人士身份访问澳大利亚。而中国坚持认为澳大利亚政府这样做是在严重干涉中国的内政。2008 年 4 月，澳大利亚总理陆克文访华期间，自告奋勇地提出要做中国的"诤友"，[1] 但并没有得到中国方面的积极反应。中国倾向认为，在当前语境下，"诤友"很容易被理解为"老师"或"教父"，中国被当作学生或门徒，从而掉入西方优越论的窠臼。这对目前综合国力迅速上升时期的中国民族主义者来说是无论如何也难以接受的。

由于中澳两国存在的政治文化差异及误解在短期内难以消除，遇上突发事件，就会点燃不满情绪，处置不当就会危及双边关系的健康发展。例如 2009 年，中澳关系因一系列事态发展而跌入低谷。先是 2009 年春天，澳大利亚国防部公布新版《国防白皮书》，明确将中国当成澳大利亚的潜在威胁。无独有偶，该年夏天，中国政法部门以违反国家安全罪名逮捕了澳大利亚力拓矿业集团驻上海办事处主任胡士泰，随后又以经济贿赂罪起诉，并判处其有期徒刑 10 年。而澳大利亚媒体发文称，此举是中国政府对中国铝业公司并购力拓股份被拒所实施的打击报复，是一种恃强凌弱的行为。[2] 同年秋天，中国新疆分裂分子热比娅窜访澳大利亚，受到澳大利亚媒体的热捧。中澳两国主流媒体在当年围绕上述系列事件展开了一场舆论大战，相互指责对方干涉内政，攻击对方的社会制度和文化。澳大利亚学术界也加入了这场大辩论。学者们相对理性地认为，中国崛起是不争的事实，但是，中国未来发展走向至今无法预测。澳大利亚部分保守主义学派的学者从意识形态和冷战思维出发，对社会主义中国怀着非常强烈的不信任感和偏见，从消极的立场审视中国崛起。他们将中国崛起看成一种挑战和威胁，甚至认为中国的崛

---

① 《陆克文在北大用中文演讲，澳总理期待澳中成"诤友"》，中国新闻网，2008 年 4 月 10 日，http://news.sina.com.cn/c/2008 – 04 –10/042013712560s.shtml。

② Greg Sheridan, Don't Kowtow to Beijing Bully, *The Australian*, July 23, 2009.

起不仅影响澳大利亚的国家安全，而且将严重冲击和动摇自由资本主义体系。① 澳大利亚自立国以来，已经习惯从西方主导的亚太秩序中获得安全与发展。因而，对中国这样一个社会主义大国的崛起感到恐惧，更难以接收可能由中国主导的地区秩序。澳大利亚对中国文化和政治制度的不信任，造成中澳两国政治关系难以取得根本改善。由此可见，中澳建交40年以来，尽管双方的联系非常密切，但政治上的互信关系还比较脆弱，今后还需着力继续加以精心培养，妥善处理。

二、经济上：从相互获益到相互依赖

中澳两国由于各自的自然禀赋、经济结构和发展水平的差异，存在较为明显的经济上的互补性，双方构成了利益共同体，这是中澳经济关系形成的基础。

中澳建交以来，双边贸易发展十分迅速。1972年中澳建交时，双边贸易额不到1亿美元，仅为8655万美元，接近9000万美元。10年以后，至1982年，中澳双边贸易额达到11.2亿美元，增长了12倍。从1982年到1992年的第二个10年中，中澳双边贸易额又翻了一番，达到23.3亿美元。进入21世纪以后，中澳贸易出现了跨越式的发展。2002年，中澳双边贸易首次突破100亿美元大关，达到104亿美元。10年以后，至2010年，中澳双边贸易达到880亿美元，逼近1000亿美元大关。2010年的中澳贸易额较之2002年增长了8.5倍多，是1992年的近40倍，是1982年的80多倍。至2010年，中国成为澳大利亚第一大贸易伙伴，澳大利亚则成为中国第七大贸易伙伴。

从进出口货物贸易结构分析，中国出口到澳大利亚的商品以劳动密集型的轻工业制成品，中国从澳大利亚进口的商品主要是资源性产品。以2010年为例，中国向澳大利亚出口的主要商品为机电产品、纺织品和家具玩具制品，2010年这些商品合计出口239.6亿美元，占总额的66.1%。除上述产品外，贱金属及制品、塑料、橡胶、化工产品等也为中国向澳大利亚出口的主要大类商品（HS类）。而中国从澳大利亚进口的主要是矿产品，2010年进口额为422.8亿美元，占中国从澳大利亚进口总额的78.6%。贱金属及制品是中国从澳大利亚进口的第二大类商品，进口额为19.8亿美元，占中国从澳进口总额的3.7%。纺织品及原料是中国从澳大利亚进口的第三大类商

---

① Hugh White, *Power Shift*, *Australia's Future Between Washington and Beijing*, Ouarterly Essay, Issue 39, 2010. Morry Schwartz, Australia.

品，进口额为 18.9 亿美元。从进出口商品结构分析，中国处于明显不利地位。中国出口为劳动密集型产品，尽管这些领域占据澳大利亚很大的市场份额，但是此类产品的特点是技术含量不高，市场替代性较强，消费刚性小。而中国自澳大利亚的进口商品中，绝大多数为资源性产品，中国对这些产品的依赖性很强，替代性较弱。澳大利亚能源和矿产资源储量丰富，距离中国只有 7～9 天的海上运程，其对中国的能源和矿产出口增长甚快。中国目前已成为澳大利亚铁矿砂第一大进口国，除铁、铜、铝以外各种矿砂的第二大进口国，铜矿砂、原油、镍的第三大进口国，金属铜的第四、铝的第五大进口国。矿产品消费与经济关系直接挂钩，是一种很强的刚性消费品。矿产品全球市场的垄断状况以及卖方谈判机制使中国相关能源型生产企业处于被动局面，并将这种被动局面传导给了下游产业。另外，在中澳双边贸易中，中方长期处于贸易逆差地位。根据中国的计算，2010 年中国对澳大利亚贸易逆差为 336 亿美元，而根据澳大利亚的统计，中国对澳大利亚的贸易逆差为 175.5 亿美元。中国是仅次于日本的澳大利亚第二大贸易顺差来源国。澳大利亚在农产品出口方面具有较强的竞争力，是发达国家中对农产品补贴最低的国家。中国在加入 WTO 时在农业问题上已经作出很大让步，兑现加入 WTO 的承诺，对于中国来说已经是严峻的挑战。如果在中澳自由贸易协定中关于农产品进口超过对 WTO 的承诺，有可能会使中国农业面临巨大压力。尤其是考虑到最近人民币汇率升值趋势持续上升，国外农产品进口增加会对我国农民的收入带来负面影响。中国有 12 亿农民，农产品贸易自由化关系到中国的社会稳定和国家安全。目前对中国农产品出口来说，最大的障碍并非关税，而是澳大利亚海关苛刻的动植物检验检疫程序。虽然从自然禀赋条件（如可耕种土地面积和气候条件）来看，澳大利亚并不占太大优势，但由于人口稀少（全国只有 2000 多万人口），澳大利亚人均土地占有面积比中国多很多。另外，其农业劳动力的综合文化素质普遍较高，农业机械化程度也相当高，高科技的应用也非常广泛，所以其人均劳动生产力比中国要高出很多。

在相互投资方面，近年来，中澳相互投资不断扩大，中澳互为重要的投资伙伴。澳大利亚对华投资始于 1979 年，是最早进入中国进行投资的国家之一。截至 2010 年年底，澳大利亚在华累计设立投资项目 9582 个，实际投资超过 65 亿美元，澳大利亚是中国吸收外资的主要来源地之一。澳大利亚在华投资行业主要涉及建筑、交通、销售、机场着陆系统、债券交易软件、车辆控制系统、医疗设备、制药、制造业、环境管理、食品加工、信息技术、电信、广告和设计、法律、金融、保险等。与其他外来投资相比，澳大利亚对中国的投资起步早但实际到位资金不多。由于中国过去对服务业开放市场限制较多，在一定程度上阻碍了澳大利亚的投资。与此同时，中国对澳投资规模也不断扩大。到 2010 年底，中国企业对澳非金融类直接投资接近 88 亿美元。中国对澳投资领域主要有远洋运输、航空、金融、铁砂矿、有色金属、农牧场、产品加工、房地产和餐饮业等，但绝大部分集中在矿业领域。中澳双边投资规模总体不大。投资障碍主要是制度和规则方面的原因。中国不必担心是否能够买到矿产品和能源，真正值得担心的问题是矿产和能源的价格上涨对中国经济带来的负面影响。能源价格和矿产品价格急剧上涨，制成品价格却没有出现上涨趋势，反而有下降压力。因此，对于进口能源和矿产品却出口制成品的中国而言，其贸易条件将继续出现恶化趋势。2009 年发生的力拓案就是中澳能源合作关系的一个缩影，该案严重恶化了两国政治关系和投资环境。澳大利亚近年来经济民族主义盛行，政府以安全为由，采取了一种类似"资源民族主义"（resource nationalism）的做法，有意限制来自中国的投资，特别是国有企业的投资。[1]最新澳大利亚民调显示，越来越多的人认为澳大利亚政府允许的中国投资过多。[2] 这是一种极不正常的现象，是中国威胁论的一种翻版。

建交 40 年来，中国与澳大利亚两国之间在经济上形成了密切的相互依赖关系，两国均从中受益匪浅。一方面，澳大利亚对中国的大量出口，拉动了澳大利亚 GDP 增长，扩大了就业机会；另一方面，中国从澳大利亚大量的原料与能源进口，驱动了中国经济的高速发展。但是，从政治经济学国际相互依赖理论中的敏感性和脆弱性两个变量衡量，针对中澳双边进出口贸易产品结构和替代性而言，中国对澳大利亚的经济上的依赖程度高于澳大利亚对中国的依赖，其中产生的权力明显倾向澳大利亚一边。[3] 但是，与中国观点截然相反的是，澳大利亚害怕中国控制其经济，认为目前中澳的经济相互依赖关系已经或者可能将澳大利亚置于不利的附属境地。[4] 因此，澳大利亚

---

[1] Jeffrey D. Wilson, Resource nationalism or resource liberalism? Explaining Australia's approach to Chinese investment in its minerals sector, *Australian Journal of International Affairs*, Volume 65, Issue 3, 2011, pp. 283 – 304.

[2] The Lowy Institute Poll 2011, Lowy Institute for Foreign Policy, Australia, p. 10.

[3] Yu Changsen & Jory Xiong, The Dilemma of Interdependence: Current Features and Trends in Sino-Australian Relations, *Australian Journal of International Affairs*, forthcoming, http://www. tandfonline. com/doi/abs/10. 1080/10357718. 2011. 570246.

[4] Michael Wesley, *Effects of the China Boom on Australian Politics and Society*, Paper Presented to the Book Workshop of China-Australian Relations at Forty: Learning from the Past, Facing the Future, University of Sydney, 16 – 17 November 2011.

战略研究专家纷纷主张，要充分利用未来 10 ～ 15 年的战略机遇期，在与中国开展经济交往的过程中，进一步讨价还价，以获得更多的实际利益。

三、军事安全上：从相互对抗到相互交流合作

中澳建交前，特别是"冷战"前期，中澳分属不同的阵营，军事安全上也一度处于对立甚至对抗状态。1950 年，中国与苏联结盟，成为社会主义阵营的骨干成员。澳大利亚于 1951 年 8 月与美国、新西兰缔结澳新美同盟条约，澳大利亚加入以美国为首的西方阵营并成为美国亚太战略的南部之锚。由于分属对立的两大军事同盟，在 20 世纪 50 年代的朝鲜战争和 60—70 年代的越南战争中，中国和澳大利亚成为战场上的敌人。

中澳建交以后，由于战略目标的调整，两国也曾经有过安全合作，例如在对待越南入侵柬埔寨问题上，双方立场基本一致。冷战结束后，澳大利亚与中国均积极参与和推进亚太地区多边安全合作，支持以东盟为框架的安全合作机制——东盟地区论坛。在亚太地区非传统安全合作中，中国与澳大利亚也有着相近的立场。在 1998—1999 年联合国主导下的东帝汶维和行动中，中国与澳大利亚并肩作战，相互支持。与此同时，中澳两军交流与合作也逐步展开。

但是，目前，中澳双方的安全目标和战略定位存在明显分歧和对立。在澳大利亚看来，随着中国的强势崛起，澳大利亚一方面应该继续积极同中国打交道，但同时也要谨慎防止中国单独主导亚洲事务。澳大利亚尽管算得上是一个中等强国，但是，在大国竞争中，从来不具备独立的抗衡能力。无论在亚洲还是在其他地方均是如此。也就是说，仅仅依靠自己的力量，澳大利亚认为自己无法与中国竞争，更不用说抗衡。澳大利亚主要奉行的国家战略是"两面下注"：一方面依靠自己的力量追求自己的利益，努力营造一个对自己有利的国际和地区环境；另一方面，借助联盟的力量，对外部威胁加以消化，维护和增强自己的实力和利益。中国作为一个负责任的利益攸关方参与亚洲秩序建设，符合澳大利亚的地区政策。如果中国未来实行激进政策的话，澳大利亚主张和盟国一道加以围堵和制衡，就像"冷战"时期对待苏联那样。[①] 鉴于未来中美冲突可能难以避免，澳大利亚与美国和中国的关系确实遭遇非常大的困境——甚至毫不夸张地说是该国面临的最大的选择困

---

① Rod Lyon, Changing Asia, rising China, and Australia's strategic choices, *Policy Analysis*, ASPI, Australian Strategic Policy Institute, Friday, 17 April 2009.

境——它需要堪培拉政府更加周密的考虑。① 澳大利亚担心，随着中国实力的上升，中国在东南亚和朝鲜半岛的影响力将超过美国。中国政治和军事力量的增强会威胁美国海军的存在。对澳大利亚来说最大的挑战是，确保东亚地缘政治平衡关系转换不至于损害地区的基本安全环境。澳学者认为："一个严峻挑战是，虚弱的美国没有做好遏制中国崛起的准备，导致包括日本和澳大利亚在内的盟国对美国维护地区战略秩序承诺信心的丧失。所以，澳大利亚必须为东亚地缘政治发展作好足够的准备。"② 澳大利亚主张，鉴于中国军事现代化的步伐和规模可能给地区造成误判和不稳定，澳大利亚必须加强与美国、日本等民主国家之间团结与合作，建立和加固美、日、澳三边对话机制，强化三方政策协调能力，共同应对中国崛起的挑战。③

正是在上述思维模式主宰下，澳大利亚于 2009 年春天发表的《国防白皮书》，公开把中国当成澳大利亚的潜在安全威胁加以防范。

近来，随着南海争端日益升温，澳大利亚也希望借助美国的力量提升自己在这一地区的影响力，进一步扩大自己的防御空间。2011 年 11 月中旬，为了纪念澳美安全同盟缔结 60 周年，美国总统奥巴马访问澳大利亚，并与澳大利亚达成协议，美国将从 2012 年开始在澳大利亚北部达尔文地区驻扎 250 名海军陆战队队员，未来驻澳美军总兵力将达到 2500 人。达尔文基地将为美军提供一个连接太平洋与印度洋的新立足点。同时美国选择这个地点的目的也十分明确，即加强在南海地区的军事存在，维护其在亚太地区的霸权。澳大利亚北部相比日韩基地而言更接近南海。中国认为，当国际社会正在全力以赴应对经济危机、加强合作的时候，美澳两国此时加强安全同盟关系，明显是针对中国的一种冷战思维。中国外交部发言人明确表示，"强化和扩大军事同盟是不是适合时宜之举，是不是符合地区国家乃至整个国际社会的共同期待，值得商榷"④。中国国防部发言人也指责澳美此举是一种冷战思维。澳大利亚将美国力量引入该地区的争端，进一步加剧了中澳两国政

① Michael Wesley, *The Howard Paradox*: *Australian Diplomacy in Asia*, 1996 – 2006, Canberra: ABC Books, 2007, p. 130.

② Paul Dibb, *The Future Balance of Power in East Asia* : *What Are the Geopolitical Risks*? Strategic and Defence Studies Centre, Australian National University, Canberra, ACT 0200, Australia, January 2008, Defence Studies Centre Working Paper No. 406.

③ Paul Dibb, *Australia's Security Relationship with Japan*: *How Much Further Can It Go*? Working Paper No. 407, April 2008.

④《2011 年 11 月 16 日外交部发言人刘为民举行例行记者会》，外交部网站，http://www.fmprc.gov.cn/chn/gxh/tyb/fyrbt/t877838.htm.

治上的不信任和安全上的对立，加剧了地区安全困境。我们认为，对澳大利亚来说，最明智的做法是极力阻止中美冲突的发生并积极充当中美合作的桥梁。稳定而富有建设性的中美澳三边合作关系，不仅符合各国的国家利益，而且将直接造福于 21 世纪的亚太地区各国。

小　　结

综上所述，中华人民共和国与澳大利亚联邦建交 40 年以来，双边关系发展大致比较平稳，没有出现重大的外交冲突或者关系逆转的事态。进入 21 世纪以后，中澳关系最大的特点是经济联系急速上升，形成了密切的相互依赖关系，但是双方在政治安全上的分歧却丝毫没有改善，反而进一步扩大化和表面化。尽管如此，笔者认为，中澳关系目前仍然处于重大的转型期和调整期，如果双方能够能把握机会，妥善处理各自的战略分歧，避免矛盾激化，维护和扩大共同利益，中澳关系仍然有较大的发展机会和空间。

中美澳三边关系与未来亚太新秩序的挑战
——怀特著《中国抉择：为什么美国应当分享权力》评介[*]

近段时期，伴随着中国的全面强势崛起，有关亚太新秩序建构的各种言论日益引起人们的关注。其焦点是，崛起的大国——中国与现存的霸权国家——美国之间的权力转换问题。根据世界历史的经验和国际政治理论的一般假设，国际权力中心转移的手段和样式主要是战争与和平两种。其中，使用战争或者暴力手段，包括预防性战争或者挑衅性战争几乎成为常态。未来亚太新秩序的建构，在很大程度上取决于中美权力转移的样式。鉴于目前各国经济上的高度相互依赖和依存关系，以及核武器作为一种终极武器对人类社会的巨大杀伤力和破坏力，任何大国之间的战争都是无法想象和难以接受的。为此，如何才能避免大国战争，实现美中之间权力的和平转移或者和平过渡，描绘亚太地区新秩序的理想方案，成为国际政治学界探索的重大课题。2012 年 8 月，澳大利亚著名学者和战略评论家、澳大利亚国立大学战略与防御研究中心主任休·怀特出版的著作《中国抉择：为什么美国应当分享权力》，① 因为提出了建立亚洲大国协调机制作为化解未来中美冲突的机制和减压器，而广受国际学术界的高度关注和热议。

休·怀特的新书《中国抉择：为什么美国应当分享权力》共分为十章，各章的标题分别是：第一章"艰难的抉择"；第二章"美国在亚洲"；第三章"中国：权力与雄心"；第四章"军力平衡"；第五章"亚洲的环境"；第六章"美国的选择和目标"；第七章"敌对的现实"；第八章"亚洲协调"；第九章"与中国打交道"；第十章"总统的演说"。

作者首先指出，中国经济持续高速发展，综合国力不断提高，在很大程度上，"财富意味着实力"（p. 2），致使中美关系的性质发生了变化。目前中国已经超过日本成为世界第二大经济强国。由于中国拥有大量的人口和劳

---

* 原文登载于喻常森主编：《中澳关系的历史经验与发展现状》，中山大学出版社 2013 年版。

① Hugh White, *The China Choice: Why America Should Share Power*, Labuan, Malaysia: Black Inc. , 2012. 下文引用本书，只标注页码。

动力，过不了多久，中国就有可能超过美国，成为世界上经济实力最为强大的国家。"中国的经济发展正在转化为不断增长的战略与政治力量。"① "中国和中国人民将致力于重建中国的权力、影响力和国际地位。"② 中国的强势崛起，将极大地动摇甚至取代美国在亚洲的传统优势地位。

作者继而推理指出，作为目前的霸权国家，美国对中国崛起的战略选择有三：第一，撤出亚洲，将亚洲事务的决定权让给中国；第二，应对中国的挑战，极力保持自己的优势地位；第三，继续留驻亚洲，与中国分享权力。③ 但是，作者认为，即使美国主动撤出亚洲，中国也无法建立亚洲版的"门罗主义"秩序，因为中国的亚洲邻国特别是像日本和印度这样的地区强国存在对中国的不信任。因而，中美之间为了争夺亚洲的控制权的冲突难以避免。中国的成长本身，必然会导致作为霸权国家——美国的不安和恐惧，而不仅仅是领土争端、意识形态或者资源的争端。④ 美国不管是出于维护自身的利益还是亚洲的稳定的目的，都不可能选择主动撤出亚洲。面临中国的崛起和竞争，美国很可能选择与中国进行对抗，极力排斥中国的影响力，这也是目前美国的现实战略选择。美国最为明智的选择，是与中国分享权力。作者坚信，尽管无论在外交上还是政治上看这种选择的难度都很大，但是一旦实现，这将是一种最为理想的状态，⑤ 即通过鼓励中国增加对地区事务的话语权，让中国获得应有的尊严和权力，从而避免中国直接挑战美国霸权带来的危险。⑥

作者设想，要实现中美共治亚洲的局面，就必须建立一套亚洲版的大国协调机制（concert of powers in Asia）。除中国和美国两个首要大国以外，要建立有效的亚洲协调体系，必须将地区主要大国纳入进来。第一是日本，作为世界排名第三的经济体和亚洲最现代化的发达工业化、民主化国家，日本的作用举足轻重。但是，日本重新作为一个强大的国家参与亚洲的大国协调机制，必须放弃追随美国或者中国的外交政策。⑦ 第二是印度，同中国一样，印度也正在经历着快速崛起的过程。尽管目前印度相对远离东北亚政治

① p. 48.

② p. 50.

③ p. 101.

④ pp. 59 – 60.

⑤ p. 129.

⑥ p. 107.

⑦ p. 142.

轴心，但是从长远来看，印度的参与可以给亚洲的协调带来活力，对东亚大国起到平衡作用。① 第三是俄罗斯，在亚洲事务中，俄罗斯只是一个中等强国，可以把它排除出大国谈判桌之外。② 其他一些地区国家无论是韩国还是越南都只是中等国家，只有印度尼西亚未来有发展成大国的可能。所以，作者设计中的亚洲协调机制只有四个大国：中国、美国、日本、印度。一个有效的亚洲协调体系的建立，意味着对美国来说必须做出重要的战略选择，特别是将中国作为一个平等的国家对待。"美国必须接受中国作为一个平等的军事和政治伙伴，在亚洲协调和接受相互的利益；承认中国政治制度的合法性并告知美国选民。美国要做到这些，还必须确保作为一个强国继续留驻亚洲，致力于采用包括武力在内的手段抵制来自其他强国主导亚洲事务的企图。"③

令作者最为担心的是，中美的战略对抗将引起地区战略环境的持续动荡，并产生一系列消极的连锁反应。美国与中国的战略敌对升级对澳大利亚来说有两大致命危险：一是经济方面，二是战略方面。经济的危险是，如果美中两国间的紧张升级，不仅美国和中国的经济都将受到严重破坏，澳大利亚的经济也会受到破坏；战略危险是，美国与中国敌对升级将增加一种危险，那就是两国卷入相互冲突的自我意识，而且这种冲突可能升级为一场大战。这对整个地区，包括澳大利亚，都将是一场灾难。所以，毫不夸张地说，"澳大利亚的未来取决于中美关系的好坏"④，由于澳大利亚与中国和美国均有着十分密切的关系。中国目前是澳大利亚最大的贸易伙伴，澳大利亚的繁荣有赖于中国的持续发展；而美国是澳大利亚的传统安全盟友和保护者，澳大利亚的安全有赖于美国继续维持在亚洲的霸权和优势地位。⑤

通过对休·怀特书中上述主要观点的介绍，我们可以看出，他提出的大国协调机制作为未来亚洲新秩序的样式充满了迷雾，面临着巨大的挑战。首先，根据历史的经验，大国协调体系一般是对大战以后国际秩序的一种过渡安排。历史上比较成功的通过大国协调处理区域事务的例子当推拿破仑战争后所建立起来的维也纳体系，也即所谓的"欧洲协调"机制。经过6次反复较量，反法联盟最终打败了拿破仑，从此，在欧洲形成了英国、俄罗斯、意

---

① p. 143.

② p. 143.

③ p. 144.

④ p. 1.

⑤ p. 11.

大利、普鲁士（德国）以及后来的法国等势均力敌的力量中心。在"欧洲协调"中，五大国组成联盟以制衡任何潜在的更有力的集团，防止欧洲霸权国家的出现。"欧洲协调"除战争因素外，还与当时各国把主要精力放在对内镇压民族民主革命、对外进行殖民扩张的内外张力有密切关系。同时，欧洲共同的基督教文明以及君主专制统治的一致性也促进了协调体系的较为成功的运作。欧洲协调通过召开一系列国际会议来解决国家之间的利益分配，其中包括对弱小国家利益（领土）的任意侵夺。因此，对各国专制政权来说，"欧洲协调的本质（就）是维持现状"①，很难应对国际体系的重大变革。可以看出，无论是目前或者未来，在亚洲或者亚太建立大国协调体系还缺少这些条件。目前亚太地区最大的挑战是权力转移的迫切性以及如何应对现状改变，而不是维持现状。

其次，大国协调的重要前提之一，是大国之间的基本信任。而亚洲目前的大国关系充满不信任。美国在亚太地区建立的军事安全同盟关系将地区安全结构一分为二：美国的盟国和非盟国。日本和澳大利亚这两个亚太地区的发达资本主义国家分别充当了美国地区安全结构的"南北双锚"。大国协调精神与这种同盟关系思维严重背离。中日关系由于历史问题纠葛和现实领土主权之争相互交织而变得难解难分。对日本来说，最为担心的是不断崛起的中国可能在民族主义的驱动下向日本发起复仇行动。对中国来说，一个脱离美国控制的、并且拥有核武器的日本将是非常危险的。日俄关系由于北方四岛（南千岛群岛）领土问题而处于持续的僵持状态。中美之间由于社会制度不同、对台军售问题、同盟对立以及对地区事务主导权的争夺而处于严重竞争和冲突之中。中印关系由于西藏问题、划界问题、巴基斯坦问题而存在大量的安全困境。东亚国际关系的这种状态，正如布热津斯基在《大棋局》一书中分析的那样："目前东亚地缘舞台的特点是，大国关系处于亚稳定状态。亚稳定是一种外部僵硬而仅有相对较小灵活性的状况。在这方面更像铁而不像钢。这种状态易于受到因不和谐的力量冲击而造成的破坏性连锁反应的损害。""目前，因为亚洲的繁荣而掩盖了地区政治的脆弱性。"②

最后，亚洲目前的权力结构呈现出多元性态势，中小国家和地区组织在地区政治中发挥了重要作用。由于亚太地区存在着大国之间的不信任，导致

---

① 郑先武：《欧洲协调机制的历史与理论分析》，载《教学与研究》2010 年第 1 期，第 82 页。

② ［美］兹比格纽·布热津斯基：《大棋局：美国的首要地位及其地缘战略》，中国国际问题研究所译，上海人民出版社 1999 年版，第 203 页。

地区合作无法走霸权合作模式，也无法按照早期欧洲一体化阶段由德法两个国家联合充当地区合作的双引擎模式。目前亚太地区合作的现有框架是由东盟组织负责提供主要的公共产品，而地区的其他中小国家如韩国、加拿大和澳大利亚等国也发挥了重要的倡导作用。① 所以，在地区合作制度建设中无法排除东盟组织的作用。② 正如新加坡著名国际法专家许通美指出的那样："亚细安（东盟——作者注）和其他中、小国家的加入，改变了（东亚）整个群体的氛围。作为一个被信任的协调者，亚细安往往能促成共识及调解各方的利益冲突。这是一个大国不能扮演的角色，不论是单独或集体。""我们这个区域的命运，由一个超级强国和三个强国组成的'理事会'来决定，是个不属于这个时代的过时想法。"所以，他强烈反对休·怀特提出的亚洲版大国协调机制——"四国帮"（Gang of Four）的构想。③

鉴于在本地区难以建立有效的大国协调机制，建构未来亚太新秩序，必须首先致力于建立有效可行的地区多边合作机制。目前，亚太地区多边合作机制主要有东亚峰会、亚太经济合作组织和东盟地区论坛。其中，东亚峰会是以东盟组织为核心，以东盟加三（东盟10国加中、日、韩3国）为创始成员，以印度、澳大利亚、新西兰、美国和俄罗斯为外围成员的亚太地区领导人峰会机制，又称为"10+8峰会"。东亚峰会本质上是一种以领导人引领的战略论坛性质。东亚峰会体现了包容性特点，为包括大国在内的亚太地区合作提供了很好的平台。亚太经济合作组织（简称APEC）目前拥有成员21个，是由澳大利亚、韩国、日本发起的包括了太平洋两岸重要经济体的区域经济合作组织。亚太经合组织总人口达27亿，约占世界总人口的40.5%。根据国际货币基金组织公布的数据，APEC成员经济总量约占世界经济总量的53%，贸易总量约占世界贸易总量的43%。自成立以来，亚太经合组织在推动区域和全球范围的贸易投资自由化和便利化、开展经济技术

---

① 根据奥兰·R. 扬（Oran R. Young）的观点，地区合作有三种类型的政治领导模式，即结构型的领导（structural leadership）、倡导型的领导（entrepreneurial leadership）和智慧型的领导（intellectual leadership）。Oran R. Young, "Political Leadership and Regime Formation: On the Development of Institutions in International Society", *International Organization*, Vol. 45, No. 3, 1991, pp. 287–288.

② 有关东盟组织在地区合作过程中的作用可以参看喻常森:《东盟在亚太地区多边安全合作过程中的角色分析》,《外交评论》2007年4期，第59–66页；Baogang He, "A Concert of Powers and Hybrid Regionalism", *Australian Journal of Political Science*, Vol. 47, No. 4, 2012, Forthcoming.

③ 许通美:《亚细安应当继续掌握方向盘》,载《联合早报》2012年9月29日。

合作方面取得不断进展，为加强区域经济合作、促进亚太地区经济发展和共同繁荣做出了突出贡献。东盟地区论坛成立于 1994 年，现有 26 个成员，也是以东盟组织为轴心的一个地区合作机制，是本地区规模最大、影响最广的官方多边政治和安全对话与合作渠道。目前，东盟地区论坛的活动仍然处于由建立信任措施向预防性外交过渡阶段。此外，亚太地区还有一些重要的次区域合作机制，如东盟、上海合作组织、六方会谈、TPP（跨太平洋伙伴关系协定）等等，也在地区秩序的转型与建构中发挥了一定的作用。所以，我们并不完全认同休·怀特所说的东亚峰会等论坛的包容性是个"致命弱点"的观点。① 恰恰相反，以东盟为核心的系列机制的柔软性和包容性适合亚太地区国际关系的现实需要，仍然具有较大的生命力。

必须指出的是，由于休·怀特的理论是建立在中国崛起必然引起大国战争的假设前提之上的，如果我们能够证明存在中国和平崛起的可能性，那么，其结论自然也就是站不住脚的。

首先，从目前美国和周边国家对中国崛起的态度来看，虽然不乏对中国制衡的行动，但是，从总体上观察，它们的对华政策基本都是建立在接触的基础上采取适度的制衡，并没有打破中国的利益底线。② 与"一战"及"二战"前夕德国所处的战略环境相比，中国还是有一个比较宽松和稳定的崛起环境，所以中国不具有发动一场代价高昂战争的决心和必要。在中国崛起过程中，由于利益的摩擦引发的各种国际冲突基本上处于可以控制范围。其次，随着中美相对力量的自然改变，不排除中美之间的权力转移有可能出现类似于英美之间的权力和平转移的可能性。中国目前的总体经济实力已经超过了日本，位居世界第二。根据国际货币基金组织 2011 年初公布的《世界经济展望报告》预测，以购买力平价（PPP 值）测算，到 2016 年，中国经济规模将由 2011 年的 11.2 万亿美元增至 19 万亿美元；而同期美国经济则会由 15.2 万亿美元增至 18.8 万亿美元。届时，中国将引领世界经济发展，成为最强大的经济体。经济合作与发展组织（OECD）2012 年 11 月发布的一份研究报告也认可了这一说法，并认为，到 2030 年，中国的 GDP 将占据

① pp. 130 – 131.

② 喻常森：《亚太国家对中国崛起的认知与反应》，载张贵洪、斯瓦兰. 辛格主编：《亚洲的多边主义》，时事出版社 2012 年版，第 263 – 278 页。

世界总量的28%。① 美国实力的相对衰落，致使它无力应对日益崛起的中国挑战，从而被迫将地区事务的主导权让渡给中国或者至少寻求与中国进行"共治"。再次，随着中国的全面崛起，中国当然希望相应地提高自己在国际社会的地位，并在国内民族主义思潮和"复仇"心理推动下，可能萌生出收复领土或者追求尊严的想法。但是，中国非常清楚自己所处的国内、国际环境，理应尽量克制这种成长中的烦恼和冲动。一方面，中国共产党及其所领导的中国人民解放军，为了顺应民意，可能会不失时机地展示自己的军事实力和"肌肉"；另一方面，中国的领导人清晰地认识到，任何采取类似对外输出矛盾的做法，将不仅导致外部力量针对中国的集结并对中国形成遏制，而且外部经济封锁将导致中国经济全面衰退，进而影响到政局的稳定和执政的合法性基础。从改革开放至今，正是由于中国经济的持续高速发展，维护了中国共产党的统治威望。所以，明智和负责任的中国政府不会采取挑战现状的极端方法来追求实现地区独霸。

休·怀特的另外一个重要推断是，正如他在《中国的抉择》一书中开宗明义指出的那样，"澳大利亚的未来取决于中美关系"。② "澳中关系的未来将明显取决于广泛的亚洲战略秩序如何发展，更取决于美中关系的未来。""如果美国和中国能够找到和平相处的途径，澳大利亚的未来将会和平与稳定。如果美中两国不能做到和平共处的话，那么澳大利亚以及亚洲其他国家将面临一个危险和冲突的未来。"③ 中澳关系的好坏，在很大程度上取决于中美关系的性质。中美澳三方存在着一种广泛的联动关系。

由于亚太地区的战略格局仍然处于重大转型期，中美澳三边关系的结构也可能会随之发生改变。就目前的状况来看，在安全结构方面，中美澳三边关系类似于战略三角关系中的稳定关系类型。④ 在这种关系中，澳大利亚与美国借助同盟条约，建立了基本对称的和睦关系，而中国属于局外方，有可

① *World Economic Outlook*, International Monetary Fund, April, 2011, http://www.imf.org/external/pubs/ft/weo/2011/01/; *Balance of economic power will shift dramatically over the next 50 years, says OECD*, http://www.oecd.org/redirect/home/.

② p. 1.

③ 李景卫：《澳学者：美独霸亚洲将引发冲突应向中国分权》，环球网，2012年8月31日，http://mil.eastday.com/m/20120831/u1a6828753.html#）。

④ Lowell Dittmer, "The Strategic Triangle: A Critical Review", in Pyong J. Kim edited, *The Strategic Triangle: China, United States and the Soviet Union*, New York: Paragon House Publisher, 1987; Lowell Dittmer, "Sino-Australian Relations: A Triangular Perspective", *The Australian Journal of Political Science*, No. 47, 2012, Forthcoming.

能与前两者处于敌对关系状态。未来情势的变化，在很大程度上取决于三方的政策互动。首先是美国政策。如果美国采取对中国进行遏制和围堵战略，就像冷战时期美国对付苏联的战略那样，甚至不惜动用武力来维持自己的独霸地位的话，中国很有可能采取与之对抗的战略进行反制。这样，中美冲突甚至引发局部战争的可能性难以避免，地区局势将进入动荡时期，包括澳大利亚在内的所有国家都将面临抉择的困境。如果美国对中国的崛起采取容忍和接纳的战略，与中国建立分权或者共治关系，中国可能会正常成长为一个负责任的地区大国和全球强国，中美之间可能真正实现权力的和平转移。在这种情况下，澳大利亚与中国和美国都建立稳定的积极关系，这种三边关系类似于"三人共处"型的结构。其次是中国政策。如果中国未来通过武力手段追求排他性的地区事务的主导权，建立一套自己认为合理或者符合自己利益最大化的新秩序的话，就可能招致美国等的联合围剿，从而走向失败。反之，如果中国采取温和的手段进行崛起，最大程度地加入当今国际和地区制度，遵守各种现行的国际行为规范，通过谈判的方式争取自己的国家利益，那么中国的崛起将是全人类的福利，是一种多赢结局。第三是澳大利亚的政策。澳大利亚的选择也是多元性的，如休·怀特在另外一篇长文中提出，一旦亚洲出现严重安全动荡局面，澳大利亚的政策选择可能有五种，包括强化与美国的同盟关系、重新选择一个强大的盟友（很可能是中国）、寻求武装自卫、与东南亚邻国建立地区同盟、非武装中立。[①]如果澳大利亚未来的安全战略选择是强化与美国的同盟关系，并把中国作为假想敌进行防范或者遏制的话，那么，中澳关系将出现全面倒退，中国与澳大利亚的经济和文化关系也将受到严重影响。澳大利亚未来也可选择"搭便车"的方式，与强者为伍，即与崛起的中国建立盟友关系，就像第二次世界大战以后澳大利亚抛弃英国而选择美国一样。但是，澳大利亚担心这样做可能会令其沦为中国的附属国，丧失其传统文化特性和立国根基，从而严重背离澳大利亚的国家利益，并将遭到国民的强烈反对。澳大利亚的第三种选择是寻求武装自卫，这是大部分国家的国防政策，因为在国际社会的无政府状态下，国家只有自助才能获得基本安全保障。但是，以澳大利亚目前的国家实力和条件（人口稀少、海岸线漫长、缺乏战略缓冲区、无核战略），在目前的大国竞争中，难以自保。第四种选择是与东南亚邻国建立同盟关系，这看上去很诱人，但实际上基本不可能。因为，由于文化价值观和安全战略差异，澳大利

---

① Hugh White, Power Shift: "Australia's Future Between Washington and Beijing", *Quarterly Essay*, No, 3, Black Inc. Australia, 2010, pp. 60 – 67.

亚与东南亚国家政治互信程度很低，加之双方力量有限，都是中小国家，即使结盟也难以有效地应对大国干涉。最后一种选择是非武装中立，类似奥地利、瑞士、新西兰等小国那样。澳大利亚这样做的好处是，全力发展与中国的经济关系，分享中国经济发展的成果而避免卷入中美冲突。但是，这样就意味着要求澳大利亚彻底改变它的"前沿防御"的传统安全战略，并心甘情愿地做一个福利型的小国和对国际事务毫不关心的国家。但这似乎不太符合澳大利亚确立的立志于做一个"中等强国的领头羊"的外交战略目标。①从最近澳大利亚热心于成为联合国安理会的非常任理事国，并沉浸在获得成功的喜悦之中可以看出，澳大利亚绝对不甘心只是做一个默默无闻的寡民小国，而是非常渴望成为国际社会中活跃的一员，并对世界及地区事务做出积极贡献。由此可见，对澳大利亚来说，单纯某一种选项都不完全符合其国家利益，现实的政策选择很可能是一种混合的"两面下注"②，或者类似"走钢丝"的做法。③即在安全上主要依赖美国，在经济上主要依赖中国，尽最大努力促成中国与美国两个大国的和平共处，在大国的良性竞争中寻求中等国家的最大化利益。澳大利亚的这一政策模型类似于"浪漫三角"战略，即澳大利亚处于中美澳三边关系中的支轴国地位，中国和美国均位于两个侧翼。中美之间的竞争关系被澳大利亚利用，并转变为发挥自己平衡外交的优势。长期来看，这种结构对澳大利亚最为有利。

总之，在重大的国际格局转换时期，每个国家都面临着战略性的选择。不同的抉择不仅影响了各自的国家利益和国际定位，而且，深深地影响着世界政治发展的基本走势。目前，围绕中国崛起问题，国际社会也在经历一场艰苦的抉择，"选择的困境"随处可见。中美关系重新定位将是一系列战略抉择网络的中心。其中，中美澳三边关系是未来亚太地区新秩序建构的重要一环。

---

① 唐小松、宾科：《陆克文"中等强国外交"评析》，载《现代国际关系》2008年第10期。

② 喻常森：《澳大利亚对中国崛起的认知与政策反应》，载《当代亚太》2010年第4期。

③ 李明波：《中美角力，澳大利亚走钢丝》，载《广州日报》2012年8月17日。

21 世纪美澳同盟再定义*

——从联合反恐到应对中国崛起

一、导　　论

作为冷战时期美国在亚太地区同盟网络的重要环节，美澳同盟具有与美日同盟相似的作为，它们一道构成美国亚太安全体系的"南北双锚"，发挥着重要的战略支点和稳定器的作用。

美澳同盟关系确立至今 60 多年，美主澳从，同盟服务于美国太平洋及全球大战略需要的基本性质没有发生重大改变，但是，在不同的历史时期，同盟的主要目标和任务表现出明显的差异性和多样性。在冷战时期，美澳结盟的主要目的是遏制以苏联和中国为中心的东方社会主义阵营影响力向南扩展，它是一种典型的意识形态和军事安全联盟。20 世纪 90 年代，冷战结束以后，美澳同盟出现短暂"漂浮"现象。21 世纪初，美澳同盟的重心一度转向"联合反恐"。与此同时，随着中国的崛起，美澳同盟关系又出现再度强化的趋势，在一定程度上出现了传统回归。

长期以来，中外学术界关于美澳同盟的专题研究成果主要是从历史和亚太安全两个维度开展。例如，汪诗明的《1951 年〈澳新美同盟条约〉研究》基于大量的历史档案资料，经过作者的细心考证，集中梳理了美澳同盟缘起、澳新美同盟条约的缔结过程及其影响等，是一部难得的有关美澳同盟关系的历史佳作。① 李凡的《冷战后美国和澳大利亚同盟关系》②、谷雪梅的《冷战时期美澳同盟的形成与发展》③ 和岳小颖的《从"保障安全"到"提

---

* 原文发表于《当代亚太》2016 年第 4 期。

① 汪诗明：《1951 年〈澳新美同盟条约〉研究》，世界知识出版社 2008 年版。

② 李凡：《冷战后美国和澳大利亚同盟关系》，中国社会科学出版社 2010 年版。

③ 谷雪梅：《冷战时期美澳同盟的形成与发展》，中国社会科学出版社 2013 年版。

升地位"：第二次世界大战后澳大利亚对美国追随政策之分析》^① 等三部专著，从历史学、中澳关系和国际安全的多重视角出发，分析美澳同盟关系的建立和发展。而且，上述三书均为在近年毕业的博士学位论文基础上改编的专著。同时，中国以美澳同盟为题材的硕士学位论文和期刊论文也不少。

国外从事有关美澳同盟关系研究的主要是澳大利亚学者。例如，美国籍澳大利亚知名学者威廉·陶（William T. Tow），早年在格里菲斯大学和昆士兰大学任教，现就职于澳大利亚国立大学。他也是当代澳大利亚学术界一位比较多产的研究美澳安全关系的学者，发表过许多高质量的论著。^②澳大利亚著名智库学者休·怀特（Hugh White）近年致力于中美澳三角关系研究，著述颇丰。其代表作包括：《权力转移：澳大利亚处于华盛顿与北京之间的前途》，作者分析了中美关系的可能发展趋势，并提出澳大利亚的应对策略。^③《中国抉择：美国为什么应与中国分享权力》，作者认为，随着中国的不断强大，美国对华政策应该由"分享责任"向"分享权力"转变。他指出，为了避免中国崛起造成的冲击，作为一种过渡性的地区秩序，应该探讨建立一套亚洲大国协调机制的可能性。^④ 澳大利亚著名媒体评论人格雷·谢里丹（Greg Sheridan）是澳大利亚主流媒体《澳大利亚人报》国际版主编，他长期关注中澳关系及美澳关系，著有《伙伴：布什和霍华德时期美澳同盟的内幕消息》一书，集中披露了霍华德执政时期（1995—2007 年）澳大利

---

① 岳小颖：《从"保障安全"到"提升地位"：第二次世界大战后澳大利亚对美国追随政策之分析》，上海社会科学院出版社 2013 年版。

② William T. Tow and Mark Thomson, *Asia Pacific Security*: *US, Australia and Japan and the New Security Triangle*, London, Rutledge 2007; William T. Tow, "The ANZUS Dispute: Testing U. S. Extended Deterrence in Alliance Politics", *Political Science Quarterly*, Vol. 104, No. 1, Spring 1999, pp. 117 – 149; William T. Tow, "Deputy Sheriff or Independent Ally? Evolving Australian-American Ties in an Ambiguous World Order", *The Pacific Review*, Vol. 17, No. 2, June 2004, pp. 271 – 290; William T. Tow and Leisa Hay, "Australia, the U-nited States and a 'China Growing Strong': Managing the Conflicting Avoidance", *Australian Journal of International Affairs*, Vol. 55, No. 1, 2001, pp. 37 – 54.

③ Hugh White, "Power Shift, Australia's Future Between Washington and Beijing", *Quarterly Essay* 39, Black Inc. Australia 2010. https://www. quarterlyessay. com. au/essay/2010/08/power-shift.

④ ［澳］休·怀特著：《中国抉择：美国为什么应与中国分享权力》，樊犇译，世界知识出版社 2013 年版。

亚寻求强化与美国双边关系的决策内幕。①美国学术界研究美澳同盟关系的学者屈指可数，其中，亨利·阿尔宾斯基（Henry S. Albinski）是成果最为丰富的一位资深学者。他的相关著作有《澳美安全关系：一种地区和国际关系的视角分析》和《澳新美同盟条约，美国与太平洋安全》。② 两书出版年代都比较早，作者通过查阅档案资料和采访调查，主要论述了冷战背景下，美澳同盟建立以后的 30 多年（1951—1985 年）时间内，美国和澳大利亚两国的安全合作、内部决策机制以及其他国家对同盟关系的反应。

通过对上述中外文献的综合考察，可以看出，美澳同盟研究的主要特色有两点：一是对美澳同盟的起源，特别是《澳新美安全条约》（ANZUS）签署历史背景的描述和分析比较完整；二是绝大部分研究均是从澳大利亚的视角出发。而对于美国政府的决策考虑，特别是在不同历史时期，美国这个盟主对澳大利亚这个相对弱小的伙伴赋予不同的角色身份等的阐述不够。因此，本文将基于美国和澳大利亚的双重视角，首先论述美国如何出于冷战遏制战略的需要，将澳大利亚打造成为南太平洋地区重要的战略支点；其次分析冷战结束以后，特别是"9·11"事件发生以后，美澳同盟如何被赋予新的历史使命，将合作目标转入联合反恐；最后重点分析从 21 世纪的第二个 10 年开始，为了配合美国"亚太再平衡"战略的出台和实施，美澳同盟被重新定义为应对中国崛起。本文还试图分析作为同盟中弱小的一方，澳大利亚在追随美国外交战略的同时，如何降低因同盟关系与国家利益之间不一致所产生的政治风险成本。

二、澳大利亚作为美国在冷战时期南太地区
重要战略支点地位的确立

美澳同盟关系的缔结和发展，与美国的亚太战略目标和澳大利亚特殊的地缘战略优势密切关联。同时，在很大程度上，也是美澳双方国家利益判断和价值观相互作用的产物。

---

① Greg Sheridan, *The Partnership*, *Inside Story of the US-Australian Alliance under Bush and Howard*, Sydney: the University of New South Wales Press Ltd, 2006.

② Henry Stephen Albinski, *The Australian-American Security Relationship*; *A Regional and International Perspective*, New York: St. Martin's Press, 1982; *ANZUS, the United States, and Pacific Security*, Lanham, MD: University Press of America; New York: Asia Society, 1987.

美澳同盟关系的建立，缘起于太平洋战争期间两国联合抗击日本侵略的经历。1941 年 12 月 7—8 日，日本军队袭击珍珠港成功后，随即发起了大规模的对东南亚和南太平洋地区的军事进攻，美、英、法、荷等国驻扎在远东地区的军队节节败退，短期内，太平洋西岸沿线国家和西南部众多岛屿被日军掌控。但是，得益于澳大利亚的帮助，从菲律宾撤出的美军在澳大利亚建立起新的基地，稳住了阵脚，从而为太平洋战争后期的盟军反攻作战奠定了坚实的基础。位于南半球的澳大利亚，凭借其广袤的大陆腹地和相对远离国际政治冲突中心的地位，成为美国太平洋战略的稳定后院。此后，1942—1945 年的太平洋战争期间，在美国的领导下，包括澳大利亚在内的反日盟军多国部队与日军展开了殊死的搏杀。盟军最终以高昂的牺牲为代价，彻底打败了日本帝国主义，并占领了日本本土。美国作为太平洋地区的解放者和保护者角色的地位由此奠定。

美澳同盟条约的签署，是冷战的产物。出于与苏联社会主义阵营对抗的需要，美国致力于打造一套亚太地区安全体系。其中，有条件和分阶段地改造和武装日本，使之成为西方阵营的一员成为对共产主义国家实施遏制战略的重要环节。美国需要尽快促成《对日和平条约》的签署，以便从法律上结束战争状态。但是，作为遭受日本侵略的南太平洋地区的主要盟国澳大利亚和新西兰，却主张通过缔结一个惩罚性的对日条约，以达到防止日本东山再起的目标，并要求尽快建立一套新的区域安全保障机制。尽管澳大利亚对美国的对日媾和政策表示严重不满，但是，由于自身的实力有限，只得做出妥协，希望在《对日和平条约》缔结的同时，要求美国同意签署一项《太平洋安全条约》作为交换条件或者保障。在此背景下，1951 年 9 月 1 日，在美国旧金山签署了《澳新美安全条约》（ANZUS），该条约于 1952 年 4 月正式生效。条约规定："各缔约国在领土完整、政治独立或安全等任何方面在太平洋地区受到威胁时，将共同磋商"（第三款）；"各缔约国认识到对太平洋地区任何一方的武装进攻将是对每一方的和平、安全的威胁，那么各国将根据自己的宪法程序采取行动，对付共同危险"（第四款）；"对缔约国任何一方的武装进攻将被视为包括对各个缔约国本土区域的武装进攻、对各缔约国在太平洋上享有控制权的岛屿领土及其在太平洋上的武装力量、非军用船只或飞机的武装进攻"（第五款）；条约的决策机构是由各国外长和代表团组成的理事会（第七款）；条约无限期有效（第十款）。① 《澳新美安全条约》的签署，奠定了美澳同盟关系的法律基础。

对美国来说，《澳新美安全条约》的缔结，"标志着冷战时期美澳同盟关系的正式建立。美国将澳大利亚纳入东西方冷战的总体战略之中"。② 在华盛顿看来，《澳新美安全条约》是服务于美国从东欧到印度洋、太平洋这一广阔地区对苏联和中华人民共和国推行遏制战略的一部分。③ 《澳新美安全条约》与此后美国主导下签署的一系列其他条约，④ 共同构筑了以美国为中心，以盟国为半径的亚太地区的"轮轴型"（Hub and Spokes）的军事同盟网络，又称为"扇形军事同盟"结构。美国国务卿杜勒斯指出，《澳新美安全条约》将成为"加强太平洋和平结构的系列协定之一，而且构成了这一进程的重要一步"。⑤ 澳大利亚之所以被美国选定为在亚太地区的重要盟友和南太平洋地区的重要战略支点，如前所述，与自身得天独厚的地缘战略价值相关。澳大利亚是南半球最大的国家，也是世界上唯一拥有一块完整大陆的国家。作为亚太地区的三个重要的政治经济板块（东亚、美洲和大洋洲）之一，澳大利亚是大洋洲地区当之无愧的地区大国。对美国决策者来说，澳大利亚地理位置独特，矿产资源丰富，政治制度稳定，经济发展迅速。⑥事实证明，在整个冷战时期，澳大利亚不仅成为美国重要的后勤和防务基地，而且成为美国在西南太平洋地区重要的通信中心。在冷战高峰时期，澳大利亚成为美国在其本土以外最大的导弹和航天技术研究中心以及美国海军的主要通信、指挥和控制系统及战略核武器情报的收集和监视系统中

---

① The Security Treaty Between Australia, New Zealand and the United States of America, *Documents on Australia Foreign Policy*: *The ANZUS Treaty* 1951, Department of Foreign Affairs and Trade, 2001, pp. 242 – 243.

② 谷雪梅：《冷战时期美澳同盟的形成与发展（1945—1973）》，中国社会科学出版社 2013 年版，第 69 页。

③ William T. Tow, "The ANZUS Dispute: Testing U. S. Extending Deterrence in Alliance Politics", *Political Science Quarterly*, Vol. 104, No. 1, 1989, p. 177.

④ 包括 1951 年 9 月 8 日美国和日本签署的《日美安全保障条约》，1953 年 10 月 1 日美国和韩国签署的《美韩共同防御条约》，1954 年 9 月 8 日美国与英国、法国、澳大利亚、新西兰、巴基斯坦、菲律宾和泰国签署的《东南亚集体防务条约》，以及 1954 年 12 月 2 日美国与台湾当局签署的《共同防御条约》。

⑤ Norman Harper, *A Great and Powerful Friend*: *A Study of Australian American Relations Between* 1900 *and* 1975, Brisbane: University of Queensland Press 1987, p. 252.

⑥ "Long-Range U. S. Policy Interest in Australia and New Zealand", Washington August 23, 1957, *FRUS 1955 – 1957*, Vol. XXI, pp. 356 – 372.

心。尤其是在 1986 年新西兰工党政府因奉行无核政策，退出了澳新美同盟，使得此后澳新美三方同盟实际上演变为澳美双边同盟。澳大利亚成为美国南太平洋战略的重要支撑，具有与日本在北太平洋的战略地位相辅相成的重要作用，澳日二者共同构成美国亚太战略的"南北双锚"。

对澳大利亚来说，通过与美国的结盟，澳大利亚的国家安全与外交政策紧紧地与美国这个当时最强大的西方国家捆绑在一起。《澳新美安全条约》的正式签署，"使得第二次世界大战以来澳美间较为模糊的关系日益清晰起来……象征着澳大利亚外交和防务开始进入一个以太平洋地区为焦点的新时代"。① 作为孤悬海外的英国殖民地和英联邦成员国，澳大利亚在历史上长期将自己的国家安全托付给昔日的宗主国英国。第二次世界大战以后，英国的国力迅速衰落，无力为像澳大利亚这样的过去的殖民地国家提供安全保护。这样，澳大利亚逐渐将目标转向美国，依靠美国的安全保护，特别是核保护。自从 20 世纪 50 年代与美国结盟后，澳大利亚始终将与美国的同盟作为其外交和安全政策的重要基石或支柱。冷战时期，在取得美国这个"强大的盟友"以后，澳大利亚得以实行"向前防御"战略，将自己的战略纵深向北推进到东南亚地区，并与美国的亚洲反共战略捆绑在一起。澳大利亚对来自北方的共产主义扩张的恐惧，与美国当时甚嚣尘上的"多米诺骨牌"理论不谋而合。为了更好地配合美国的冷战战略，澳大利亚于 1954 年参与了美国带头组建的东南亚条约组织（SEATO），1971 年参加了英联邦国家的五国联防机制（FADA）。在南太平洋岛屿地区，澳大利亚积极配合美国推行的"拒止"战略，为阻止苏联势力南下渗透发挥着无可替代的重要作用。②

正是基于同盟的义务，以及共同的价值观和政策偏好，在整个冷战时期，澳大利亚紧密追随美国在亚太地区遏制"共产主义威胁"的安全战略，深度卷入朝鲜战争和越南战争。1950 年 6 月，朝鲜战争爆发以后，澳大利亚以"捍卫基督教文明"和"反对共产主义入侵"为借口，积极加入以美国为首的"联合国"军，与朝鲜人民军和中国人民志愿军作战，并同时派出轰炸机前往新加坡协防英军。正如学者所指出的那样，澳大利亚参与朝鲜战争的目的，"一是赢得美国的好感及其对澳大利亚为区域安全所付出的种种努力的同情与支持；二是以实际行动来声援美国的全球遏制战略，与美国

---

① 汪诗明：《20 世纪澳大利亚外交史》，北京大学出版社 2003 年版，第 103 页。

② Henry Stephen Albinski, *The Australian-American Security Relationship : A Regional and International Perspective*, New York: St. Martin's Press, 1982, p. 200.

形成一种事实上的同盟关系"。① 美国也非常看重澳大利亚在朝鲜战争中的积极表现和价值，对澳大利亚的迅速响应和军事支持表示"真挚的感激"。② 如同太平洋战争一样，朝鲜战争进一步推动了美澳两国军事和安全合作。也正是在朝鲜战争的高峰时期，美澳同盟关系最终得以缔结。20 世纪 60 年代中期到 70 年代初，在"多米诺骨牌"理论指导下，作为东南亚条约组织成员，澳大利亚又一次追随美国，卷入越南战争。据资料显示，澳大利亚在越南的总兵力最高年份达到 8000 人。在整个越南战争中，澳大利亚付出了巨大的代价，共有 474 人阵亡，4307 人受伤，伤亡率为九分之一。③ 这也是澳大利亚在战后参与历次美国海外征战行动中伤亡最多的一次。但是，在澳大利亚看来，这种付出是必要的，它既可以阻止共产主义快速向南推进，还能换取美国的保护，如同向美国购买安全保险一样，④ 是一种必要的投资。

可以看出，美国和澳大利亚两国各自在同盟中的角色定位不同，美国是盟主和保护者，澳大利亚是扈从和被保护者。但是，借助同盟条约，美国从此获得了澳大利亚这个在亚太地区最忠实的盟友和稳定的战略支撑点。澳大利亚通过与美国的同盟关系，获得了梦寐以求的安全保护和心理慰藉。

三、联合反恐与后冷战时期美澳同盟关系的转型和扩大

美澳同盟的命运，与国际格局演变和美国的亚太战略密切相关。越南战争结束后，美国一度实行战略收缩，东南亚和西南太平洋地区在美国冷战时期的安全战略中的重要性有所下降。20 世纪 70 年代初中美关系走向缓和以后，澳大利亚工党政府及时调整政策，促成了中国与澳大利亚正式建立外交关系。此后很长一段时间内，澳大利亚执政的工党政府强力推行"独立自主"和"融入亚洲"的政策，重新定义国家利益，开始对美澳同盟提出了质疑。工党政府认为，与美国的同盟关系不仅损害了澳大利亚的国家独立，

---

① 汪诗明：《1951 年〈澳新美同盟条约〉研究》，世界知识出版社 2008 年版，第 155 页。

② Roger Holdich, et al. eds., *Documents on Australian Foreign Policy: The ANZUS Treaty* 1951, Department of Foreign Affairs and Trade, 2001, p. 14.

③ ［澳］杰弗里·博尔顿著：《澳大利亚历史（1942—1988）（二）》，李尧译，北京出版社 1993 年版，第 184 页。

④ William T. Tow and Henry Albinski, "ANZUS-Alive and Well after Fifty Years", *Australian Journal of Politics and History*, Vol. 48, No. 2, 2002, p. 156.

而且，将澳大利亚绑在美国的战车上，是一种危险的政策。①加之 20 世纪 80 年代中期，新西兰工党政府推行激进的"无核化"政策，单方面退出澳新美同盟，使美国的亚太同盟网络出现漏洞。20 世纪 90 年代初，苏联解体，冷战结束，美国撤走了设在菲律宾的两个军事基地。克林顿作为美国在冷战后上台执政的首位美国总统，也希望将更多的精力放在国内事务上，对维系与诸如澳大利亚等传统盟友的关系显得不那么热心。② 这一系列重大国际国内事件的突变，导致美澳同盟关系迷失了目标，并一度出现了"漂浮"现象。③ 这种现象一直延续到 20 世纪 90 年代中期。1995 年南海的美济礁事件和 1996 年春中国在台湾海峡试射导弹，被外界解读为中国有意的挑衅。1996 年澳大利亚联盟党领袖霍华德当选新一届总理，在对外政策上，有意识地继续加强与美国的双边关系，抑制了同盟关系因冷战结束而下滑的趋势。当年 7 月，在悉尼举行澳美部长会议（AUSMIN）期间，两国防长发表《关于 21 世纪澳美战略合作伙伴关系的悉尼联合安全声明》（即《悉尼宣言》），"这被普遍看作 1951 年《澳新美安全条约》（ANZUS）签署之后，美澳同盟关系发展的里程碑"④。1996 年 11 月，克林顿连任后不久，对澳大利亚展开访问，明确指出美国对澳大利亚和亚洲地区安全负有责任。⑤ 1999 年，在美国的鼓励和支持下，在联合国的授权下，澳大利亚积极参与并领导东帝汶的维和行动。对澳大利亚来说，插手东帝汶问题，可能会损害它与最大的邻国——印度尼西亚的关系。但是，"东帝汶事件为提高其地区大国地位提供了绝佳机会，因此，它十分看重这次维和行动"。⑥ 澳大利亚高峰时期曾派出 5500 名军人，最高指挥官由彼得·科斯格罗夫（Peter Cosgrove）

---

① M. Fraser, *Dangerous Allies*, Melbourne: Melbourne University Press, 2014, p. 257.

② Harry Harding, "Asia Policy to the Brink", *Foreign Policy*, Vol. 96, Autumn 1994, p. 62.

③ 李凡:《冷战后的美国和澳大利亚同盟关系》，中国社会科学出版社 2010 年版，第 70 – 81 页。

④ 李凡:《冷战后的美国和澳大利亚同盟关系》，中国社会科学出版社 2010 年版，第 97 页。

⑤ Address by the President of the United States to Both House of the Australian Parliaments, and Press Conference of President Clinton and Prime Minister Howard at the Parliaments House, Canberra, 20 November 1996.

⑥ 刘樊德:《澳大利亚东亚政策的演变》，世界知识出版社 2004 年版，第 198 页。

将军担任。① 东帝汶维和行动是"二战"以来，第一次在没有美国直接参与的情况下，澳大利亚发挥主导作用的地区军事行动。这一事件可能也是美国有意给澳大利亚这个位于西南太平洋地区的军事盟友提供单独表现的机会。据说，美国仅仅为澳大利亚的军事行动提供大型军事装备和设施，澳大利亚也因此获得地区"副警长"的称号。

进入 21 世纪以后，美国的对外安全战略发生重大改变，而导致这种改变的标志性事件是"9·11"恐怖主义袭击。2001 年 9 月 11 日，基地组织恐怖主义分子发动对美国本土多个重要目标的暴力袭击，造成美国国土安全的重大危机。这次恐怖主义袭击事件对美国国家安全的心理震慑作用不亚于珍珠港事件。美国认为，冷战后的"世界秩序的过渡时期已经结束"，国际社会已经正式进入"后冷战时代"。恐怖主义和大规模杀伤性武器扩散的结合，将成为美国今后最现实和首要的威胁。② 为了更有效地打击恐怖主义，美国改变过去冷战时期的"威慑"与"遏制"战略，转而采取先发制人的预防性进攻战略。2001 年 10 月，美国发动代号为"持久自由行动"的针对阿富汗塔利班的战争。2003 年 3 月，美国决定绕开联合国，发动代号为"伊拉克自由行动"的第二次海湾战争。

为了提升反恐战争的合法性，如同历次海外军事行动一样，美国仍然非常强调借重联盟的力量。"9·11"恐怖主义袭击事件发生不久，美国总统小布什就指出，在今后相当长的时期内，"美国将在不同的战线与一个极其难以捉摸的敌人作战"，为此，必须加强同盟关系，将盟国纳入全球反恐战争，最大限度地孤立敌人。③ 同时，美国希望增强同盟的行动性、实用性和灵活性；打破同盟地理界限，促使同盟相互联系和沟通。对美国的国家安全战略制定者来说，反恐不仅是一场针对伊斯兰教极端组织的惩罚性战争，而且是整个西方文明的保卫战。为了加强反恐行动的合法性和道义价值，美国以反恐划线，确定"非友即敌"的结盟新标准，迫使所有国家表态支持。否则，美国会将有关国家列入支持恐怖主义的黑名单加以打击或者制裁。

"9·11"事件发生以后不久，作为美国的坚强盟友之一，澳大利亚立即启动同盟响应机制。2001 年 9 月 14 日，在堪培拉举行的特别内阁会议上，

---

① 李凡：《冷战后的美国和澳大利亚同盟关系》，第 102 页。彼得·科斯格罗夫（Peter Cosgrove）将军后任澳大利亚总督。

② White House, *The National Security Strategy of the United States of America*, 17 September 2002, p. 14, http://www.whitehouse.gov/nsc/nss.pdf.

③ Ibid., pp. 5 – 6.

澳大利亚决定与北约一样，启动 ANZUS 条约，援引该条约的第四款，支持美国的反恐战争。澳大利亚积极响应美国的号召，参与了针对阿富汗基地组织的战争和第二次海湾战争。特别是 2002 年 10 月巴厘岛爆炸事件发生以后，澳大利亚更是十分热心于在东南亚地区开展反恐行动。澳大利亚甚至希望效仿美国，宣称要向东南亚地区派兵，对活跃在那里的恐怖主义分子发动"预防性打击"行动。澳大利亚的支持，对美国来说也显得特别重要。美国前任国务卿赖斯声称："美澳同盟对美国来说非常重要。它是我们最为重要和持久的同盟之一。其重要性主要表现在我们之间密切的经济联系，两国的友好关系和价值观取向。在过去数十年中，美国和澳大利亚为了捍卫自由而战斗在一起。因而，对我们来说，美澳同盟是特别重要的和值得珍惜的关系。"[①] 同时，在美国打击恐怖主义的全球行动中，澳大利亚还具有不可替代的地缘战略价值。澳大利亚紧靠东南亚，与世界上最大的伊斯兰国家印度尼西亚比邻。对美国来说，东南亚地区作为反恐的"第二条战线"，与中东、南亚地区的反恐前线具有同等重要地位。澳大利亚主动承担美国在东南亚地区的反恐任务并开辟"第二战场"的做法，进一步加强了美国的存在感和战略支撑。"美国和澳大利亚能在东南亚运用独立的影响，以便创造相互叠加的反恐行动结构，这会比单独行动更为有效；合作也能使澳大利亚更好地获得美国的情报，帮助它有效处理维和和反恐行动。"[②]出于反恐的需要，澳大利亚还分别与印度尼西亚、马来西亚、菲律宾和东帝汶等伊斯兰极端势力分布较为集中的东南亚国家签署了《反恐合作谅解备忘录》，并发起建立"西南太平洋对话机制"。同时，加大对太平洋岛国的援助，密切关注所罗门群岛和巴布亚新几内亚的治安和经济恢复，以防止恐怖主义的蔓延。澳大利亚领导了所罗门群岛国际援助团，向群岛地区派驻了警察，帮助该国恢复社会秩序。

然而，澳大利亚追随美国采取激进的反恐政策，不仅招致恐怖主义者的怨恨和报复，而且在很大程度上导致地区国家强烈反弹。马来西亚总理马哈蒂尔公开抨击澳大利亚提出的"预防性打击"政策是一种新干涉主义。[③] 印

---

① Greg Sheridan, *The Partnership*, *Inside Story of the US-Australian Alliance under Bush and Howard*, Sydney: the University of New South Wales Press Ltd, 2006, p. 322.

② Michael Horowitz, "Do Not Take Canberra for Granted: The Future of the U. S. -Australian Alliance", *Orbis*, Summer 2003, p. 473.

③ Greg Sheridan, "ASEAN Thumbs-Down Caps Our Bad Week in Asia", *Australian*, 7, November 2002.

度尼西亚也因为澳大利亚的不当行为而单方面宣布终止两国签订不久的安全合作条约。这充分说明，澳大利亚作为美国在东南亚和南太平洋地区安全事务上的应声虫做法，导致其本身与亚洲邻国关系的紧张，严重损害了它长期宣称的"融入亚洲"的政策。

但是，必须看到，澳大利亚对美国反恐行动坚定支持的立场，对强化美澳同盟关系具有十分重要的意义：第一，反恐成为美澳同盟关系新的"粘合剂"和"推进器"，并注入新的内容和生机，从而终结了同盟关系一度出现的"漂浮"现象。澳大利亚在决定参与反恐行动时，第一次正式援引《澳美安全条约》，认为恐怖分子对美国的袭击，即是对自己的攻击。澳大利亚作为盟国，有义务进行援助，从而激活了长期处于沉睡状态的盟约。第二，正是由于澳大利亚等铁杆盟友的支持和积极参与，美国才能够以打击恐怖主义的名义发动阿富汗战争和伊拉克战争，并大大提升了美国反恐战争的合法性和正义性。第三，澳大利亚参与美国领导的反恐行动，标志着美澳同盟关系安全合作范围的扩大化，即由亚太地区扩大到南亚、中东甚至全球。正如美国在 2006 年公布的《四年防务评估》所称："美国与澳大利亚的同盟是全球范围的，从伊拉克到阿富汗，再到我们历史性的自由贸易协定，我们一道努力以确保安全、繁荣与扩展的自由。"[1] 澳大利亚通过反恐行动，逐渐上升为仅次于英国的美国的全球伙伴和重要盟友。

四、应对中国崛起：21 世纪美澳同盟的再定义

21 世纪亚太地区国际关系格局的最大变化莫过于中国的快速崛起。自从 2001 年中国加入世界贸易组织以后，在对外贸易和投资的驱动下，中国经济取得了高速发展。2008 年前后，正当美欧等西方经济体面临信贷和债务危机冲击的时候，以中国为代表的新兴市场经济体国家却逆风飞扬。2010年，中国的 GDP 总量首次超过日本，成为世界第二大经济体，颠覆了过去近一个世纪以来东亚的政治经济格局。世界银行甚至认为，按照购买力平价计算方法，中国的 GDP 总量在 2014 年已经超过美国，成为世界第一大经济体。[2]随着经济的发展和综合国力的大幅度提升，外界逐渐认为，中国的外

---

① White House, *The National Security Strategy of the United States of America*, 2006, p. 40, http://www. whitehouse. gov/nsc/nss/2006/nss2006. pdf.

② 《世行报告：按购买力平价计算中国经济世界第一》，东方财富网，2014 年 5 月 6 日，http://finance. eastmoney. com/news/1350,20140506431786981. html。

交政策似乎变得更加具有某种进取（assertive）色彩。国际学术界因而判断，崛起后的中国可能对现存美国霸权秩序构成严重挑战。①鉴于在过去十年中，美国及其盟国耗费过多的精力用于南亚和中东地区的反恐行动，从而为中国腾出了一个发展的空间，因而，出于对中国崛起的恐惧和防范心态，从21世纪的第二个十年开始，美国政府重新调整其对外政策，相继提出"重返亚洲"及"亚太再平衡"战略，决定将重心从反恐战争转为应对新兴大国的崛起。

美国"亚太再平衡"战略的重要环节，就是重新激活亚太联盟，并防止亚太国家认同中国获得更重要的领导地位，同时确保他们继续承认美国的领导地位。作为美国亚太地区重要盟友和战略支点的澳大利亚，理所当然地成为美国推行"亚太再平衡"战略的重要伙伴和强有力的支持者。由于美国的对华战略有重大调整，美澳同盟关系又一次进行重新定位，即从21世纪初的联合反恐，变为共同应对中国崛起带来的地缘政治挑战。

在新的历史条件下，澳大利亚对美国的战略支点价值得到重新发现："澳大利亚的地理、政治与现有的国防能力以及设施，扩大了美国的战略纵深，为美国其他重要的军事利益提供了帮助，使美国能更为有效、合理地分配军事资源，这也提升了东南亚与印度洋的战略重要性。"② 为了重新定义美澳同盟，2011年11月16—18日，美国总统奥巴马展开了对澳大利亚的历史性访问，为新时期同盟关系定调。他在堪培拉议会发表演说时明确指出，美国非常重视与澳大利亚的关系，并将开展更加广泛和长期的合作，而促使两国合作的新因素是中国的崛起。③ 作为强化美澳军事同盟的重要步骤，澳大利亚同意美国在其北领地首府达尔文建立军事基地，而该基地的用意之一，是应对未来南海地区可能爆发的军事冲突。因为，与设在韩国和日本的美军基地群相比，达尔文基地更加靠近南海。由此可见，美澳这一联合部署，针对中国崛起的色彩十分明显。

① Alastair Iain Johnston, "How New and Assertive Is China's New Assertiveness?" *International Security*, Vol. 37, No. 4, 2013, pp. 7–48.

② David Berteau and Michael Green *et al.*, *U. S. Force Posture Strategy in the Asia Pacific Region: An Independent Assessment*, Washington D. C. Center for Strategic and International Studies, August 2012, p. 13. https://csis-prod. s3. amazonaws. com/s3fs-public/legacy_ files/files/publication/120814_ FINAL_ PACOM_ optimized. pdf.

③ Remarks by President Obama to the Australian Parliament, Canberra, 17 November 2011, http://www. whitehouse. gov/the-press-office-/2011/11/17/remarks-president-obama- australian-parliament.

为了配合美国实施"亚太再平衡"战略，澳大利亚一如既往地忠实履行作为美国盟友的条约义务，积极参与美国的对华"限制"战略。澳大利亚在 2009 年公布的国防白皮书中，将中国崛起当成是亚太地区不稳定因素，甚至把中国视作未来澳大利亚国防建设的假想敌。① 七年以后，澳大利亚又在其 2016 年新版国防白皮书中，再次确认"与（美国）维持强大和深层次的同盟关系，是澳大利亚安全和防卫计划的核心"，② 并宣誓澳大利亚将以实际行动维护美国在印度洋—太平洋地区的优势和主导地位。在该白皮书中，澳大利亚对东海、南海问题表达了严重"关切"，对中国的相关做法持明确的反对立场。在新的历史时期，澳大利亚将继续致力于维护美国主导下的"以规则为基础的"稳定的地区和全球秩序，并希望敦促崛起的中国能够成为"规则遵守者"。

但是，澳大利亚这种在安全上一味追随美国的传统政策和与中国对立的做法，越来越遭遇到现实的严峻挑战；处理不慎，将会付出极大的代价。与 60 年前相比，21 世纪的今天，亚太地区的国际格局发生了巨大的变化。与冷战时期的苏联不同，中国居于亚洲甚至世界经济的中心地位。中国的迅速发展，正在为世界各国源源不断地输送着大量经济红利，中国已经成为包括澳大利亚和美国在内的世界上绝大多数国家最大的经济贸易伙伴。正是中国经济高速发展带来的旺盛需求，刺激了澳大利亚资源型出口的持续增长，拉动了国内就业率，避免了欧美国家的经济下滑。从 2010 年起，中国取代日本成为澳大利亚最大的贸易伙伴，中澳贸易额首次突破 1000 亿澳元大关。2014 年 11 月，两国缔结了自由贸易协定，进一步加深了经济上的相互依赖关系。然而，与中国经济上的这种密切关系，却成为澳大利亚的一种极大的心理负担，并给澳大利亚的外交政策造成了空前的困境。③ 因为，在澳大利亚看来，该国历史上最大的贸易伙伴分别是英国、美国和日本这些所谓的"民主国家"或者"盟国"，而中国明显不属于这些国家之列。特别是从安全战略上看，由于中国与美国存在着结构性竞争矛盾，一旦中美爆发冲突，

---

① "*Defending Australia in the Asia Pacific Century*: *Force* 2030", Government of Australia, Canberra, Australia, 4 May 2009, p. 30. http://www. apo. org. au/sites/default/files/defence_ white_ paper_2009. pdf.

② Australian Government Department of Defence, 2016 *Defence White Paper*, Commonwealth of Australian 2016, p. 121.

③ Jian Zhang, "Australian and China, the Challenges to Forging a 'True Friendship'", in James Cotton and John Ravenhill eds., *Middle Power Dreaming*, *Australia in World Affairs 2006 – 2010*, South Melbourne: Oxford University Press 2011, p. 71.

澳大利亚将不得不选边站。对此，澳大利亚学者直言不讳地指出："如何应对正在崛起的中国，成为澳新美同盟（ANZUS）建立半个世纪以来最根本的挑战。"①澳大利亚一方面要承担与美国的同盟义务，另一方面又必须尽量避免刺激中国，影响中澳经济关系的正常发展。

　　面对困境，澳大利亚正在积极寻求破解良方。选择之一，可能是采取政经分离、"两面下注"的战略，即在经济上维护与中国密切的互利互惠关系，而在政治和安全上，继续保持与美国的同盟关系，并时刻不忘充当西方民主价值的卫道士。②而这种政策最终会遭到中国的抵制，并影响到两国要建立中澳战略伙伴关系的目标。另外一项政策选项，看起来更具诱惑力，但是实施的难度更大，那就是，尽量推迟中美正面冲突的时间，为中澳经济合作延长战略机遇期。为了缓解中美战略竞争可能对地区稳定和澳大利亚国家利益造成的负面影响，澳大利亚学者建议，不妨效仿历史上欧洲的经验，在亚洲建立起中、美、日、印等大国地区协调体系。在这个体系中，中国外交政策不以将美国赶出亚洲为目标，而美国也必须承认中国的地区大国地位，分享一定的领导权力。③澳大利亚作为美国的盟国和中等强国，愿意为化解中美冲突和建立新的地区秩序而充当桥梁和主要倡议者的角色。因为，"澳大利亚一项长期性的外交政策是，希望通过全球和地区组织作为对中国这种崛起国家进行'社会化'改造的机制，设法降低其对国际稳定的影响程度"。④澳大利亚发起亚太经济合作组织（APEC），积极参与东亚峰会，并提出建立南海多边对话机制倡议等，都是这种努力的一部分。

　　所以，鉴于中国崛起难以阻挡，澳大利亚不得不重新审视什么是自己的"国家利益"。⑤从历史传统和本国特殊的地缘政治现实来看，澳大利亚倾向于强化与美国的结盟，这"反映出澳大利亚面对中国崛起时凸显的不安情

---

①　William T. Tow and Leisa Hay, "Australia, the United States and a 'China Growing Strong': Managing Conflict Avoidance", pp. 37 – 54.

②　Chang Sen Yu and Jory Xiong, "The Dilemma of Interdependence: Current Features and Trends in Sino-Australian Relations", *Australian Journal of International Affairs*, Vol. 66, No. 4, November 2012, p. 590.

③　［澳］休·怀特：《中国抉择：美国为什么应与中国分享权力》，樊蒋译，世界知识出版社 2013 年版。

④　Allan Gyngell and Michal Wesley, *Making Australian Foreign Policy*, Melbourne: Cambridge University Press, 2010, p. 279.

⑤　Mark Beeson, "Invasion by Invitation: The Role of Alliances in the Asia-Pacific", *Australian Journal of International Affairs*, Vol. 69, No. 3, 2015, p. 316.

绪，体现了其亚太地区战略思维的不确定性"。① 但是，澳大利亚不希望看到中美冲突的发生，因为，一旦中美发生正面冲突，就会迫使澳大利亚做出选择，"（美国）如果（在需要的时候）没有得到澳大利亚的支持，这就意味着美澳同盟关系的终结"。② 而选择强化与美国的同盟关系，又有可能伤及与中国的经济合作前景。面对中国崛起所带来的亚太地区政治经济格局的空前巨变，本文认为，澳大利亚能够找到的选择机会并不太多。

结　论

美澳同盟关系自 20 世纪 50 年代初缔结以来，至今 60 多年，随着国际格局的变化，特别是美国的地区和全球战略目标的改变，其目标和任务呈现出比较明显的阶段性特点。从同盟建立之初到 20 世纪 80 年代末的整个冷战时期，美澳同盟与美国在世界各地的联盟关系一道，构成了西方阵营安全结构的重要"轮轴"之一。当时美澳联盟的关注重心是东亚和南太平洋，不仅设在澳大利亚的各种军事通信和情报基地成为以美国为首的西方反共情报网络的重要结点，澳大利亚还追随美国的冷战政策，参与了朝鲜战争和越南战争。20 世纪 90 年代，冷战结束，美澳同盟一度迷失了方向，出现短期"漂浮"现象。但是，随着 2001 年"9·11"恐怖主义袭击事件的发生，美国又找到了新的敌人——本·拉登基地组织和"邪恶轴心"国家。出于支持美国反恐战争的需要，美澳同盟的重心由亚太向西偏移到南亚和中东地区。同时，在美国的授意和支持下，澳大利亚积极寻求在东南亚开辟反恐的"第二条战线"。进入 21 世纪第二个十年以来，美国的反恐战争取得了阶段性胜利，阿富汗、伊拉克和利比亚都出现了有利于美国的政权更迭。与此同时，中国快速崛起，在一定程度上改变了亚太地区的国际格局和力量对比，迫使美国做出反应。美国决定抽身向东，实施"重返亚洲"和"亚太再平衡"战略，并将崛起的中国作为新的防范目标。在新的历史条件下，美澳安全同盟再度得到强化，其中心任务由反恐调整为应对中国崛起。

纵观 60 年来美澳同盟发展的进程可以发现以下两大显著特点：其一，同盟的不对称性。具体表现为美强澳弱，美主澳从。根据《澳新美安全条

---

① 陈洪桥：《美国亚太再平衡战略下的美澳合作》，载《当代亚太》2014 年第 1 期，第 71 页。

② Michael Wesley, *The Howard Paradox：Australian Diplomacy in Asia, 1996 - 2006*, Sydney：ABC Books, 2007, pp. 125 - 126.

约》，每一方有义务采取行动，但它并没有规定任何一方有义务在世界任何地方采取行动。换言之，美国可以免除条约认为是适当的方式和地区反对共同的敌人的义务。因此，签订这样的同盟条约，不会让美国为澳大利亚国家安全来承担过多的义务，反而让澳大利亚为美国的全球战略服务。而与美国保持一致，严重影响澳大利亚外交政策的独立性。其二，同盟的困境。同盟如同拴在一起的"囚犯"。特别是小国与大国结盟，小国往往会付出比大国更多的代价。小国如果选择强化同盟，会招致与自己毫不相干的外敌的仇恨和报复。例如，澳大利亚参与历次美国主导的海外战争所做出的牺牲，以及因为支持美国反恐政策而招致恐怖主义对澳大利亚国民和本土安全的威胁。特别是澳大利亚在地理上及经济上离不开亚洲，而在战后，它在战略和历史文化上与美国一致，在"离不开亚洲"和"与美国一致"二者之间存在难以调和的矛盾。因此，由于中美、中澳之间的经济上相互依赖关系的深化，安全同盟成为针对经济伙伴的手段变得越发不合时宜。

但是，由于美澳同盟关系在一定程度上符合两国的战略偏好，同盟关系在短期内不仅不会瓦解，反而会出现周期性的强化和更新。2014 年 8 月，美澳部长年度会议已经确立强化美澳同盟关系未来发展的三大基本方向：第一，通过多种途径，扩大美军使用澳大利亚设施；第二，进一步挖掘澳大利亚自身的海上安全能力；第三，将澳大利亚与美国在本地区的其他联盟和伙伴关系有机地连接起来，组成一个地区安全合作的枢纽。[1] 可以设想，在完成了上述三大改造任务以后，新时期的澳美同盟关系无论从硬件设施，还是制度化建设方面，都将更加与时俱进。澳大利亚也希望通过更新与美国的同盟关系，倚仗独特的地理位置和文化优势，不仅将自己锻造成为南太平洋地区的战略之锚，而且还要扩大范围，成为整个亚太地区重要的战略枢纽。

---

[1]　AUSMIN 2014 *Joint Communiqué*, 12 August 2014.　http://www. state. gov/r/pa/prs/ps/2014/230524. htm.

论澳大利亚的南海战略目标及政策选择*

　　澳大利亚是孤悬于南半球的岛状大陆，被太平洋、印度洋及南大洋三洋环绕，历来重视海洋事务和海洋利益。特别是其地处太平洋与印度洋的交汇之处，毗邻印度尼西亚、东帝汶等东南亚国家，具有重要的战略地位。对南海事务而言，澳大利亚并非南海主权声索方，也不是南海沿岸国家，历史上也鲜见因为南海问题而发声表态。进入 21 世纪以来，澳大利亚政府不断增加对南海事务的关注度，积极呼应配合盟友美国将南海问题"阵营化"的做法，深度介入南海事务，极力呼吁南海问题按照国际法要求进行多边化解决，并频频向中国施压。澳大利亚的种种做法，在一定程度上加剧了南海争端的复杂化。

　　近年来澳大利亚南海政策的变化，已经引起学术界关注。相关研究成果主要围绕澳美同盟关系展开。中国国内主流学术界倾向于认为，澳大利亚之所以插手南海事务，主要是基于保持与美国亚洲政策的一致性。[①] 很少有人从澳大利亚自身战略目标和国家利益诉求出发来分析其南海政策的深层次原因。因而，本文首先试图从澳大利亚南海政策的国内基础出发，结合地缘政治、国家利益和同盟理论等多维视角，探讨澳大利亚的南海政策的战略目标和政策选择，把握其基本政策特征和走向。

一、澳大利亚介入南海事务的基本战略目标

　　国家战略是澳大利亚对外政策的最高层次，相当于一种宏观政策宣示。[②] 而战略目标主要建立在一定时期内对国家利益的判断基础上。所谓国家利益是"指一个民族国家生存和发展的总体利益，包括一切能够满足民族

---

　　* 原文发表于《国际观察》2016 年第 6 期。本文第一作者为冯雷，中山大学"一带一路"研究院研究员。本书作者为本文第二作者。

　　① 孙君健：《澳大利亚对美国"重返亚太"战略的反应》，载《现代国际关系》2014 年第 8 期，第 36－43 页。

　　② Allan Gyngell & Michael Wesley, *Making Australian Foreign Policy*, Melbourne：Cambridge University Press, 2007, pp. 22－31.

国家全体人民物质与精神需要的东西。在物质上，国家需要安全与发展，在精神上，国家需要国际社会尊重与承认"。① 按照利益的重要程度，可以将国家利益划分为核心利益、重要利益和一般利益等。作为南半球的大陆岛国，澳大利亚并非南海主权声索方，也不是南海沿岸国家，历史上也鲜见因为南海问题而发声表态。在澳大利亚总理府有关 1940 年以来各任总理演说、接受媒体采访的数据库中，在霍华德总理之前，并未有南海问题发声表态。但自霍华德总理开始，澳大利亚历任总理对南海问题表态增多。虽然言辞多为外交辞令，但从霍华德总理 11 年任期仅谈及 1 次，激增至仅 2 年任期的阿博特总理 18 次表态，数字的增长反映了澳大利亚对南海问题关注度的提升。② 2011 年 11 月 19 日，时任澳大利亚总理吉拉德在出访印度尼西亚时明确表示："（南海）自由航行关乎澳大利亚利益。"③ 澳大利亚官方在南海问题方面的态度日趋清晰。之后，澳大利亚政府官员多次作出类似的"南海问题关系到澳大利亚国家利益"的表态。那么，澳大利亚政府领导人越来越密集地就南海事务表态，除了呼应美国的亚洲政策外，还有哪些主要战略目标及国家利益考量呢？

（一）澳大利亚虽然是域外国家，但在南海存在直接的经济利益

澳大利亚农牧业发达，自然资源丰富，素有"骑在羊背上的国家""坐在矿车上的国家"和"手持麦穗的国家"称号，是世界第九大能源生产国，经合组织国家中三个能源净出口国之一。作为一个贸易立国、产业发展不平衡的国家，其主要出口产品为矿产品、畜牧产品和农产品，主要进口商品包括原油和石油产品、客车及货车、机械和运输设备、计算机和办公设备等，海运贸易在该国经济中占据了重要的比重，其近 80% 出口和 70% 以上的进口通过海运。④ 据联合国贸易和发展会议组织出版的 2014 年《海运述评》显示，2013 年澳大利亚铁矿石出口占全球 49%，主要目的地为中国等东亚国家；煤炭出口量占全球出口量 32%，仅次于印度尼西亚的 34%，中国等

---

① 阎学通：《中国国家利益分析》，天津人民出版社 1996 年版，第 10－11 页。

② 资料来源：澳大利亚总理府网站，http://pmtranscripts. dpmc. gov. au/.

③ Australian government department of the Prime Minister and Cabinet，http://pmtranscripts. dpmc. gov. au/release/transcript－18293.

④ 中华人民共和国商务部：《对外投资合作国别（地区）指南——澳大利亚（2015 年版）》，第 20 页，第 23 页，http://fec. mofcom. cn/article/gbdqzn/。

东亚国家也是主要目的地。[①] 2015 年 11 月，澳大利亚外交部长毕晓普表示：
"澳大利亚三分之二的贸易要经由南海，因此现在澳大利亚在南海有着深厚
的国家利益。"[②]

同时，在关系国家经济命脉的石化产品方面，虽然澳大利亚拥有较为丰
富的石油及天然气储藏量，但其炼制能力不足，且炼制能力主要分布在该国
东部及东南部，西北地区经济严重依赖自新加坡、日本、韩国的成品油，以
及马来西亚、沙特阿拉伯等国的原油进口。21 世纪以来，澳大利亚的石油
年均进口量以 2% 以上的速度持续增长，进口石油依存度在 2008 年达到
44%，近年来还不断增长。因此，参与南海资源深度开发是澳大利亚在南海
地区的又一重要经济利益。南海地区蕴藏着各种丰富的战略资源，其中石油
和天然气的已探明储量可观。如果能够参与南海地区的石油开发，澳大利亚
就可以降低对石化产品进口的依赖度，且可以有效调整澳大利亚国内石化行
业的不平衡发展。目前，澳大利亚的必和必拓集团（BHP Biliton）已经获得
在南沙群岛附近的一个争议海区进行勘探的权利。[③]

（二）澳大利亚借助南海议题拟实现的三大战略目标

作为域外国家，澳大利亚希望借助南海问题，实现以下三大国家战略
目标。

第一，澳大利亚视美国为全球唯一超级大国并预判其将继续在一定时期
内保持优势地位，其欢迎美国重返亚太（印太）的战略调整以及在此调整
中凸显出的南海争端问题，其在南海议题中保持与美国的阵营化立场，以此
强化美澳同盟作为拱卫其安全利益的基石作用。

在美国落实"重返亚洲"等战略的过程中，因为美国本土距离亚洲遥
远，其在该地区缺乏欧洲"北约"这样的多边同盟来支持其战略实施，面
对综合实力和国际影响力与日俱增的崛起中的中国，"在霸权优势下降时，
美国更期望牢牢抓住同盟体系这项冷战红利"，通过强调同盟义务，约束同

---

① United Nations Conference on Trade and Development（UNCTAD），Review of Maritime
Transport 2014，http：//unctad. org/en/PublicationsLibrary/rmt2014_ ch. pdf，pp. 15 – 16.

② Minister for Foreign Affairs，The Hon Julie Bishop MP，http：//foreignminister. gov.
au/transcripts/Pages/2015/jb_ tr_ 151102c. aspx.

③ 王光厚：《澳大利亚的南海政策解析》，载《东南亚研究》2011 年第 6 期，第
10 – 15 页。

盟行为，一致"抑制潜在崛起国家的战略空间"①。美国前国务卿希拉里在《美国的太平洋世纪》一文中坦言，"我们的盟友日本、韩国、澳大利亚、菲律宾以及泰国，是我们重返亚太战略的支点（fulcrum）"。② 美国战略调整开始后，高调介入南海问题，并将同盟国在南海问题的表态与行动作为验证与其同盟关系性质、程度的"试纸"，推动南海问题的国际化和阵营化，构建美澳日菲等一致对华的"阵线"。除了澳大利亚的美国同盟身份，其得天独厚的钳制东亚"南钳"战略位置，以及在南海事务中"虽有利益，但无纠纷"的相对超然身份，都使其成为美国落实战略不可或缺的支点选项。一方面，美国以强化同盟安全承诺，提供军事支持，以及共享价值观、文化等共同点游说澳大利亚与其统一立场，参与南海事务；另一方面，美国以"中国威胁论"向澳大利亚施压，宣称中国在南海的进攻态势，迟早会威胁澳大利亚。因此，澳大利亚参与南海事务基于其对美国实力的分析预测，冀望配合美国战略调整并插手南海事务，借此进一步强化美澳同盟的利益期待。

澳大利亚政府与美国政府的战略调整保持着高度的一致性。在 2013 年的国防白皮书中，澳大利亚追随美国"印太"战略，对接提出"印太是亚太概念的逻辑延伸，澳大利亚的战略优先调整、聚焦于印度经东南亚直至东北亚之弧，包括该区域的战略航道方面"，"印太正在形成体系……澳大利亚的安全环境将深受印太体系发展影响"。③ 澳大利亚也强调自身在"印太战略弧（Indo-Pacific Arc）"所处的特殊战略地位，扼守印度洋与太平洋的交汇处，既可控制东南亚南海战略通道，又可以配合应对东北亚突发局势，"如果美国在东北亚卷入大战，澳大利亚可以阻断东南亚航路，发挥重要作用"。④ 这反映出澳大利亚冀望借配合美国插手南海事务，参与美国主导构建的印太体系和印太秩序，并在该体系中发挥一定作用，而不是被新构建的体系边缘化。

第二，东南亚地区一贯是澳大利亚的战略关注重点，澳大利亚借南海议

---

① 史田一：《冷战后美国亚太多边外交中的同盟逻辑》，载《当代亚太》2015 年第 2 期，第 38 – 60 页。

② Hillary Clinton, "America's Pacific Century", *Foreign Policy*, October 11, 2011, http://foreignpolicy. com/2011/10/11/americas-pacific-century/.

③ Austrlian Government Department of Defence, "Defence White Paper 2013", p. 7, Department of Defence website, http://www. defence. gov. au/whitepaper/2013/docs/WP_2013_web. pdf.

④ Paul Dibb, John Lee, "Why China Will Not Become the Dominant Power in Asia", *Security Challenges*, Vol. 10, No. 3, 2014, p. 20.

题迎合了部分东南亚有关国家"大国平衡"的需要，进一步扭转东盟国家对其的顾忌和排斥，提升其作为"中等强国"在地区事务中的话语权。

东南亚是澳大利亚的近邻，是澳大利亚西北安全的藩篱所在，澳大利亚西北部到东南亚有些国家首都的距离甚至短于到堪培拉的距离。澳大利亚在历史上就对东南亚，特别是印度尼西亚存在忌惮防范，尤其担心大国借助东南亚对其本土构成威胁。在提出"面向亚洲"的政策后，澳大利亚加大对东南亚的经济合作以及对东盟事务的参与。1974年，澳大利亚即与东盟建立对话关系，参与东盟内部政治事务，积极斡旋柬埔寨问题，提高其在该地区的话语权。但东南亚国家对于澳大利亚在该地区的角色保持着警惕和谨慎的态度，尤其是马来西亚前总理马哈蒂尔与新加坡已故领导人李光耀均多次发表批评澳大利亚地区政策的激烈言辞，吁请东盟及东南亚国家予以防范。"9·11事件"后，澳大利亚积极激活《澳新美安全条约》，追随美国全球反恐政策。在印度尼西亚巴厘岛发生恐怖事件后，更是提出"先发制人（pre-emptive）"的反恐政策，激起印度尼西亚、马来西亚等国的激烈反对。作为最早与东盟建立对话关系的域外国家，面对东盟对其发出加入《东南亚友好合作条约》的邀请，澳大利亚霍华德政府多次予以拒绝。直至2005年，为获得首届东亚峰会（EAS）的参会资格，并在当年美澳领导人会晤时霍华德得到时任美国布什总统的支持后，其才转变态度加入《东南亚友好合作条约》，以美国盟友和利益代表的身份获得东亚峰会与会权。①

伴随美国"重返亚太"，东盟有意借美国在该地区的存在来实现"大国平衡"，菲律宾、越南等南海主权声索国以及美国盟友新加坡更是欢迎美国、澳大利亚介入南海争端，推动南海问题国际化，扭转在争议中的"弱势地位"。澳大利亚也提升了对东南亚的重视度，对南太平洋地区与东南亚的关注仅次于其对保护本土免遭武力袭击。② 澳大利亚既有主动介入南海问题的动机，也受到部分东南亚国家的欢迎，澳大利亚与东盟及有关声索国协调立场，共同应对中国，有助于其稳固西北海防，有利于其提升在东南亚地区的话语权，并有利其扮演地区事务领导者的角色。再者，澳大利亚虽然不是

① Jae Jeok Park, "The US-led Alliances in the Asia-Pacific: Hedge Against Potential Threats or an Undesirable Multilateral Security Order?" *The Pacific Review*, Vol. 24 No. 2, 2011, p. 151.

② Australian Government Department of Defence, "*Defence White Paper* 2009", p. 12, Department of Defence website, http://www.defence.gov.au/whitepaper/2009/docs/defence_white_paper_2009.pdf.

南海主权声索国，但其与印度尼西亚、东帝汶这两个东南亚国家还存在尚待解决的海界问题。其与印度尼西亚 1997 年签署的《珀斯条约》，迄今尚未批准生效；其与东帝汶尚未彻底解决海界划界问题。澳大利亚借南海问题与东盟及整个东南亚国家深化关系，有利于其在与印度尼西亚及东帝汶的海界划界问题中获得理解，特别是遏止东帝汶借助中国香山论坛等平台向中国求援，从而在东（帝汶）澳海洋划界中向其施压。①

澳大利亚也并非被挟裹而被迫卷入南海事务；其"中等强国"身份注定其在国际事务中作用有限，但其不甘心在国际事务中难有作为。曾担任澳大利亚国防部负责情报工作的副部长、澳大利亚国立大学战略学教授保罗·迪博（Paul Dibb）表示，像澳大利亚这样的国家必须依赖外来援助才能实现所有国家的基本目标——生存，当然，也有类似国家可以选择中立或者不结盟，但这从来不是澳大利亚的选项，这会造成澳大利亚丧失对国际事务的话语权。②

第三，借助中美就南海议题的竞争，通过平衡策略提升自己在中澳关系中的"议价地位"，延长两国经济合作的机遇期。

中澳两国间本无结构性矛盾冲突。特别是进入 21 世纪以后，中澳经贸关系得到长足发展。中国的迅速发展，为世界各国源源不断地输送着大量经济红利，中国已经成为包括澳大利亚和美国在内的世界上绝大多数国家最大的经济贸易伙伴。正是由于中国经济高速发展带来的旺盛需求，刺激了澳大利亚资源型出口的持续增长，拉动了国内就业率，避免了类似欧美国家的经济下滑。从 2010 年起，中国取代日本成为澳大利亚最大的贸易伙伴，中澳贸易额首次突破 1000 亿澳元大关。2014 年 11 月，两国缔结了自由贸易协定，进一步加深了经济上的相互依赖关系。2015 年 6 月 29 日，澳大利亚与其他 56 个意向创始成员国代表在北京参加《亚洲基础设施投资银行协定》签署仪式。

澳大利亚希望充分利用自己与中、美的关系，发挥沟通桥梁的作用，做好双方的说服之作，尽量推迟中美正面冲突的时间，为中澳经济合作延长战略机遇期。特别是敦促中国遵守南海"航行自由"的规则。

---

① Cirilo Cristovão, "Timor-Leste's Outlook Towards Regional Maritime Security". 东帝汶国防部长 2015 年 10 月 18 日在北京第六届香山论坛发表的演讲，香山论坛网站，http://www. xiangshanforum. cn/artsix/sixforum/speech/third/201510/1269. html。

② Paul Dibb, "Australia's Alliance with America", *Melbourne Asia Policy Papers*, vol. 1, no. 1, (March 2003), p. 3.

二、澳大利亚的南海政策选择

在借助南海议题追随美国构建新型地区战略格局、迎合东南亚有关国家诉求、于中美关系中左右逢源的三大战略利益驱动下，澳大利亚从以下四个方面推行其南海政策。

（一）自我定位为南海事务攸关方，借助美澳联盟以外交及军事手段插手南海事务

澳大利亚逐渐将南海问题与澳大利亚的核心安全与战略利益挂钩，不再将自己视为南海争端的局外人，而是定位为南海事务攸关方。① 在美国战略调整背景下，美国"综合利用美国的外交、军事和运用国际法的优势，推动南海局势朝着对美国有利的方向发展"。② 正当其时，澳大利亚政府内部及智库均出现一些批评的声音，说澳大利亚政府在南海问题上的"缄默"或者无用的"口头抗议"是在担心得罪中国，是对美澳同盟承诺的失信。③ 此后，澳美同盟在南海事务上朝着更加进攻性的态势转向。2011 年 11 月，奥巴马访问澳大利亚期间宣布，美国将从 2012 年开始在澳北部的达尔文部署 200～250 名海军陆战队员，并计划在 5 年内使其规模达到 2500 人。2014 年 8 月，美澳在悉尼举行的第 29 届年度澳美部长级磋商会议（AUSMIN）上签署《澳美军力态势协议》（Australia-U. S. Force Posture Agreement）。2015 年 5 月，澳大利亚国防部高官、澳大利亚 2015 年《国防白皮书》起草委员会起草者彼得·詹宁斯（Peter Jennings）提出，"澳大利亚应该做好准备向南海派出军舰和战机以阻止中国控制海上战略通道"。④ 2015 年 10 月 27 日，美国海军拉森号宙斯盾舰未经中国批准，擅自闯入中国南海南沙群岛的渚碧

---

① 鲁鹏：《在理想与现实之间：从澳大利亚外交战略看澳大利亚南海政策》，载《亚太安全与海洋研究》2015 年第 2 期，第 11－26 页。

② 朱锋：《岛礁建设会改表南海局势现状吗?》，载《国际问题研究》，2015 年第 3 期，第 13 页。

③ Michael Wesley, "Australia's Interests in the South China Sea", p. 47, *National Security College Occasional Paper*, No. 5 September 2013.

④ John Garnaut, David Wroe, "Australia Urged to Send Military to Counter China's Control over Sea Lanes", *The Sydney Morning Herald*, May 15, 2015, http://www.smh.com.au/federal-politics/political-news/australia-urged-to-send-military-to-counter-chinas-control-over-sea-lanes－20150515-gh2uks.html.

礁和美济礁附近水域进行巡航。2015 年 9 月，接任总理的特恩布尔政府无视中国政府的警告，高调配合美国在南海的挑衅行为。2015 年 11 月 25 日至 12 月 4 日，澳大利亚一架军机在南海上空进行所谓的"航行自由"任务飞行。2016 年 1 月，特恩布尔总理访问美国，与奥巴马磋商涉及南海议题，并考虑针对中国在南海的造岛行为共同开展"航行自由"军事演习。① 2016 年 2 月 25 日，澳大利亚 2016 年《国防白皮书》发布，虽然澳大利亚继续表示不在南海争端中选边，但是"关注声索国填礁造岛建设行为强化地区紧张局势"，并"反对人工建筑被用于军事目的"②，公开表态介入南海争端，公开或者隐秘地抨击中国立场及中国在南海采取的举措。

（二）利用东盟框架等多边平台及多边机制，以国际法及国际秩序捍卫者姿态操控话语权

在某些公开场场合，澳大利亚曾在一段时期内在南海问题方面保持三点基本态度，即：对南海争端保持中立，不选边站；强调依据国际法和平解决争端，维护航行自由；支持东盟的南海行为准则与建立多方安全和协商机制。但澳大利亚的态度近年来有所调整，明显倒向菲律宾等东南亚声索国一边。前总理阿博特 2015 年 6 月在新加坡明确表示，"澳大利亚政府在南海争端中保持中立，不会选边站（take no side），但反对任何单方面改变现状的举措"。③ 澳大利亚学者麦克·韦斯利（Michael Wesley）隐晦地批评中国在南海的行为是以"受目的支配的秩序"（teleocratic norms）对"受规则支配的秩序"（nomocratic norms）的挑战者，是对国际法、国际制度及东南亚区域机制的不尊重，将澳大利亚这个对"受规则支配的秩序"的坚定维护者

---

① "*Turnbull Government Considering Australian Involvement in 'Freedom of Navigation' Exercises Challenging China's Push into South China Sea*", http://www. news. com. au/national/turnbull-government-considering-australian-involvement-in-freedom-of-navigation-exercises-challenging-chinas-push-into-south-china-sea/news-story/eefc427d58cfaac02b1b97253ec2380b.

② Australian Government Department of Defence, "*Defence White Paper 2016*", p. 58, Department of Defence website, http://www. defence. gov. au/WhitePaper/Docs/2016 - Defence-White-Paper. pdf.

③ James Massola, John Garnaut, "Australia 'Deplores' Unilateral Action in South China Sea: Tony Abbott", *The Sydney Morning Herald*, June 29, 2015, http://www. smh. com. au/federal-politics/political-news/australia-deplores-unilateral-action-in-south-china-sea-tony-abbott-20150629 - gi0lxj. html.

置于艰难境地。① 澳大利亚以维护国际法及国际准则的姿态，支持菲律宾、越南等主权声索国在东盟地区论坛、东亚峰会等东盟框架下的多边场合讨论南海问题，支持东盟积极推动与中国磋商有约束力的《南海各方行为准则》。菲律宾单方面向所谓的南海仲裁案仲裁庭提出仲裁后，多方寻求域内外国家支持，虽然并未得到东盟内部的普遍支持，但澳大利亚表示出积极态度。2016 年 2 月，中澳外交与战略对话举行前夕，澳大利亚外长毕晓普表示，"澳大利亚认可菲律宾寻求通过仲裁解决争端的权利，督促各方不要威逼和恫吓"。② 菲律宾认为，"在仲裁进展的关键时刻，（菲律宾）得到澳大利亚在仲裁案方面的支持"③。7 月 12 日仲裁结果出台后，澳大利亚力挺菲律宾，外长毕晓普表示，"请中菲双方共同遵守国际仲裁庭的终审和有约束力的仲裁结果"，"无视裁决将严重违反国际法，付出巨大声誉成本"④，引发中国政府的严正抗议，中国外交部发言人陆慷对此回应"殷鉴不远"。

（三）深化与东南亚国家的安全、军事关系，加强在东南亚的军事存在

澳大利亚积极参加美国主导的地区军事演习。2001 年，美国借反恐名义"重返"菲律宾，美菲举行年度性"肩并肩"双边军事演习。澳大利亚积极作为唯一第三方加入年度性军事演习。2015 年 4 月 6 日至 30 日，美国、菲律宾和澳大利亚 3 国在菲律宾毗邻中菲争议海域的巴拉望地区举行了"肩并肩 2015"联合军演。2015 年 7 月 5 日，美澳在澳北部举行两年一次的"护身军刀（Taisman Sabre）2015"大型军演，假想场景为在澳大利亚北部海域登岛，并首次邀请日本自卫队参加。

与此同时，澳大利亚有意激活《五国联防条约》，加强与新加坡及马来西亚安全合作。1971 年 11 月，英国与澳大利亚、新西兰、马来西亚、新加

---

① Michael Wesley, "Australia's Interests in the South China Sea", *National Security College Occasional Paper*, No. 5 September 2013, p. 47.

② "Julie Bishop to Question China's Island Reclamations in the South China Sea", http://www. abc. net. au/news/2016 – 02 – 16/bishop-to-raise-island-reclamations-with-china-foreign-minister/7174092.

③ Amando Doronila, "Australia Boosts PH in South China Sea Dispute", *Philippine Daily Inquirer*, January 29, 2016, http://opinion. inquirer. net/92433/australia-boosts-ph-in-south-china-sea-dispute.

④ "China 'Bit Shocked' at Julie Bishop's Comments on the South China Sea Ruling", http:// www. news. com. au/national/china-bit-shocked-at-julie-bishops-comments-on-the-south-china-sea-ruling/news-story/05c8a0d11dd42ff86979ddda42c8eb6c.

坡共同签订《五国防务协定》（Five-Power Defence Arrangements），成立了五国联防组织。冷战后，该组织基本丧失功能。"9·11事件"后，该组织重启以"反恐"为目标的海上军事演练。2015年1月30日，英国外交大臣菲利普·哈蒙德（Philip Hammond）在新加坡发表演讲，强调英国对南海问题的立场态度，表示《五国联防条约》依然有效，而且是该地区唯一的多边安全协定，英国随时有能力支持地区伙伴。① 澳大利亚充分使用《五国联防条约》缔约国的身份，加强与新加坡、马来西亚的安全合作，并为其参与南海事务获取到"合法性"②。2015年11—12月，澳大利亚在南海进行"航行自由"飞行任务后，其既体现了对美国在南海开展军事化举措的支持，又解释了"该行动是五国联防组织自冷战便建立、至今依然有效的'门户行动'（Operation Gateway）的组成部分，这是澳大利亚对《五国联防条约》规定的保障东南亚海事安全的承诺"。③ 2015年11月22日，澳大利亚与马来西亚在吉隆坡发表将两国关系提升到战略伙伴关系的《联合声明》，强调通过《五国联防条约》及澳马共同防卫计划（Malaysia Australia Joint Defence Program）推动两国防卫合作。④

（四）向中方表达对南海问题的关切态度，同时也灵活与中国开展安全合作

一方面，澳大利亚追随美国的南海政策，在南海问题上向中国施加影响。但是另一方面，其与中国并无深刻的政治、经济矛盾，1972年以来两国保持和发展了较好的双边关系，2014年双边关系提升到"全面战略伙伴

① "Foreign Secretary's Speech on the UK in Asia Pacific", https://www. gov. uk/government/ speeches/foreign-secretarys-speech-on-the-uk-in-asia-pacific.

② Sam Bateman, "What Are Australia's Interests in the South China Sea?" *Strategist*, The Australian Strategic Policy Institute, May 28, 2015, http://www. aspistrategist. org. au/what-are-australias-interests-in-the-south-china-sea/）.

③ "门户行动"（Operation Gateway）参见澳大利亚国防部网站，http://www. defence. gov. au/operations/SouthChinaSeaIndianOcean/；另见，Hugh White, South China Sea Dispute Puts Australia in a Strategic Bind, *Straits Times*, December29, 2015, http://www. straitstimes. com/opinion/south-china-sea-dispute-puts-australia-in-a-strategic-bind。

④ Australian Government Department of Foreign Affairs and Trade, " *Australia-Malaysia Joint Declaration of Strategic Partnership*", Department of Foreign Affairs and Trade website, http://dfat. gov. au/about-us/publications/Documents/australia-malaysia-joint-declaration-of-strategic-partnership. pdf.

关系"层面，中澳建立了总理年度定期会晤机制、外交与战略对话、战略经济对话等30多项政府间磋商机制。在发展与中国经贸关系的同时，澳大利亚也深化与中国的军事交流与合作。2015年12月1日，中澳在堪培拉举行第18次防务战略磋商，时任中国人民解放军总参谋长与澳国防军司令宾斯金、国防部秘书长理查森举行会谈，并会见了澳大利亚国防部部长佩恩。2015年10月，中国海军和平方舟医院船首次访问澳大利亚。① 10月31日，澳大利亚皇家海军"阿兰塔""斯图尔特"号护卫舰，在中国海军导弹护卫舰运城舰引导下，抵达湛江，开展为期3天的友好访问。2016年1月2日，参加亚丁湾护航的中国海军152舰艇编队抵达澳大利亚布里斯班，与澳大利亚海军进行2016年首次联合军事演练。② 即便在南海仲裁庭仲裁结果出台，美日澳公开表示支持菲律宾的背景下，中国国防部8月25日发布消息，称"中澳美三方于8月24日至9月11日在澳大利亚达尔文举行'科瓦里—2016'陆军技能联合训练。此外，中澳陆军将于9月14日至23日在澳大利亚悉尼举行'熊猫袋鼠—2016'联合训练"。中澳关系的这种既竞争又合作的局面，充分说明两国关系的多样性和复杂性。

三、澳大利亚南海政策的特点及其启示

澳大利亚并无独立、成熟的南海战略，或者说澳大利亚的南海政策，是一种典型的机会主义和实用主义。从表面上看，其南海政策具有很强的对美附属性，以及随政府换届而出现振幅较大的波动性。澳大利亚的南海政策仍将长期受到美国外交政策（南海政策）的主导。澳大利亚将自身重新定位为南海事务攸关方，作为美国同盟积极配合美国地区战略调整，强化在东南亚地区的军事存在和影响力。

但是，我们必须同时高度关注澳大利亚的南海政策。其南海政策涉及多重因素的考量：维护自身的国家利益，特别是经济利益；追求成为中等强国之首；积极参与区域合作。在这方面，中澳关系的健康发展也有助于缓和澳

① 《中国海军和平方舟医院船首次访问澳大利亚》，中华人民共和国国防部网站，http://www.mod.gov.cn/hospital/2015 – 10/10/content_4623672.htm。

② 《中国海军152编队圆满访问布里斯班》，中华人民共和国外交部网站，http://www.fmprc.gov.cn/web/zwbd_673032/nbhd_673044/t1330082.shtml；《中澳美和中澳陆军9月将分别举行联合训练》，中华人民共和国国防部网站：http://www.mod.gov.cn/shouye/2016 – 08/25/content_4719298.htm。

大利亚对南海事务的极端态度。近年来，中澳经贸关系发展迅猛，双边自贸协定新近正式生效。2015 年 9 月首次在澳大利亚北领地的戴利里弗进行的中美澳"科瓦里"演习（Exercise Kowari），以及中澳在南海、南太平洋举行多次军事演习也有助于增强互信；中澳在印度洋亚丁湾共同参与护航活动，扩大了中澳军事合作的视域，利于维护共同的安全利益。澳大利亚总理特恩布尔顺利于 2016 年 4 月中旬访华，中澳两国领导人在"尊重彼此核心利益和重大关切"方面进一步达成共识。特别是特恩布尔还受邀参加 9 月在中国杭州举行的 20 国领导人峰会。2016 年 7 月澳大利亚举行大选，特恩布尔领导的联盟执政党获胜，现任政府的南海政策继续延续。但如何打好"中澳经济牌"，这是在野党工党和执政党自由党—国家党联盟都要考虑的问题。"竞选靠口号，执政靠经济"，续任政府势必会将发展本国经济作为优先考虑。这些因素都有利于缓和澳大利亚在南海的强硬立场，增进其对我在南海核心利益的理解。

澳大利亚虽然不是南海主权声索国，但其出于追随美国的外交政策以及自身利益考量而插手南海事务，客观上使中国与菲律宾、越南等南海主权声索国之间的争议日益多边化、国际化，使中国一贯以来希望与争议国家双边解决争端的努力成效受到冲击，南海争端的解决前景趋于复杂。

在美国强化遏制中国崛起的亚太大战略的背景下，澳大利亚渴望继续扮演南海地区"副警长"的角色。澳大利亚的外交政策的价值观因素，也促使它继续加强自身的西方国家的身份认同。[①] 这些都是不变的。中美竞争关系有利于澳大利亚在中美之间最大化获益，正如澳大利亚现任总理特恩布尔曾经表示的，"我们的国家利益要求我们，确实同时做到（而不是说说而已）华盛顿的盟友和北京的好朋友，实现国家利益"。[②] 但澳大利亚欢迎适度竞争的中美关系，而不是被迫卷入战争选择的中美对抗；过于对抗的中美关系会收缩澳大利亚的灵活外交空间，并不符合澳大利亚战略利益。中美如能顺利推进"新型大国关系"，有助于约束澳大利亚的南海举措。同时，更加重要的是，中澳经济的高度相互依赖关系，迫使澳大利亚在它的安全盟友和经济伙伴之间保持适当的平衡关系，以最大程度地维护澳大利亚自身的国家利益。

---

① Allan Gyngell & Michael Wesley, *Making Australian Foreign Policy*, Port Melbourne：Cambridge University Press，2007，pp. 273 – 285.

② 参见澳大利亚广播公司（ABC）2016 年 1 月 19 日电视节目，http://www. abc. net. au/7. 30/content/2015/s4391071. htm。

特朗普时期美澳同盟发展趋势探析[*]

2018 年以来，世界格局持续发生错综复杂的深刻变化，中国的崛起成为影响亚太格局乃至世界格局变化的重要因素。2017 年，特朗普执政后美国政府发布了三份战略报告，从三个不同视角加紧在亚太乃至印太地区的战略部署。澳大利亚作为美国在亚太地区的传统盟友，战略重要性日益增长，美澳同盟的战略目标和利益诉求也正在发生转变。

一、美澳同盟的缘起与演变

美澳同盟源自《澳新美安全条约》，该条约原是澳大利亚和新西兰为防范日本再次强大而积极攀附美国组建的一个区域性防御同盟。但由于美国的主导，该同盟不得不服从美国的战略目的。因此，自 1951 年问世不久，澳新美同盟随即异化为针对社会主义阵营的冷战工具。通过《澳新美安全条约》，美国将澳大利亚、新西兰纳入其应对冷战的总体战略布局，使之成为服务于美国从欧洲、印度洋到太平洋对苏联和中国推行遏制战略的一部分。

国际格局的演变及美国的战略变化是澳新美同盟利益诉求的关键变量。越南战争结束后，美国在东南亚和西南太平洋地区战略收缩。与此同时，当时澳大利亚的工党政府的外交思路也出现转变，开始推行"独立自主""融入亚洲"的外交战略，对澳新美同盟的依赖有所下降。[①] 1987 年，新西兰因推行"无核化"政策，事实上退出了澳新美同盟，澳新美同盟遂演变成美澳同盟。

20 世纪 90 年代初苏联解体后，美国对美澳同盟的需要进一步下降，对维系与澳大利亚的传统盟友关系也不甚热心，此时的美澳同盟失去了支撑的目标，一度有点"漂浮"。直到 90 年代中期，南海的"美济礁事件"和台海危机令美国感受到中国在其周边地区不断上升的影响力。同时，保守的自

---

* 原文发表于《当代世界》2019 年第 3 期。本文第一作者为沈予加，四川大学国际关系学院副教授。本书作者为本文第二作者。

① 喻常森：《21 世纪美澳同盟再定义：从联合反恐到应对中国崛起》，《当代亚太》，2016 年第 4 期，第 70 - 86 页。

由党党魁霍华德选举获胜成为澳总理，自由党一向推崇美澳同盟，他在任期间主动加强与美国的双边关系，美澳同盟关系开始重新"回暖"。此时，美国开始尝试在自己不方便出面的情况下，更多发挥澳大利亚在区域问题上的作用。1999年，在美国的支持下，澳大利亚首次在东帝汶的维和行动中发挥主导作用，在联合国授权后，派出5500名军人参与维和行动。该行动美国并未直接参与，而是通过澳大利亚发挥主导作用的地区军事行动来维持影响力，澳大利亚也因此获得地区"副警长"的称号。①

2001年发生的"9·11"恐怖袭击事件对美国的对外政策产生了巨大影响，美国将"恐怖主义和大规模杀伤性武器扩散的结合"视为最迫切和首要的威胁，并祭出"先发制人"的预防性进攻战略以打击和遏制恐怖主义，接连于2001年和2003年发动了阿富汗战争和伊拉克战争。澳大利亚立即响应，宣布依据《澳新美安全条约》第四款，支持美国反恐，并派兵参加了上述两场战争。美澳同盟事实上成为美国全球反恐同盟的一部分。不仅如此，澳大利亚还积极配合美国的全球反恐部署，与多个亚太国家签署了《反恐合作谅解备忘录》，成为建立"西南太平洋对话机制"的积极倡导者。通过紧随美国积极反恐，澳大利亚一度成为仅次于英国的美国盟友。

随着中国经济的高速增长和国力的日益增强，美国政府开始重新调整政策，将战略重心由反恐转变为应对中国崛起，相继提出"重返亚洲"与"亚太再平衡"战略。作为美国亚太同盟体系的重要组成部分，澳大利亚成为美国推行"亚太再平衡"战略的重要支点。美国的重大战略调整，使得美澳同盟关系再次被重新定位，从21世纪初的联合反恐变成共同应对中国发展带来的"挑战"。②

显然，在以亚太为主要竞争场所的美国新战略中，澳大利亚能发挥较之前更大的作用。澳大利亚的地缘位置、在南太平洋的影响力与国防实力，提升了美国在西南太平洋、南太平洋和印度洋的控制力，为美国提供了军事利益，使美国在亚太地区的军事资源更为有效、合理地分配。2011年11月，美澳两国政府宣布，美国将进一步增加在澳大利亚的驻军人数，美军开始在达尔文港驻军，驻军人数在2017年将达到2500人，其目的是应对未来南海地区可能爆发的军事冲突。同时，两国还不断提升美澳联合军演的规模。澳

---

① 喻常森：《21世纪美澳同盟再定义：从联合反恐到应对中国崛起》，载《当代亚太》2016年第4期，第70-86页。

② 喻常森：《21世纪美澳同盟再定义：从联合反恐到应对中国崛起》，载《当代亚太》2016年第4期，第70-86页。

大利亚则一如既往地紧紧追随美国，并"迫不及待"地展示自己的态度、立场。在 2009 年公布的澳大利亚《国防白皮书》中，中国被视为亚太地区的不稳定因素，且被预设为澳国防的潜在"敌人"。[①] 2016 年出台的澳大利亚《国防白皮书》中，澳明确表达了对中国国力增长尤其是军事实力增长对地区秩序可能造成负责影响的担忧，并提出中澳间的战略利益"可能在某些地区性和安全性议题上产生分歧"，认为中国东海、南海的领土争端造成地区局势紧张，明确反对中国在南海的相关做法。澳大利亚认为澳的主张和行为是维护美国主导下的"以规则为基础"的地区和全球秩序，澳应该敦促中国成为该规则的遵守者而非破坏者。[②]

二、美澳同盟的纽带

从以上美澳同盟的演变，可看出其最重要的一个特点：虽然美国在美澳同盟中一直占据主导性地位，同盟亦主要服务于美国在太平洋及全球层面的大战略，但美澳同盟之所以能走到今天，成为美国在亚太地区同盟体系的重要组成部分，澳大利亚逐步发展成为美国的重要盟友，主要是澳方主动迎合的结果。

在近年来制衡中国亚太影响力的战略目标上，澳大利亚更不惜"冲锋"在前，甘愿充当美方阵营的"马前卒"，多次"出头"针对中国。2013 年至 2018 年期间，澳大利亚政府高官多次指责中国，声称中国在东海和南海地区的活动加剧地区紧张局势，并且美澳多次发布联合声明，声称其在东海和南海问题上态度和主张一致（见表 1）。

表 1　2013—2018 年澳大利亚在东海和南海问题上的表态

时间	参与者	事件
2013 年 11 月	澳大利亚外交部部长	指责中国发布有关划设东海防空识别区声明的时机与方式将加剧地区的紧张局势

---

① 参阅澳大利亚政府和国防部 2009 年发布的澳大利亚《国防白皮书》，http://www.defence.gov.au/whitepaper/2009/。

② 参阅澳大利亚政府和国防部 2016 年发布的澳大利亚《国防白皮书》，http://www.defence.gov.au/whitepaper/。

续表1

时 间	参与者	事 件
2014 年 6 月	澳美双方政府	澳美发表声明，声称在东海和南海问题上态度和主张达成一致
2015 年 5 月	澳美日三方政府	澳美日在"香格里拉对话会"共同发布的联合声明，指责中国在南海地区的活动
2015 年 10 月	澳大利亚政府	澳一架反潜巡逻机追随美国驱逐舰进入中国南海岛礁 12 海里海域，飞越南海争议岛屿上空
2016 年 1 月	澳大利亚国防部部长	表示支持 2015 年 10 月美军进入中国南海岛礁的行为，声称澳将继续与美国和其他地区合作伙伴在航行安全问题上进行亲密合作
2017 年 8 月	澳美日三方政府	澳大利亚联合美国、日本发表声明，要求有关国家（中国）停止在南海地区填海造地和军事化设施建设，敦促中国和菲律宾遵守所谓的"国际仲裁决议"
2018 年 1 月	澳日政府	澳日双方就强化安全及防卫合作达成一致，明确指出澳日双方对南海局势表示担忧
2018 年 7 月	澳大利亚国防部部长	一改不参与对"航行自由"议题的表态，宣布对南海航道"航行自由"予以支持

资料来源：笔者根据新华社报道、澳大利亚政府声明等整理而成。

澳大利亚积极迎合的姿态根源于其对自身利益需要和地区秩序的判断。澳大利亚认为，美国在全球的主导地位和在亚太地区的绝对军事优势至少还可维持二十年。[①] 换言之，澳大利亚比美国更需要美澳同盟。

澳大利亚对美澳同盟的需要首先是基于其所面临的安全难题。自 20 世纪以来，随着科技的进步，辽阔的海洋被不断征服，澳大利亚从海洋环绕所带来的安全感中被"甩"了出来，开始面对其自身无法解决的安全难题：一方面是独拥一整块面积广阔的大陆，另一方面是仅仅两千多万的人口无法

---

① 参阅澳大利亚政府和国防部 2016 年发布的澳大利亚《国防白皮书》，http://www.defence.gov.au/whitepaper/。

独力承担国防重任。因此，与大国结盟成为澳大利亚别无选择的选择。① 澳大利亚先是依附英国，继而依附美国，时常担心被强大的同盟"抛弃"，目的是争取大国的安全保障。其次，澳大利亚认为美澳同盟是澳大利亚制衡潜在有敌意的大国的有利"资产"；美澳同盟将澳大利亚置于地区安全秩序变动中，美澳同盟也使澳大利亚的周边区域更加稳定和可预测。② 正因为澳面临的安全挑战与威胁需要美国的强力援手，因此澳大利亚精英阶层普遍认为，澳大利亚将美澳同盟作为其外交和防务政策的基础，是国家利益的保障。

澳大利亚的这种"主动行为"也确实迎合了美国的现实需要，从而获得了丰厚回报。澳虽然一直担心美国维护亚太秩序的决心，但对美国为澳安全防卫提供必要帮助的信心日益上升。③ 一些澳大利亚精英甚至认为，除了提供安全保障，美澳同盟也提升了澳自身的实力。正因为背靠强大的美国，澳大利亚在国防方面的负担较轻。2010—2013 年期间，澳工党政府曾多次削减国防开支，使澳在 2013 年的国防预算占 GDP 的比重降至 1.36%，达到 1938 年以来的最低水平。④

正因如此，尽管澳政府对美澳同盟始终给予政治上的支持，但仍然被认为是美澳同盟中的"搭车者"。澳大利亚付出的主要是"口惠"，得到的却是"实惠"。这亦成为美澳关系中的一个不确定因素，使得美国政府感觉澳大利亚在不断利用美国。美国前国务卿理查德·阿米蒂奇就曾告诫澳，不要将美国"重返亚太"视作自己"搭便车"的借口。澳几经权衡后，作出增加国防预算的决定。根据 2016 年澳大利亚《国防白皮书》，澳国防预算大幅上升，从 2015—2016 财政年度的 324 亿澳元增加到 2025—2026 财政年度的 587 亿澳元。⑤ 由此可见，美澳同盟的强化，是美澳双方共同需要的结果。

---

① 参阅 Allan Gyngell, *Fear of Abandonment*: *Australia in the World since 1942*, Melbourne: Latrobe University Press, 2017.

② Michael Wesley, Steering Between Primacies, Challenges to the Australia-US Alliance, *Asia Policy*, Vol. 7, No. 24, 2017, pp. 59 – 63.

③ 杨毅：《澳大利亚强化美澳同盟及其前景》，载《当代亚太》2016 年第 3 期，第 23 页。

④ David Watt and Alan Pyne, Trends in Defence Expenditure since 1901, https://www.aph. gov. au/About _ Parliament/Parliamentary _ Departments/Parliamentary _ Library/pubs/rp/BudgetReview201314/DefenceExpenditure.

⑤ 参阅澳大利亚政府和国防部 2016 年发布的澳大利亚《国防白皮书》，http://www. defence. gov. au/whitepaper/。

其中，美国是担心盟友"搭便车"的一方，澳大利亚则是担心自己被"抛弃"而努力"追随"的一方。正因如此，虽然澳大利亚在经济上对中国有较强依赖性，但在中美大国博弈中却依然旗帜鲜明地站在美国一方，并为之"冲锋陷阵"。

三、特朗普个人因素的影响

2017年1月，特朗普正式宣誓就职第45任美国总统。特朗普上任虽不过两年，但已在美澳同盟关系方面留下了深刻痕迹。首先，特朗普的当选是美国国内"反建制"势力的胜利，而包括澳大利亚在内的美国传统盟友，虽然为避"影响美国大选"之嫌没有公开表态，但内心无疑更期待代表"建制派"的希拉里当选。因为美国的盟友希望看到的是一个形象稳定，且依据既定规则行动的美国，而经常心血来潮、喜欢突发推特执政的特朗普，显然不在此列。

当选前，特朗普的政策表述已体现出"美国优先"的战略定位，这无疑令包括澳大利亚在内的美国盟友们忐忑不已。这意味着美国为了自己单方面的利益，可以牺牲盟国的利益，包括放弃此前对同盟的承诺和责任。如果特朗普领导下的美国真的沿着这条道路"一意孤行"，美国的盟友也将不得不另作打算。果然，就在全世界都在猜测特朗普是否真的会沿着"美国优先"的"跑道"行进、能走多远时，上任不久的特朗普为了兑现自己的竞选承诺，不顾国内外强烈的反对之声，于2017年1月23日决定退出《跨太平洋伙伴关系协定》（TPP）。此举无疑给美国的盟国重重一击，尤其是原来期望通过TPP制衡中国经济影响力的澳大利亚等国。澳大利亚表态承诺将继续推进TPP谈判，并且鼓励中国和印度尼西亚挑起美国卸下的大梁。澳大利亚贸易部部长当即表示，鉴于美国决定退出TPP，澳大利亚希望通过鼓励中国以及亚洲其他国家的加入来拯救TPP。① 本来旨在应对中国挑战的美澳同盟，在这一刻"撕开了裂口"。

不仅如此，特朗普在随后与澳大利亚总理特恩布尔通电话时，态度粗鲁，以训斥的口气斥责奥巴马任内达成的美澳难民安置协议。接着，在特朗普的坚持下，美国又退出了《巴黎协定》，给美国的盟友再一次重击。特朗

---

① Agence France-Presse, Australia Leads Fight to Save Trans-Pacific Partnership Trade Pact, *The Guardian*, May 21, 2017, p. 1. https://www. theguardian. com/business/2017/may/21/australia-leads-fight-to-save-trans-pacific-partnership-trade-pact。

普的"退群"行为使澳大利亚对特朗普领导下的美国出现以下担忧。

第一，特朗普带有"煽动性"的个人风格有可能引发与中国的对抗，中美冲突的风险陡增，这对于经济上高度依赖中国的澳大利亚显然是有害的。澳大利亚担心特朗普及其顾问并不理解处理中美关系的基本原则，也不尊重双边关系中的红线。第二，特朗普治下的美国或将事实上撤出亚洲。并无多少证据表明特朗普相信在亚洲保持战略存在将确保美国最重要的利益需要。退出TPP，就清楚地表明了其"美国优先"的立场。第三，特朗普对美国同盟体系的理解并不能给澳大利亚提供"安全感"。特朗普之前就提出过美国退出北约的建议，还曾建议日本和韩国各自发展核力量而非继续依赖美国。而其电话中对特恩布尔总理的粗鲁无礼，进一步强化了澳大利亚人的这种不安。[1]甚至有学者认为，澳大利亚不应该再继续维护美澳同盟。[2]

照此逻辑，演变趋势应朝着传统盟国与美国离心离德、渐行渐远的方向发展。但美澳同盟关系却并未如此：2017年的"香格里拉对话会"上，澳大利亚总理特恩布尔宣示了对美的"忠心"，表示澳将继续追随美国的领导；随后，美澳军政主要高官在悉尼参加"2+2"部长级对话；随之双方又在澳大利亚邻近海域展开史上最大规模的"护身军刀"联合军事演习。2017年9月20日—11月23日，澳大利亚海军派出6艘军舰、1200名士兵参加"印太奋斗—2017"军演，以"显示坚定的决心"，这是澳大利亚海军近三十年来规模最大的军事行动。2017年11月12日，澳大利亚与美国、印度、日本一道，在马尼拉举行的东盟峰会及东亚合作领导人系列会议间隙，正式复活了沉寂10年之久的"四国安全对话"。这四个"民主国家"强调共同价值观和地缘政治利益以扩大合作基础，宣称将在印太地区维护"基于规则"的国际秩序。2018年，美国和澳大利亚开始重新部署在巴布亚新几内亚的军事基地。2018年10月，美、澳宣布将在巴布亚新几内亚重新修茸之前废用的马努斯岛（Manus Island）海上军事基地，该岛是美国在第二次世界大战时期使用过的隆布海上军事基地所在地。这是太平洋战争以后美国首次同澳大利亚在南太平洋地区建立联合军港。显然，虽然特朗普治下的美国政府对澳大利亚造成了实质上的不利影响，使澳大利亚国内对美澳同盟出现了不同声音，但澳大利亚政府及主要领导人依然视美澳关系为命脉。这也

---

① 休·怀特：《为什么特朗普让澳大利亚人不安》，载《环球时报》2017年2月20日，http://opinion.huanqiu.com/1152/2017-02/10162141.html。

② 参阅 Malcolm Fraser and Cain Roberts, *Dangerous Allies*, Melbourne：Melbourne University Press, 2014.

就是本文前面分析过的，澳大利亚比美国更需要美澳同盟。因此，面对特朗普治下美澳同盟的不确定性，澳大利亚一方面努力判断美国的意图以作反应，另一方面主动创造条件和机会，引导美国的战略和行动。正因如此，澳大利亚不但没有收缩，反而加剧了针对中国的系列行动，主要目的即是制衡中国日益上升的地缘影响力，鼓励美国继续维持其在亚太地区的影响力，维护美国在亚太地区的地位。美澳战略界认为，美澳在军事上的合作是针对中国的战略竞争。①

由上可见，由于澳大利亚特殊的处境和需要，面对美国总统特朗普在美澳同盟关系上的怠慢与不确定性，澳大利亚仍选择主动迎合美国，在安全和政治等议题方面的对华政策更趋保守。这种结果显然契合了特朗普治下的美国国防战略重点的转移，即由反恐重回"大国竞争"。此后，特朗普频繁发动"贸易战"，且矛头重心指向中国，其不确定态度中的确定性部分终于明朗化——战略重心全面转向"大国竞争"，重点是全方位遏制中国。② 特朗普的这种确定性，无疑给主动充当"马前卒"的澳大利亚吃了一颗"定心丸"，澳将更加积极地通过态度和行为引导美国维持亚太地区的"存在感"。

结　　论

如上所述，决定美澳同盟走向的主动权依然在美国。长期以来，由于南太平洋地区曾是相对稳定的地区，并不存在战略失衡的状况，因此，该地区在美国总体对外战略中处于一个较边缘的位置，美澳同盟在美国的全球布局中也曾长期无足轻重。但近些年来，美国为了保持其在亚太地区的影响力，应对中国不断上升的影响力和实力，确保美国在亚太地区的前沿部署不再后移。因此，美国希望利用其在亚太地区强大的军事同盟继续应对中国不断上升的影响力，而澳大利亚正好能为这一战略提供支撑和补充作用。

从澳大利亚的角度来看，其对美澳同盟有着较大的安全依赖，且这种依赖在可预见时间内不存在根本改变的可能，因此澳大利亚对外战略将在美澳同盟的大框架下进行调整，其对华采取的平衡对冲战略将不会改变，甚至可能更趋保守。中澳两国虽经贸关系繁荣，但未来中短期内很可能保持目前这

---

① Andrew Tillert, "Australia-US Alliance 'rock solid': Mike Pompeo", *Australia Financial Review*, July 25, 2018.

② 参阅 2017 年特朗普政府发布的《国家安全战略报告》,http://nssarchive.us/。

种平稳大势下时有波折的状况。

　　展望未来，美澳同盟性质和利益诉求的变化将更多取决于美国：一方面取决于美国的实力，另一方面取决于美国的意图。如果美国在亚太地区的影响力和控制力快速衰退，其在亚太地区的军事存在不足以满足澳大利亚的战略需要，澳大利亚必然改变目前对美亦步亦趋甚至主动创造条件以迎合的姿态，美澳同盟亦将随之发生根本变化，或名存实亡；如果美国改变目前与中国竞争的战略，容纳中国发展，与中国相向而行地发展新型大国关系，那么，美澳同盟也将被重新定位。

澳大利亚与印度贸易关系研究 （2000—2018 年）[*]

2018 年 7 月，澳大利亚政府发布了《印度经济战略 2035》，该报告长达 516 页，主要探讨澳大利亚与印度的经济关系以及改善双边经济关系的策略。[①] 该报告是在印太战略兴起的背景下，时任澳大利亚总理马尔科姆·特恩布尔（Malcolm Turnbull）委托澳大利亚前外交贸易部秘书兼印度特使彼得·瓦尔格塞（Peter Varghese）拟订的一份印度经济战略报告，旨在促进澳大利亚与印度的经济交往与合作。

自印太概念兴起以来，印度在美国及其盟国的全球战略中占据着重要地位。澳大利亚亦重新制定和调整与印度的经济和外交政策，以适应全球战略格局的变化。因此，分析和说明 2000—2018 年澳大利亚与印度的贸易关系不仅有助于学界全面了解 2000—2018 年澳印贸易关系的发展情况，进一步丰富国内外学术界对澳印经济关系的研究，而且我们还可以从长时段的考察中看出印太战略在澳大利亚与印度贸易关系中的作用，这对澳印经济关系的改善和印太地区的经济发展具有重大且深远的意义。

本文第一部分将简要阐述 2000—2018 年澳大利亚与印度贸易关系的发展情况，旨在为下文分析印太战略在澳印贸易关系中的作用奠定基础。本文第二部分将分析 2000—2018 年澳大利亚与印度贸易关系的三大特点，得出澳印贸易互补性强、双边贸易失衡以及贸易总额高速增长等结论。本文第三部分将着重考察印太战略对澳印贸易关系的影响，并预测澳印贸易关系的发展前景。最后，本文结论部分将对全文作出总结，并为中国对印度和澳大利亚的外交定位提供新的着力点。

---

[*] 原文登载于费晟主编、沈予加副主编：《大洋洲蓝皮书：大洋洲发展报告（2018—2019）》，社会科学文献出版社 2020 年版。本文第二作者为刘舒琪，华东师范大学国际关系与地区发展研究院博士研究生。

[①] "An India Economic Strategy to 2035", Department of Foreign Affairs and Trade：https://dfat.gov.au/geo/india/ies/index.html.

一、2000—2018 年澳印贸易关系的概况

2000—2018 年，澳大利亚与印度之间的经济交往日益频繁，贸易规模不断壮大，务实合作进一步深化。至 2010 年，双边贸易关系保持积极的正增长态势，双边贸易总额增长了近 6 倍。然而，2009—2010 年，澳大利亚发生了印度留学生遭受暴力袭击事件，对 2010—2013 年澳大利亚与印度的贸易合作产生了负面影响，双边贸易总额急转直下。随着印太战略的兴起，澳印双方意识到发展双边经济的重要性，重视双边贸易合作的恢复，澳印贸易自 2013 年始恢复到正常轨道。

2000—2010 年，澳大利亚与印度的贸易关系取得了许多新的进展，双边贸易快速增长。在这期间，双边贸易总额从 32.9 亿澳元增长至 228.16 亿澳元，年增长率高达 24%。① 2004 年，澳大利亚与印度的贸易往来增长速度超过了澳大利亚与其他主要贸易伙伴的贸易往来增长速度，印度成为澳大利亚重要的贸易合作伙伴。② 澳大利亚各州及地区向印度出口最多的商品是煤炭、黄金、铜矿石和精矿、原油、保密项目、其他矿石和精矿、羊毛及其他动物毛发（包括皮毛）和蔬菜等科技含量不高的农产品及矿产品，制造业出口占比不高。在服务贸易领域，旅行服务是澳大利亚对印度出口服务贸易的最大类别，占澳大利亚向印度出口服务贸易的 90% 以上。③ 2000—2010 年，与教育有关的澳大利亚旅行是澳大利亚对印度服务出口的支柱产业。自 2002 年以来，印度学生的入学率每年增长约 41%；2010 年，大约有 3.6 万印度学生在澳大利亚的研究所和大学学习。④ 在澳大利亚从印度进口方面，制造业产品是澳大利亚从印度进口的主要商品，占印度对澳大利亚出口商品

① "Australia's Direction of Goods and Services Trade-Calendar Years from 1987 to Present", Department of Foreign Affairs and Trade, https://dfat. gov. au/trade/resources/trade-statistics/Pages/trade-time-series-data. aspx.

② Rajaram Panda and Pranamita Baruah, "India-Australia Strategic Partnership: A Case for Holistic Approach", *India Quarterly*, Vol. 66, No. 2, 2010, p. 214.

③ "International Trade: Supplementary Information, Financial Year 2016 – 2017", Australian Bureau of Statistics, https://www. abs. gov. au/AUSSTATS/abs @ . nsf/DetailsPage/5368. 0. 55. 0032016 – 17?OpenDocument.

④ "Dr D. Gnanagurunathan: India-Australia in the Indo-Pacific: A Blossoming Partnership", Indian Council of World Affairs, https://icwa. in/pdfs/VPIndopacific. pdf.

贸易的 80% 左右。①

　　然而，2010—2013 年，受到在澳印度留学生遭受暴力袭击事件的影响，澳大利亚与印度的贸易关系发展得并不顺利。在这期间，澳大利亚与印度的贸易总额急剧下滑，从 2010 年的 228.16 亿澳元下跌至 2013 年的 156.84 亿澳元，跌幅高达 31%。② 其中，澳大利亚对印度出口贸易大幅下跌，印度对澳大利亚出口贸易波动幅度较小。尽管 2010—2013 年澳大利亚对印度商品出口的结构基本未变，但是澳大利亚对印度商品出口总额从 2010 年的 164.25 亿澳元下降至 2013 年的 95.17 亿澳元，降幅高达 42%。③ 在服务贸易领域，旅行服务仍是澳大利亚对印度服务出口的最大类别。但由于在 2009 年至 2012 年期间，澳大利亚和印度媒体广泛报道了针对印度人（包括在澳大利亚的印度学生）的暴力事件，来澳留学的人数明显下降。④ 2013 年，澳方重新审视对印贸易，澳大利亚与印度恢复接触，印度学生在澳大利亚的入学人数迅速增长，澳大利亚对印度出口的旅行服务贸易逐步回升。相反的是，在澳大利亚从印度进口方面，尽管在澳印度留学生遭受严重袭击事件影响了 2010—2013 年澳大利亚对印度的出口贸易，也小范围地影响了 2010 年澳大利亚从印度进口的贸易，但是，对于 2011—2013 年澳大利亚从印度进口贸易来说，在澳印度留学生遭受严重袭击事件对其影响不大。部分原因是澳大利亚政府方面并不希望因此影响澳印之间的贸易关系，极力安抚国内种族主义的声音。同时，由于印度需要维持过去十年的增长率，必须继续开放经济，保证对澳输出贸易，⑤ 所以，澳大利亚从印度进口的贸易总额在 2011—2013 年不但没有下降，反而上升了 44%。

---

　　① "State by Country and TRIEC Pivot Table 1990 to 2018", Department of Foreign Affairs and Trade, https://dfat.gov.au/about-us/publications/Pages/trade-statistical-pivot-tables.aspx.

　　② "Australia's Direction of Goods and Services Trade-Calendar Years from 1987 to Present", Department of Foreign Affairs and Trade, https://dfat.gov.au/trade/resources/trade-statistics/Pages/trade-time-series-data.aspx.

　　③ "Australia's Direction of Goods and Services Trade-Calendar Years from 1987 to Present", Department of Foreign Affairs and Trade, https://dfat.gov.au/trade/resources/trade-statistics/Pages/trade-time-series-data.aspx.

　　④ 《澳大利亚连发印度人被害案　印澳关系或受影响》，网易新闻，http://news.163.com/10/0106/10/5SBBVBAS000120GR.html。

　　⑤ Michael Moignard, "Unfinished Business: Re-imagining the Australia-India Economic Relationship", *Australia India Institute*, Vol.2, 2013, p.5.

2013—2018 年，澳大利亚与印度的贸易关系有了显著的增长，澳大利亚与印度的商品和服务贸易额从 2013 年的 156.84 亿澳元增长到 2018 年的291.16 亿澳元，增幅高达 86%。① 双边服务贸易已明显脱离较低的基数，在2018 年达到 79.71 亿澳元。② 2018 年，印度是澳大利亚第五大出口目的地，占澳大利亚出口总额的 5% 以上，是澳大利亚商品和服务的第五大贸易伙伴。③

综上所述，2000—2018 年，澳大利亚与印度的贸易关系发生了显著的变化，双边贸易总额从 32.9 亿澳元曲折增长至 291.16 亿澳元，增长了 7.85倍。④ 在这期间，澳大利亚与印度的贸易关系经历了三个发展阶段：2000—2010 年澳印贸易快速发展期、2010—2013 年澳印贸易面临阻滞期以及2013—2018 年澳印贸易高速发展期。尽管澳印贸易总额尚未超过 1000 亿澳元，但澳大利亚与印度贸易依存度不断提升，印度与澳大利亚的商品和服务贸易往来显著增加，呈现出一系列新的特征。

二、2000—2018 年澳印贸易关系的特点

2000—2018 年，澳大利亚与印度的贸易关系呈现出三大特征：第一，贸易结构互补性强，双边贸易潜力较大；第二，双边贸易虽有起伏，但总体高速增长；第三，双边贸易不平衡凸显，印度长期处于逆差状态。

（一）双边贸易结构互补性强

2000—2018 年，科学技术快速进步，全球经济高速发展，国际分工与合作成为世界经济的主要模式，这使得经济水平和贸易结构不同的国家加强交流与联系。在这种背景下，澳大利亚与印度的贸易合作进一步深化。这两个不同的经济体，一个被誉为"坐在矿车上的国家"和"骑在羊背上的国

---

① "Australia's Trade Statistics at a Glance", Department of Foreign Affairs and Trade, http: //dfat. gov. au/trade/resources/trade-at-a-glance/pages/default. aspx.

② "India Fact Sheet 2018", Department of Foreign Affairs and Trade, https: //dfat. gov. au/trade/resources/Documents/inia. pdf.

③ "Australia's Trade in Goods and Services 2017 – 18", Department of Foreign Affairs and Trade, https://dfat. gov. au/trade/resources/trade-statistics/trade-in-goods-and-services/Documents/australias-goods-services-by-top – 15 – partners – 2017 – 18. pdf.

④ "India Fact Sheet 2018", Department of Foreign Affairs and Trade, https: //dfat. gov. au/trade/resources/Documents/inia. pdf.

家"，主要出口矿产品和农产品；一个提出"印度制造"倡议，重点发展制造业，出口工业制成品，因而两国具有贸易合作的客观基础。

具体而言，澳大利亚是自然资源丰富的发达国家，拥有世界领先的矿产资源储备量。同时，澳大利亚拥有具有一定国际竞争力的矿产企业，可以开拓澳大利亚矿业在国际市场上的空间。2010 年 12 月，澳大利亚建筑、采矿和服务承包商泰斯（Thiess）在印度赢得了一项里程碑式的 55 亿美元矿山开发和煤矿合同。世界第三大矿业公司力拓计划投资 20 亿美元用于印度奥里萨邦（Orissa）铁矿石项目。与此同时，印度国家的战略目标是成为举足轻重的世界大国，想要成为一个"有声有色的大国"。从经济层面看，印度想要达成这一目标首先得成为世界经济强国，而发展经济需要充足的资源，以满足国内生产生活的需求。然而，澳大利亚工业、创新和科学部的报告显示，印度可能无法以足够的速度增加产量，以满足钢铁生产带来的需求。[①]尽管印度政府已将研究和开发工作放在优先位置，以减少炼焦煤在炼钢过程中的使用，[②] 但鉴于钢铁产量的预期增长，印度炼焦煤的储量并不足以支撑国内资源产业的发展。换言之，澳大利亚对印度的出口贸易对印度而言是雪中送炭，对双方而言是"共赢"。

此外，在澳大利亚的产业结构中，农业是澳大利亚四大主导产业之一，这使得澳大利亚积极开拓海外市场，寻求新的商机。尽管印度已经成为农产品净产出国，但是，印度的农作物产量对季风季节和其他天气事件高度敏感，因此经常需要进口以补充国内供应。故澳大利亚对印度的蔬菜以及小麦的出口不仅有利于澳大利亚农业的发展，而且可以保证印度的粮食安全。随着印度人口的持续增长和国内人民生活水平的提高，澳大利亚与印度农产品贸易总额不断增加，这对澳印经贸关系而言是有利的催化剂。

在制造业方面，由于澳大利亚从 21 世纪初开始就着力于发展资源型产业，制造业在国际市场中竞争力不强，多依赖进口，例如从东南亚国家进口小家电等轻工业产品。而印度对澳大利亚的产业优势体现在其第二产业相对发达，能够弥补澳大利亚优势不足的制造业领域。所以，澳大利亚从 2000

---

① "Resources and Energy Quarterly September 2017：India—the Other Population Superpower", Department of Industry, Innovation and Science, https://publications. industry. gov. au/publications/resourcesandenergyquarterlyseptember2017/documents/Resources-and-Energy-Quarterly-September‐2017‐India. pdf.

② "Research and Development in Iron and Steel Sector", Ministry of Steel of the Republic of India, http://steel. gov. in/technicalwing/research-development-iron-steel-sector.

年开始，从印度进口的商品都是以工业制成品为主，占印度对澳商品出口的80%左右，印度是澳大利亚重要的商品进口来源国。[①]

澳大利亚与印度的贸易之所以发展迅速，其根本动因在于两国在矿产品、农产品以及制造业领域存在着较高的贸易互补性。由于澳大利亚与印度在自然资源、产业结构和生产能力上存在差异，双方各有比较优势，澳大利亚对印度的初级产品出口贸易以及印度对澳大利亚的制成品出口贸易成为双边贸易往来中的重要支柱。

（二）双边贸易总额曲折增长

2000—2018 年，澳大利亚与印度的双边贸易额从 32.9 亿澳元增长至 291.16 亿澳元，仅有 2010—2013 年度出现明显下降。2000 年以来，除 2010—2013 年出现年均 8.8% 的负增长之外，其余年度都是正增长，最低增速是 2014 年的 3.5%，最高增速是 2004 年的 49.01%。（图 1）

百万澳元

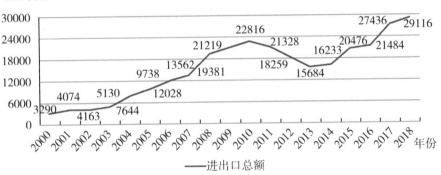

图 1　2000—2018 年澳大利亚与印度双边贸易总额

资料来源：Australia's direction of goods and services trade-calendar years from 1987 to present，Department of Foreign Affairs and Trade，https：//dfat. gov. au/trade/resources/ trade-statistics/Pages/trade-time-series-data. aspx. India Fact Sheet 2018，Department of Foreign Affairs and Trade，https：//dfat. gov. au/trade/resources/Documents/inia. pdf.

---

① "State by Country and SITC Pivot Table 2007 to 2018"，Department of Foreign Affairs and Trade，https：//dfat. gov. au/about-us/publications/Pages/trade-statistical-pivot-tables. as-px.

2000 年，澳大利亚与印度贸易总额为 32.9 亿澳元。① 之后，澳大利亚与印度的贸易显示出强劲增长的势头。2008 年，由于受到全球金融危机的影响，澳大利亚与印度贸易增速暂时放缓。此外，由于 2009—2010 年澳大利亚发生了多起针对印度学生的严重袭击事件，这也直接导致了 2010—2013 年的澳印贸易关系面临阻滞，澳大利亚与印度双边贸易额持续下跌，2013 年降至 156.84 亿澳元，回落到 2008 年以前的水平。②

随着世界经济形势的好转和两国贸易往来和合作的增多，澳大利亚与印度的贸易规模在 2014 年以后进一步扩大。2014 年，两国新当选的总理莫迪和阿博特为印澳贸易关系增添了活力。2014 年 9 月，澳大利亚总理阿博特访问印度，他在 9 月 5 日出版的印度报纸上撰文，指出澳大利亚和印度的关系应该比现在更亲近，希望建立"第一流的"澳印关系。③ 阿博特访澳期间，双方签署了澳大利亚向印度出口铀矿石的合同。阿博特还委派贸易投资部部长罗布（Andrew Robb）在澳大利亚与中国完成自贸谈判之后重点关注与印度达成自贸协议，以促进澳大利亚与印度之间的经贸往来。④ 2014 年 11 月 19 日，首位访澳的印度总理莫迪在澳大利亚联邦议会上乐观地表示，澳大利亚是"印度寻求进步和繁荣的重要伙伴"⑤。莫迪认为，印度和澳大利亚有很大的经济合力，澳印两国将推动自由贸易协定进程。⑥ 在 2015 年举行的两次峰会上，印度总理莫迪和澳大利亚总理阿博特决定将印澳关系提升到一个全面发展的水平。2015 年，澳大利亚与印度的双边贸易总额首次突破

---

① "Australia's Direction of Goods and Services Trade-Calendar Years from 1987 to Present", Department of Foreign Affairs and Trade, https://dfat.gov.au/trade/resources/trade-statistics/Pages/trade-time-series-data.aspx.

② "Australia's Direction of Goods and Services Trade-Calendar Years from 1987 to Present", Department of Foreign Affairs and Trade：https://dfat.gov.au/trade/resources/trade-statistics/Pages/trade-time-series-data.aspx.

③ 《媒体称澳大利亚将和印度展开自由贸易谈判》，凤凰网财经，http://finance.ifeng.com/a/20140906/13076065_0.shtml。

④ 《媒体称澳大利亚将和印度展开自由贸易谈判》，凤凰网财经，http://finance.ifeng.com/a/20140906/13076065_0.shtml。

⑤ "Narendra Modi, Indian Prime Minister, Tells Federal Parliament He Sees Australia as Major Economic Partner", Australian Broadcasting Corporation（ABC），http://www.abc.net.au/news/2014-11-18/narendra-modi-addresses-parliament/5899262.

⑥ 《印澳推进自贸协定 莫迪着眼经济外交》，新浪财经，http://finance.sina.com.cn/world/20141119/021120855624.shtml。

200 亿澳元大关，达到 204.76 亿澳元。[①]

2017 年，澳大利亚政府发布了《外交政策白皮书》，里面提及印度经济的高速发展将为澳大利亚带来巨大的经济机会。[②] 同年，澳大利亚与印度贸易总额再创历史新高，达到 274.36 亿澳元，印度成为澳大利亚第五大贸易伙伴。2018 年，澳印双边贸易额达到 291.16 亿澳元，创下了历史新高。

可以看出，澳大利亚与印度的贸易关系在 2000—2018 年期间，总体向好发展，曲折上升。尽管中间稍有波折和挑战，但就整体而言，还是取得了重大且显著的成就。

(三) 双边贸易合作与失衡并存

正如上文所述，2000—2018 年，澳大利亚与印度的经贸合作相互依赖程度逐渐加深，利益交融不断深化，印度成为澳大利亚重要的贸易合作伙伴，澳大利亚在印度的双边贸易中所占的地位显著提升。然而，在澳大利亚与印度的双边贸易中，印度一直处于逆差状态，且每年逆差的绝对值都超过当年印度对澳大利亚出口的贸易额。这表明，在澳大利亚与印度的贸易关系中，不仅存在有利于双边贸易合作的因素，也存在贸易不平衡的现实问题。

2000 年，印度对澳贸易逆差为 13.06 亿澳元，2001 年达到 19.32 亿澳元。2002 年，印度对澳贸易逆差略有下降，为 18.21 亿澳元。2003 年，印度对澳贸易逆差较 2002 年上升了 8.98 亿澳元，为 27.19 亿澳元。随后，印度对澳贸易逆差数额上涨，到 2010 年达到峰值 171.32 亿澳元。2011 年，印度对澳逆差下跌，到 2014 年下跌至 68.35 亿澳元。之后，印度对澳贸易逆差持续上升，2018 年，逆差额达到 131.74 亿澳元 (图 2)。总而言之，印度对澳贸易逆差在 2000—2018 年波折增加，增长了 8 倍。这不仅不利于澳大利亚与印度的贸易关系，而且容易产生贸易摩擦。

印度对澳大利亚存在贸易逆差的原因是澳大利亚与印度的发展模式存在差异以及澳印双方对双边贸易关系的重视程度不同。在发展模式上，印度采用的是制造业出口导向模式，其工业制成品在澳大利亚具有一定的市场份额。而澳大利亚是一个拥有丰富资源的国家，其国内劳动力不足，劳动力成本高昂，制造业产品在国际上不具有竞争优势。因此，澳大利亚政府扬长避

---

① "Australia's Direction of Goods and Services Trade-Calendar Years from 1987 to Present", Department of Foreign Affairs and Trade, https://dfat.gov.au/trade/resources/trade-statistics/Pages/trade-time-series-data.aspx.

② Commonwealth of Australia, "2017 Foreign Policy White Paper", p. 28.

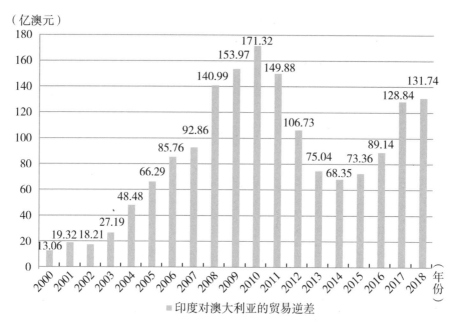

图2 2000—2018年印度对澳大利亚的贸易逆差

资料来源："Australia's Direction of Goods and Services Trade-Calendar Years from 1987 to Present", Department of Foreign Affairs and Trade, https://dfat. gov. au/trade/resources/trade-statistics/Pages/trade-time-series-data. aspx; "India Fact Sheet 2018", Department of Foreign Affairs and Trade, https://dfat. gov. au/trade/resources/Documents/inia. pdf。

短,采取资源出口型经济发展模式。① 相较于服务业、矿业以及农业,澳大利亚的制造业优势不足,在澳大利亚与印度的双边贸易中不占优势。尽管如此,印度的工业制成品出口受制于国内基础设施落后,国际竞争力不强。因此,在澳大利亚与印度的贸易关系中,印度未充分发挥制造业出口导向模式的优势,在澳印贸易关系中处于不利地位。此外,在印度看来,澳大利亚既不是一个本身很重要的主要大国如日本,也不是一个作为有用"门户"的小国如新加坡。澳大利亚除了作为潜在的能源供应者,印度很难将澳大利亚

---

① 《澳大利亚经济发展现状及特点》,新浪网,http://finance. sina. com. cn/roll/20071022/09081734499. shtml。

视为不可缺少的伙伴。① 所以，尽管印度近年来对澳印贸易关系愈加重视，但仍需要时间。

澳大利亚与印度的发展模式以及双方对双边贸易关系的重视程度不同使得印度在澳印双边贸易关系中竞争力不足，所占市场份额较小，形成长期逆差的局面，这种局势在一定程度上难以扭转。2000—2018 年，澳大利亚在初级产品出口中的优势导致印度逆差扩大明显。印度对澳大利亚的重视不足使得双边贸易并未朝着均衡的方向发展，澳大利亚与印度之间的贸易存在一定的问题。

2000—2018 年，在澳大利亚与印度的贸易合作中，既存在有利于经济战略融合的一面，例如双边贸易结构互补性强，也存在阻碍利益趋同的因素，例如印度高额的贸易逆差，双边贸易合作在曲折中前进。

三、印太战略下的澳印贸易关系及发展趋势

2013 年，印太概念进入澳大利亚政府的视野，澳大利亚首次发布官方文件明确将战略利益定位至印太地区，澳印经济和外交关系经历新一轮的转型升级。近年来，澳大利亚与印度的贸易合作恢复至种族冲突前的水平，这很大程度上是因为印太战略方兴未艾，澳大利亚与印度在矿业、农业以及服务业等领域觅得经济合作的机会，从而进一步拓展双边贸易合作。

2009 年发生的在澳印度留学生遭受严重暴力袭击事件影响了澳大利亚与印度的矿产品贸易，双边进出口矿产品贸易额下降。与此同时，中国是澳大利亚铁矿石和炼焦煤出口的主要对象国，澳大利亚在搭乘中国经济发展快车的同时，国内社会对此深感不安。澳大利亚担心与中国贸易相互依赖的逐渐加深不利于国内经济的健康发展，希冀分散其经济风险，降低经济脆弱性。随着印太战略的兴起以及印度实力的增长，澳大利亚与印度克服种族冲突带来的负面影响，澳方将其在这类资源产业上的优势与印度相对接。由于印度正在高速工业化和城市化，印度国内对铁矿石和煤等矿产品的需求不断增长。然而，印度国内炼焦煤储量少且质量低，印度国内生产供不应求。澳大利亚是一个"坐在矿车上的国家"，具有先进的工业技术，澳大利亚对印度输出的铁矿石和炼焦煤能够满足印度高速发展的需求。2013 年以来，澳大利亚对印输出的炼焦煤数量不断增长，从 2013 年的 47.94 亿澳元增长至

---

① ［澳］大卫·布鲁斯特著：《印度之洋：印度谋求地区领导权的真相》，杜幼康、毛悦译，社会科学文献出版社 2016 年版，第 221–222 页。

2018 年的 109.79 亿澳元，超越种族冲突前的贸易增长水平。① 随着印度工业化和城市化进程的继续，印度对资源类大宗商品的需求将逐渐上升。印度政府预测，到 2030 年，印度国内钢铁产量将增加到 3 亿吨，是目前产量的三倍多。② 印度钢铁产量的预期增长将会支撑对铁矿石和炼焦煤的需求，澳大利亚对印度的炼焦煤出口可能会继续强劲增长。

在农产品贸易方面，澳大利亚与印度的农业贸易受印太战略的影响不大，未来澳大利亚农产品出口商可能从持续增长的印度需求中得到机会。由于澳大利亚与印度的农业贸易总额较小，加之印度在过去几十年的持续产出使其成为农产品净出口国，双边农业贸易情况受种族冲突及印太战略影响不大，大体上跟随国际贸易市场走势而波动。尽管如此，印度的农作物易受天气的影响，产量没有保障，澳大利亚与印度在农产品方面仍存在一定的合作空间。因此，在过去十几年，澳大利亚与印度在小麦及蔬菜等农产品贸易领域进行合作，以补充印度国内供应。与此同时，在过去 10 年，澳大利亚对印度的豆类出口大幅增长，拓宽了澳印豆类产品贸易市场。正如《印度经济战略 2035》所指出的，到 2025 年，印度的总体粮食需求将增长 2% ~ 3%；即使印度的生产力提高，需求也将超过 2035 年的国内供应量。③ 随着印度人口的继续增长，澳大利亚对印度的农产品出口有可能进一步扩大，以保证印度的粮食安全。然而，印度政府过去也曾利用贸易政策支持本国农民，这给澳大利亚出口商带来了不确定性。④

在服务贸易方面，21 世纪的前十年，前往澳大利亚接受高等教育的学生数量激增，尤其是来自中国和印度的学生。2009 年，大约有 97000 名印度学生在澳大利亚学习，与五年前的大约 30000 人相比有显著的增长。⑤ 然而，在印度留学生遭受严重袭击之后，印度学生在澳大利亚的入学率迅速下降。

---

① "State by Country and SITC Pivot Table 2007 to 2018", Department of Foreign Affairs and Trade, https://dfat. gov. au/about-us/publications/Pages/trade-statistical-pivot-tables. aspx.

② "New Steel Policy", Ministry of Steel of the Republic of India, http://steel. gov. in/sites/default/files/policy1_0. pdf.

③ "An India Economic Strategy to 2035", Department of Foreign Affairs and Trade, http://dfat. gov. au/geo/india/ies/index. html.

④ "Economic Trends in India", Reserve Bank of Australia, http://www. rba. gov. au/publications/bulletin/2018/jun/economic-trends-in-india. html.

⑤ Gail Mason, "Naming the 'R' Word in Racial Victimization: Violence Against Indian Students in Australia", *International Review of Victimology*, Vol. 18, No. 1, 2011, p. 42.

2010 年，持有澳大利亚学生签证的印度人数量大幅减少。截至 2010 年 4 月，印度学生的入学率低于上年同期，同期学生人数从 27528 名降至 18443 名。①随着印太战略的兴起，澳大利亚政府重视印度侨民的能力培养，印度方面亦于 2015 年启动"技能印度"计划，从印度前往澳大利亚留学的人数不断增加。近年来，教育和旅游已成为澳印服务贸易的主要类别，印度将澳大利亚视为可靠的服务贸易伙伴。未来 20 年，印度裔澳大利亚人可能会成为澳大利亚与印度之间的"桥梁"，有助于提高澳大利亚在印度的地位和影响力增加双边服务贸易的交往。②

印度近年来的经济稳步走强，印度政府的经济改革计划旨在促进城市化和扩大制造业，这支持了企业信心的反弹和投资的强劲增长。印度国内经济状况的改善反过来又推动了印度进口的复苏，以及澳大利亚对印度的商品和服务出口的增加。从贸易增长的潜力以及教育服务和农矿产品等领域的现有贸易关系来看，未来几年澳大利亚可以从与印度扩大的商品和服务贸易中受益。③

结　论

2000—2018 年，澳大利亚与印度的贸易关系发生了显著的变化，尤其是澳大利亚对印度出口贸易实现了跨越式增长。2000—2018 年，澳大利亚与印度贸易关系的发展呈现出澳印贸易互补性强、双边贸易失衡以及贸易总额高速增长等特点。在美国实施印太战略的背景下，澳大利亚与印度的贸易关系有利于克服种族冲突带来的负面影响，在农业、矿业以及服务业等领域寻得更多的合作机会。从长远来看，澳大利亚与印度的商品贸易和服务贸易合作前景广阔，印度可能于 2035 年成为澳大利亚第三大出口目的地。

---

① Kevin Dunn, Danielle Pelleri, Karin Maeder-Han, "Attacks on Indian Students: the Commerce of Denial in Australia", *Institute of Race Relations*, Vol. 52, No. 4, 2011, p. 83.

② "Australia-India Ties: Closing the Gap Between Intent and Action", Lowy Institute, https://www.lowyinstitute.org/the-interpreter/australia-india-ties-closing-gap-between-intent-and-action.

③ "Economic Trends in India", Reserve Bank of Australia, http://www.rba.gov.au/publications/bulletin/2018/jun/economic-trends-in-india.html.

澳大利亚外交决策机制探析[*]

引　言

作为一个联邦制的民主国家和中等强国，澳大利亚的外交决策机制具有西方国家的基本特征，议会和民选政府共同执掌国家的对外决策权力。澳大利亚的外交决策保持开放性和灵活性，广泛吸引其他力量和资源参与到外交决策机制中来。随着国际国内形势变化，澳大利亚外交决策机制不断进行调整。近年来，在国内外力量的推动下，澳大利亚努力拓展与世界各国的双边关系，特别是与美国的同盟关系，积极参与亚太地区和全球事务，发挥建设性的作用。

一、澳大利亚外交决策机制的特点

澳大利亚属于联邦制国家。政府由议会下院多数党产生。目前，澳大利亚政府组成基本上是两党制，即由工党和联盟党轮流执政。

澳大利亚的外交决策机制与美国不同。根据艾利森《决策的本质》一书描述，国家的外交决策机制有三个模型：①理性行为体模型；②组织行为模型；③政府政治模型。① 模型1（理性行为体模型）假定，国家是主要行为体，国家能采取理性的行动，计算不同的政策选择带来的利益和成本，并能找到效用最大化的政策。模型2（组织行为模型）认为，决策被界定为"按照标准的行为模式发挥其功能的大型组织的一种输出（outputs），而不是深思熟虑的选择。"政府组织中的每一个部门都有自己特殊的功能职责，不同部门需要高层领导进行协调，决策是常规运作程序相互作用的结果（类似于流水线作业生产）。模型3（政府政治模型）强调，不同的决策部门之间

---

* 原文登载于喻常森、费晟主编，李骏副主编：《大洋洲蓝皮书：大洋洲发展报告（2019—2020）》，社会科学文献出版社2021年版。

① ［美］格雷厄姆·艾利森、菲利普·泽利科著，王伟光、王云萍译：《决策的本质：还原古巴导弹危机》，商务印书馆2015年版。

存在激烈的竞争，并将对外政策的形成视为不同官僚机构部门之间讨价还价的结果。总之，艾利森模型强调，决策是各部门利益竞争性混合输出的结果。而澳大利亚外交政策的特点是强调协调性而不是冲突性，不同的行为体在决策的过程中表现为相互补充而不是相互竞争，大量的外交工作与政策流有关而不是来自不同的决策和倡议。

因此，澳大利亚的外交决策更加类似福柯模型。福柯模型的提出者米歇尔·福柯是法国哲学家，他运用知识考古学、权力谱系学的研究方法，将行使权力的各部门关系视为一种"鱼水"关系。各种公共权力部门之间通过合作，形成约束、纪律等手段完成权力的行使。[1] 澳大利亚外交决策机构呈现由上到下的垂直的金字塔式特点，从总理、内阁各部到情报部门、智囊机构的权力有序分布。上级对下级发布命令，下级向上逐级作出汇报。各部门的工作以协调为主。

澳大利亚外交决策由四个层次组成：①战略层次，②具体化层次，③组织层次，④执行层次。[2] 其中，战略层次是最高层次，它指明外交方向性，表明外交政策的基本立场和对国际社会的承诺一般以国家政策文件的形式如各种白皮书表现出来。具体化层次是将战略层次中所包含的大政方针加以具体化分解表现出来，在具体的外交事件中捍卫澳大利亚的国家利益和社会价值。组织化层次有点类似于艾利森决策模型的组织行为模型，但是，有所不同的是，澳大利亚的外交决策机制是垂直型的，而艾利森模型是水平分布的。当特定的涉及澳大利亚的外交事件发生以后，由情报部门或驻外使领馆汇报给外交贸易部或其他相关部门，一般禁止越级申报。执行层次就是将制定好的外交政策由具体负责的外交部门、其他官僚机构、驻外使领馆和国际组织代表执行，可以通过政府声明、媒体报道等形式体现。

---

① Michel Foucault, "The Subject and Power", in *the Essential Works of Foucault*, 1954–1984, Volume Ⅲ: Power, ed. James D. Faubion, Trans, Robert Hurley. London: Penguin Press, 1994, p. 341.

② Allan Gyngell, Michael Wesley, *Making Australian Foreign Policy*, Edinburgh: Cambridge University Press, 2003, p. 25.

二、澳大利外交决策的最高权力层次

（一）总理

澳大利亚宪法规定，对外关系由联邦政府掌控。总理是澳大利亚外交政策决策权力最大的人。澳大利亚总理由议会下院多数党内产生。总理的权力主要表现在战略决策层次，他为政府设计外交战略议程和目标，并代表国家和政府与其他国家政府打交道。总理在行使外交政策决策权的时候，一般与他所在的党的政治理念和个人对外交政策的理解和熟悉程度有关。根据传统，一般工党比较开明，而联盟党比较保守。但这不是绝对的。

总理的政治立场、个人性格、所受训练与他（她）对外交政策的控制欲望存在一定关系。① 如冷战前期，乡村党出身的总理孟席斯采取顽固的反共立场，紧跟美国参加了朝鲜战争和越南战争。20 世纪 80 年代到 90 年代初，工党总理霍克和基廷采取积极融入亚洲的政策，创建了亚太经济合作组织（APEC）。到了 90 年代中期，联盟党出身的霍华德总理采取比较保守的外交政策，重视与美国的同盟双边关系。21 世纪初，工党总理陆克文采取比较开明的外交政策，提出亚太共同体概念，并在气候变化问题上采取积极的政策。一般认为，陆克文本人积极介入澳大利亚外交政策的制定，与他过去所受的学术训练和职业外交官出身分不开。

（二）内阁

内阁是澳大利亚外交政策的最高决策部门，总理是内阁的实际控制者。在内阁会议上，各部将相关政策提案提交讨论。阁员们对提案进行讨论，提出各种修改建议，然后形成内阁纪要。

为了应对各种突发事件，内阁设有国家安全委员会（NSC），专门处理国际安全、经济事务，并充当危机管理小组的作用。国家安全委员会由总理担任负责人，成员还包括副总理、外交部长、财库部长、国防部长、移民部长、监察总长，以及根据所讨论事务需要临时召集的官员。

总理和内阁部、外交贸易部、国防部、财库部等部秘书，以及国防军司令、国家分析办公室总裁出席所有会议，其他官员和机构根据需要临时

---

① Margaret G. Hermann, "Explaining Foreign Policy Behavior Using the Personal Characteristics of Political Leaders", *International Studies Quarterly*, Vol. 24, No. 1, March 1980.

召集。

（三）议会

作为三权分立的政治结构的国家，澳大利亚的立法机构是联邦议会；议会有权监督政府、审查和批准政府预算、更换领导人和政府。政府由议会下院多数党组成，总理由多数党党首担任。议会对政府的监督往往是形式上的。

澳大利亚议会介入外交政策的制定远没有像美国那样强势。议会设有外交、国防和贸易联合委员会，审议与外交、国防、贸易、人权有关的诸多事项。联合委员会还可以对联邦政府相关各部和机构以及联邦审计长提交的报告提出质询。议会还不时就某一重要外交事务向社会各界征询意见。目前，该联合委员会共有 32 名成员，其中 12 名来自众议院（下院），10 名来自参议院。[1]

三、澳大利亚外交决策的主要行政部门

（一）澳大利亚外交贸易部

澳大利亚主管外交事务的专门机构是外交贸易部（DFAT），它于 1987 年由外交部、贸易部和信息部合并组建而成。因而，设立双部长制度，即外交部长和贸易部长。此外，还设立了两位议会外交事务秘书，常驻外交贸易部。澳大利亚国际开发署（AusAID）也设在外交部，在业务上，由议会外交事务秘书负责。澳大利亚外交贸易部行政官员有办公厅主任一人，办公厅副主任若干人，下面设立局、处和科。机构设置有根据地理划分，也有根据功能划分。此外，还有高级官员，即驻外大使和国际组织代表。根据 2019 年的组织结构划分，澳大利亚外交贸易部的职责为以下几个方面：

该部"致力于使澳大利亚更强大、更安全、更繁荣，提供及时的领事和护照服务，并确保澳大利亚在海外的安全存在"。

该部就对外贸易、贸易及发展政策提供意见。"与其他政府机构合作，确保澳大利亚对其全球、区域和双边利益的追求得到有效协调。"

该部是管理澳大利亚国际活动的主要机构。2019 年，在五大洲管理着

---

[1]　https：//www. aph. gov. au/Parliamentary_ Business/Committees/Joint/Foreign_ Affairs_ Defence_ and_ Trade/Role_ of_ the_ Committee.

109 个海外职位，在堪培拉以及各州和地区办事处以及海外职位有 6078 名员工。

该部的官员在制定和执行外交、贸易和发展政策、谈判国际协议、提供有效的援助计划以及提供高质量的领事援助等方面都具有很高的技能。DFAT 的工作人员精通 31 种外语，而相关业务通常是用其中一种语言进行的。[1]

澳大利亚外交贸易部的决策模式如同艾利森外交决策模型中的"组织行为模型"，政策的制定是一种功能的"输出"，而不是相互竞争的结果。

（二）其他管理机构

几乎所有澳大利亚联邦政府部门都承认其工作国际化的重要性，很少有不涉及国际业务的部门。例如移民和公民部一直对外交贸易部工作加以关注。还有教育部、科学与培训部业务范围之一就是通过扩展国际影响力为澳大利亚谋求繁荣和幸福。

事实上，除了外交贸易部外，对澳大利亚外交决策产生最大影响的是国防部。它主要从三个方面影响外交决策：

其一，国防部下属战略政策组织、情报组织和安全机构向政府提供战略建议，从而提高政府的决策质量和正确性。

其二，澳大利亚军队在海外存在，起到影响澳大利亚与其他国家双边关系和地区外交稳定开展的"压舱石"作用。[2]

其三，国防部本身开展"军事外交"，如军控、维和及国防合作等，作为大外交的一部分。

四、澳大利亚外交决策的辅助机构及影响因素

（一）情报系统

澳大利亚共有六大情报机构，分为情报收集机构和情报分析机构。其中，情报收集机构有：

---

[1]　https://dfat. gov. au/about-us/department/Pages/what-we-do. aspx.

[2]　Allan Gyngell, Michael Wesley, *Making Australian Foreign Policy*, Cambridge：Cambridge University Press, 2003, p. 81.

1. 澳大利亚通信管理局

澳大利亚通信管理局（ASD）成立于太平洋战争时期的 1942 年，是澳大利亚最早成立的情报机构。ASD 是澳大利亚国家安全部门的重要成员，负责现代信号情报收集和其他安全机构所需的相关信息收集工作，包括情报、网络安全和进攻性行动，以支持澳大利亚政府和澳大利亚国防部队（ADF）。ASD 的目的是保护澳大利亚免受全球威胁，并帮助推进澳大利亚的国家利益。通过掌握信息、实施干扰技术等来做到这一点。①

2. 澳大利亚秘密情报局

澳大利亚秘密情报局（ASIS）成立于 1952 年。ASIS 的主要目标是获取和分发有关澳大利亚境外特定的个人或组织的能力、意图和活动的秘密情报，这些情报可能会影响澳大利亚的利益和公民的福祉。该机构直接向外交部长负责。②

3. 澳大利亚地理空间情报组织

澳大利亚地理空间情报组织（AGO）原名国防图像与地理空间组织（DIGO），成立于 2000 年，2014 年更名为现名。主要职责是获取国外地理空间和图像情报功能，以及人员或组织情报，以满足政府的要求；获取地理空间和图像情报以满足军事行动的要求，以及针对澳大利亚国防部队的训练（定位）要求；获取地理空间和图像情报，以支持联邦和州当局执行国家安全职能。③

4. 澳大利亚安全情报局

澳大利亚安全情报局（ASIO）成立于 1949 年，是澳大利亚主要的反间谍机构，其使命包括：打击间谍活动、反对外国干涉、打击恶意破坏的隐蔽人士；打击对澳大利亚边境完整的严重威胁；为国家安全伙伴提供保护性安全建议。ASIO 亦为政府机构提供安保评估及安保防护建议；还通过业务联络小组为私营机构提供意见。应外交部长或国防部长的要求，ASIO 还负责在澳大利亚收集外国情报。该机构直接对检察总长负责。④

情报分析机构主要有两个。

1. 国家情报办公室

澳大利亚国家情报办公室（ONI）的前身为成立于 1977 年的国家情报

---

① https：//www.asd.gov.au/about.

② https：//www.asis.gov.au/About-Us/Overview.html.

③ https：//www.defence.gov.au/ago/about.htm.

④ https：//www.asio.gov.au/what-we-do.html.

评估办公室（ONA）。该机构直接对总理负责，为总理提供政治、安全和经济事务方面的国家情报分析。办公室主任可以出席国家安全委员会。国家评估办公室可以利用其他情报机构收集的信息资料，也可以向政府部门索取相关的报告进行深度分析。21世纪以来，国家评估委员会的业务关注方面有所扩大，包括应对恐怖主义、网络安全、跨国犯罪、气候变化，以及去全球经济事务。2018年，ONA更名为国家情报办公室（ONI）。ONI的职责是确保澳大利亚拥有一个灵活、综合的情报分析机构，以应对澳大利亚不断变化的安全环境的挑战。①

2. 国防情报组织

国防情报组织（DIO）成立于1990年。它向澳大利亚政府提供有关全球安全、大规模杀伤性武器销毁、外国军事能力、国防经济，以及跨国恐怖主义活动等方面的专业知识。②

澳大利亚除自身的情报系统外，还利用同美国等盟国的关系分享其他国家的情报来源，如"五眼联盟"。五眼联盟（又名五只眼睛），是指"二战"后英美多项秘密协议催生的多国监听组织"UKUSA"。该机构由美国、英国、澳大利亚、加拿大和新西兰的情报机构组成。这五个国家组成的情报间谍联盟内部实现互联互通情报信息，将窃取来的商业数据在这些国家的政府部门和公司企业之间共享。③

为了协调整个情报系统的高效运作，澳大利亚政府设立情报与安全检察总长。情报与安全检察总长能够监督整个情报系统，确保它们的活动在法律允许之内，并服从上级部门的指导。国家安全顾问领导着国家情报协调委员会。此外，议会也设有议会联合情报安全委员会，负责监督情报机构的运行和经费开支。

（二）智囊机构

智囊机构又叫智库。智囊机构是外交决策重要的外围辅助机构，它的任务是为政府决策提供选项、评价和专业知识。尤其是在全球化、信息化高度发达的今天，政府决策更需要获取来自各方面的专业信息和指导。

澳大利亚的外交智囊机构既有独立设置的私人机构，也有大量的设置在

---

① https://www.oni.gov.au/short-history-ona-oni.

② http://www.defence.gov.au/dio/index.html.

③ https://baike.baidu.com/item/%E4%BA%94%E7%9C%BC%E8%81%94%E7%9B%9F/17607196?fr=aladdin.

大学的研究所和研究中心。下面，我们将列举其中比较活跃的智库。

1. 洛伊国际政策研究所

澳大利亚洛伊国际政策研究所（Lowy Institute），成立于2003年，是一家与政府有着密切联系的独立的、无党派的外交智库，地址位于悉尼。它是澳大利亚领先的智库，能够预测澳大利亚和世界的国际趋势，提供高质量的研究和独特的视角。① 洛伊国际政策研究所是一家具有全球视野的澳大利亚智库，其研究重点是亚太地区，特别是亚洲。该研究所经常邀请国内外政府官员发表演讲，是澳大利亚外交政策和国家安全辩论的中心。洛伊国际政策研究所每年发布《外交政策民意调查报告》和《全球外交指数》等具有导向性的报告，为政府机构和媒体、研究学者所重视和引用。

2. 澳大利亚国立大学战略与防卫研究中心

澳大利亚国立大学战略与国防研究中心（SDSC）成立于1966年，是第二次世界大战后最早成立的一批致力于分析政治背景下使用武力的研究机构之一。作为国际领先的战略与防务研究机构，SDSC的使命分为三个部分：提供以"现实世界"为重点、以研究为基础、世界一流的战略研究成果。包括三个相关的研究集群：澳大利亚国防研究、军事研究和亚太安全研究。在这些领域的成果旨在获得国际认可，并对澳大利亚政策制订具有较高的参考价值；通过提供世界级的"战略和国防"研究生和本科生课程，培养和教育澳大利亚和亚太地区的下一代战略领导人——军事、文职和学术领袖；并通过对与核心专业领域相关的问题进行高质量的宣传和评论，为澳大利亚和亚太地区的公共辩论建立一个标准平台。②

3. 澳大利亚国立大学中华全球研究中心

澳大利亚中华全球研究中心（CIW）设立在澳大利亚国立大学亚洲和太平洋学院，是一间接受澳大利亚联邦政府资助中国事务研究的机构。该机构成立于2010年。它的设立，是本着当时澳大利亚总理陆克文发表的关于澳大利亚和中国在世界上的重要性的演讲为背景的。他在演讲中呼吁：在这里，学者、思想家和政策专家可以全面参与，将中国历史、文化、文学、哲学和文化研究的视角切入公共政策、环境、社会变化、经济、贸易、外交政策、国防政策和战略分析等领域。③ 早在CIW成立之前，在澳大利亚国立大学就聚集着一批优秀的中国问题研究专家，他们有的是退役的外交官和国防

① http://www.lowyinstitute.org/about/what-we-do.

② http://sdsc.bellschool.anu.edu.au/about-us.

③ http://ciw.anu.edu.au/about.

情报官员。他们成立了不少研究机构，研究的范围很广，包括中国历史、政治和经济事务。CIW 的正式成立，将这些研究机构和人员聚集起来，召开中国问题论坛、出版中国研究成果，并与中国国内的研究机构和人员建立了密切的联系。

4. 澳大利亚国际事务学会

澳大利亚国际事务学会（AIIA），为各界提供了一个讨论和辩论的论坛，但并不寻求形成自己的机构观点。该协会组织安排讲座、研讨会、讲习班、会议和其他讨论，并赞助研究和出版。AIIA 成立于 1924 年，并于 1933 年升级为一个联邦机构，是澳大利亚唯一的全国性国际事务研究组织。它由成员捐款、政府津贴和来自个人和企业的免税捐款资助。AIIA 由若干独立的分支机构组成，分布在澳大利亚的七个州和地区，并在堪培拉设有全国办事处。AIIA 出版的《澳大利亚国际事务杂志》，是澳大利亚唯一的一本国际关系专业杂志，在国际事务研究学术界具有重大的影响力，属于 SSCI 来源刊物。①

澳大利亚作为一个开放社会，为智库的发展提供了很好的条件。上述智库只是澳大利亚大量智库的几个例子。除独立智库外，澳大利亚几乎每个大学都设有各种各样的研究机构，他们有的接受政府的研究项目，为政府决策提供咨询。如格里菲斯大学亚洲研究所，也是澳大利亚亚洲研究的重镇之一。墨尔本大学 APEC 研究中心是 APEC 组织设在澳大利亚的唯一专门研究机构。澳大利亚外交的智库非常发达。智库与政府之间密切互动，二者构成了一个"认知共同体"。同时，国内外智库之间也建立了广泛联系，他们通过学术出版、参与国际会议、接受媒体采访，对相关国家的外交政策产生了一定的影响。这种影响，可以用"第二轨道外交"来形容。②

（三）利益集团

利益集团是指具有共同的政治、统治、社会目标的社会成员，基于共同利益要求而组成的社会团体，其目的是维护自身的利益。在澳大利亚外交决策过程中，利益集团也极力向政府施加影响，特别是在经济外交方面。澳大利亚著名的经济界利益集团有全国农民联盟、澳大利亚工业组织、澳大利亚商会、澳大利亚服务业圆桌会议等。利益集团通过游说和信息交流活动，试

---

① http://www.internationalaffairs.org.au/about-us/about-the-aiia/.

② 喻常森：《认知共同体与亚太地区第二轨道外交》，载《世界经济与政治》2007年第 11 期。

图影响政府的外交决策环境，以服务于成员自身的利益。

澳大利亚经济性的利益集团，有时将目标对准某个特定国家，如中国。澳大利亚对外贸易与投资关系的政策，就经常受到澳大利亚中国商会和澳大利矿业开采公司的影响。作为会员制非营利组织，澳中商会是当前澳大利亚最具声望的发展澳中经济贸易关系的利益集团。自 1973 年成立以来，该商会始终关注澳中关系，通过承办澳中经贸合作论坛、组织两国领导人高端对话等多种手段增进双方的了解并促进各领域的务实合作。澳大利亚矿业开采公司协会就通过雇用专业说客、发起公众请愿运动等方式屡次就中国在澳投资采矿业的问题对政府施压。作为这些游说的结果，21 世纪以来，澳政府逐渐收紧对中国企业在相关领域的投资审核，利益集团的这种消极影响已经对中国在澳投资产生了巨大影响。①

（四）媒体

在全球化和信息化高度发展的今天，媒体——包括报纸、收音机、电视等，成为塑造和输送民意的强大力量。加上网络新媒体的出现，媒体对政府的公共政策产生了重大的影响。澳大利亚媒体对国际事务的报道，将根据澳大利亚的国家利益和媒体机构、民众所持的价值观关联度选取材料。外交决策官员对媒体的报道非常敏感。澳大利亚外交贸易部官员认真准备资料、简报等回答媒体所关心的问题。澳大利亚外交贸易部的官员每天上班第一件事情就是认真浏览涉及澳大利亚外交事务的媒体简报。

澳大利亚的主要媒体有澳大利亚广播公司（ABC）、澳大利亚特别节目广播事业局（Special Broadcasting Service，SBS）、《澳大利亚人报》《澳大利亚金融评论报》《澳大利亚先锋晨报》。其中，澳大利亚广播公司（ABC）是一家接受政府资助的官方广播公司，其报道和评论都反映了政府的立场。SBS 电视台由澳大利亚特别节目广播事业局主管，由联邦政府资助，成立于 1980 年。它是一个多元文化电视台，有多种语言广播。《澳大利亚人报》是澳大利亚一家最具影响力的全国发行的报纸，创刊于 1964 年，属于默多克新闻集团，发行有纸质版、电子版的报纸。

媒体不仅间接影响澳大利亚的外交政策，而且成为外交政策的一个重要组成部分，即公共外交。它将政府的政策投送给国内外受众，使受众理解和支持澳大利亚政府的外交政策；有时，媒体也参与它国媒体之间的争论，介

---

① 王尘子、沈予加：《澳大利亚利益集团影响澳中关系的路径分析》，载《中共四川省委党校学报》2015 年第 6 期。

入"媒体战"之中。

小　结

综上所述，澳大利亚的外交决策机制运作具有复杂性、开放性和多元化特点，权力分布呈现等级化和垂直性。澳大利亚外交决策最高权力拥有者是总理和内阁国家安全委员会，而外交事务的实际执行者是外交贸易部。外交贸易部既是政策制定机构，又是执行机构。分布在世界各地的使领馆和代表处是澳大利亚外交机制的神经末梢。除外交贸易部外，国防部和移民部也发挥着非常重要作用。

围绕着行政部门和官僚机构，澳大利亚国内还存在着对外交事务发挥重要影响的机构和个人。如情报部门深度介入外交政策，为政府决策部门提供各种公开和秘密的信息。利益集团为了维护自己的利益而对政府决策进行游说和施加压力。智库及其领导者是一群外交事务爱好者和专业知识拥有者组织，他们通过向政府提供政策建议来影响政府的外交工作。最后还有媒体，它们是澳大利亚政府外交政策的宣传者和政策执行后果的镜像，为政府和社会架起了一道桥梁。

澳大利亚智库对外交政策的影响分析[*]

为了应对纷繁多变的国际事务，作为现代外交决策体系的重要一环，智囊机构——智库的作用越来越重要。"智库是公共政策研究、分析和参与的组织，负责就国内和国际问题进行面向政策的研究、分析和咨询，从而使决策者和公众能够就公共政策达成一致的决定。"[①]然而，在澳大利亚传统的外交决策体系中，智库的作用并不明显，这与澳大利亚外交决策机制的特点密切相关。澳大利亚智库参与外交决策经历了一个发展的过程。进入21世纪以后，一些重要的外交政策新型智库相继建立并发挥越来越突出的影响力。

一、澳大利亚外交决策智库的发展

在传统的澳大利亚外交决策机制中，智库参与外交政策决策相对比较滞后。作为澳大利亚全国性的外交事务学术团体，澳大利亚国际事务学会（Australian Institute of International Affairs，AIIA）成立于1924年。其早期的活动学术色彩较为浓厚，主要是通过学术出版，特别是学会会刊《澳大利亚国际事务杂志》为各界提供了一个讨论和辩论的论坛。与此同时，在澳大利亚一些著名的大学开设了国际事务专业，并成立了直属大学的外交和国防研究机构，如澳大利亚国立大学战略与防务研究中心（SDSC）成立于1966年，是"二战"后最早的研究机构之一，致力于分析政治背景下的武装力量使用情况。在中国问题研究方面，澳大利亚国立大学在1970年设立当代中国中心（Contemporary China Center），并出版《澳大利亚中国事务杂志》。该中心的研究范围涉及当代中国的政治、经济、文化教育、军事、外交诸方面。2008年后，该中心更名为中国研究所（the China Institute，CI）。在澳大利亚国立大学的社会科学的相关专业，集聚了一批具有国际视野和工作经验

---

* 原文登载于费晟主编：《大洋洲蓝皮书：大洋洲发展报告（2020—2021年）》，社会科学文献出版社2022年版。

① James G. McGann，"2020 *Global Go to Think Tank Index Report*"，Think Tanks and Civil Societies Program（TTCSP），ⓒ 2021，Lauder Institute，University of Pennsylvania. USA，1 – 28 – 2021，p. 13.

的学者，他们各自与政府相关部门的官员构成了一个松散的国际事务认知共同体。由于一批从政府离职的人员相继加入，这个共同体具备某些"旋转门"效应。其他一些大学也成立了相关的区域和国别的研究机构。如格里菲斯大学于1977年成立的澳亚关系研究中心（CSAAR），后来发展成格里菲斯亚洲研究所（GAI）。澳大利亚具有独立法人资格的新型智库出现比较晚，几家著名的外交和国防战略研究智库基本上都是在21世纪以后才建立起来的。

在由美国宾夕法尼亚大学"智库与公民社会项目"（TTCSP）研究组编写的《2020年全球智库指数排名报告》一书中，共有45家澳大利亚智库上榜，其中，国际问题类著名智库有16家（参见表1）。

表1 澳大利亚国际问题相关智库及排名

智库类别	智库名称	排名
全球智库	澳大利亚国际事务学会（AIIA）	17
	洛伊研究所（The Lowy Institute）	76
国防和国家安全政策智库	澳大利亚战略政策研究所（ASPI）	11
	澳大利亚国际事务学会（AIIA）	55
	地区安全研究所（IRS）	104
外交政策和国际事务类智库	澳大利亚战略政策研究所（ASPI）	33
	洛伊研究所（The Lowy Institute）	55
	澳大利亚国际事务学会（AIIA）	66
	战略与防卫研究中心（SDSC）	72
大学附属智库	悉尼大学国际安全研究中心（CSSS）	32
	邦德大学全球化与发展中心（GDC）	44
	悉尼科技大学澳大利亚—中国关系研究院（UTS：ACRI）	76
	澳大利亚国立大学国家安全研究院（NSC）	80
地区研究中心（自由立场）	地区安全研究所（IFRS）	9
大学附属地区研究中心	格里菲斯大学格里菲斯亚洲研究所（GAI）	17
	澳大利亚国立大学中华全球研究中心（CIW）	23

以上是在《2020年全球智库指数排名报告》中上榜的澳大利亚国际问

题相关的智库情况。既有综合性的智库，也有专门性的智库，也有的是特定国别和区域问题研究智库。除上述榜上有名的智库外，澳大利亚还有不少独立的或者附属于大学的具有智库功能的研究性机构。如综合类研究机构有位于珀斯的未来国际方向（FDI），它致力于澳大利亚未来发展战略的探究和政策咨询。很多澳大利亚大学都设有中国研究和政策咨询机构，比较著名的有悉尼大学中国研究中心（China Studies Center）。还有专注于中国问题研究的新型智库——中国事务（China Matters），该机构接受政府拨款和企业赞助。澳大利亚还成立了全国性的中国研究协会（CSAA）。

二、澳大利亚主要外交政策智库简介

以上述《2020 年全球智库指数排名报告》上榜的澳大利亚国际问题大类外交政策智库为基础，兼顾影响力、代表性以及重要性等标准，我们将简单介绍以下 11 家智库。

（一）澳大利亚国际事务学会

澳大利亚国际事务学会（AIIA）① 是澳大利亚全国性的国际问题研究和学术交流的专业社团组织，也是澳大利亚历史最为悠久的外交政策智库。在《2020 年全球智库指数排名报告》综合排名第 17 位，为澳大利亚第一。在"外交政策和国际事务类智库"中排名 66 位。AIIA 成立于 1924 年，1933 年成为联邦机构，是澳大利亚唯一的全国性外交智库。AIIA 现任总会长为艾伦·金格尔（Allan Gyngell）教授。② 它的资金来自会员的捐款，少量的政府补助以及个人和企业的可抵税捐款。该学会组织讲座、研讨会、讲习班、会议和其他讨论会，并赞助研究和出版。AIIA 由位于澳大利亚七个州和地区的多个独立分会以及位于堪培拉的国家办公室组成。AIIA 通过以下四种方式激发人们对包括政治、经济和国际法在内的国际事务等方面的兴趣，提供咨询服务。

（1）提供辩论论坛。AIIA 通过组织讲座、研讨会和讲习班，提供了一个辩论论坛。论坛范围从密切讨论到大型演讲。每年在全国举行 150 多场活动。

（2）传播思想。AIIA 在历史上一直通过其出版物参与国际关系的主要

---

① 又译为澳大利亚国际事务研究所。

② 至本书正式出版时，艾伦·金 格尔教授已去世。新任会长为希瑟·史密斯（Heather Smith）博士。

辩论。AIIA 目前定期出版《澳大利亚国际事务杂志》和不定期出版《世界事务中的澳大利亚》系列著作。

（3）国际问题教育。AIIA 还致力于建立国际问题教育共同体，关注的重点领域之一是青年，包括全国各地的学校课程、职业展览、实习和青年专业人员网络。

（4）协作。AIIA 寻求与其他相关研究所以及澳大利亚和海外其他组织的合作。通过保持密切的关系，AIIA 可以确保了解国际时事，扩大其知识范围，并树立澳大利亚的国际形象。

AIIA 在《透明度》2015 年智库财务透明度报告中获得了四星级（"全面透明"）评级，成为澳大利亚和新西兰唯一被评为全面透明的智库。[①]

（二）洛伊研究所

洛伊研究所（The Lowy Institute）原名洛伊国际政策研究所（The Lowy Institute for International Policy），始建于 2003 年 4 月，由澳大利亚西田集团（Westfield）犹太裔商人法兰克·洛伊爵士（Sir Frank Lowy AC）为了纪念他到达澳大利亚 50 周年捐赠 3000 万澳元创办。洛伊研究所是一家具有全球视野、聚焦亚太的澳大利亚智库。在《2020 年全球智库指数排名报告》中综合排名第 76 位；在"外交政策和国际事务智库"类排名第 55 位。现任执行所长为迈克尔·富里洛夫博士（Dr. Michael Fullilove）。

洛伊研究所经常组织专家就发生在该地区的事件在世界领先的新闻媒体上发表评论。洛伊研究所是澳大利亚外交政策和国家安全辩论的中心。自 2003 年研究所成立以来，每位总理和外交部长都在此研究所发表讲话。该所的年度澳大利亚民意测验报告在全球范围内被广泛引用。其主要出版物还包括《洛伊研究报告》（由企鹅出版社出版的标志性的成果）。洛伊研究所还是世界领先的在线智库，它的数字杂志《口译员》是外交政策智库的首创。该研究所还发表互动研究报告，例如《洛伊年度民调》、《全球外交指数》、《亚洲力量指数》和《洛伊太平洋援助地图》。在该所举办的众多活动中，年度洛伊讲座是其标志性活动。在该项活动中，每次邀请一位杰出人士就澳大利亚在世界上的作用以及世界对澳大利亚的影响方面做演讲。[②]

---

① 根据该机构官网（https：//www. internationalaffairs. org. au/about-us/about-the-ai-ia/）资料改编。

② 根据该机构官网（http://www. lowyinstitute. org. au/about/what-we-do）资料改编。

（三）澳大利亚战略政策研究所

2001 年，澳大利亚战略政策研究所（Australian Strategic Policy Institute，ASPI）由澳大利亚政府资助成立。该所大部分资金由澳大利亚国防部提供，其他收入来源包括国内外政府部门和私人企业赞助。在该组织官网中表明，ASPI 是一个独立的、无党派的智库，为澳大利亚的战略和国防领导人提供专业和及时的建议。在《2020 年全球智库指数排名报告》"防务及国家安全"类智库中排名第 11 位，"外交政策和国际事务"类智库中排名第 33 位。现任研究所所长为彼得·詹宁斯（Peter Jennings）。①

（四）战略与防卫研究中心

战略与防卫研究中心（Strategic and Defence Study Center，SDSC）成立于 1966 年，是"二战"后澳大利亚最早设立的研究机构之一，致力于分析政治背景下的武装力量使用情况。据《2020 年全球智库指数排名报告》，它在外交政策和国际事务智库类排名 72 位。该中心的现任主任是布伦丹·萨金教授（Professor Brendan Sargean）。中心设于澳大利亚国立大学亚太学院科拉尔·贝尔亚太事务学院内。作为国际领先的战略与防卫研究机构，主要专长包括三个相关的研究领域：澳大利亚国防研究、军事研究和亚太安全研究。在这些领域的学术成就获得国际认可，并对澳大利亚政策产生影响。

SDSC 通过提供世界一流的战略和国防研究生和本科生课程，培养和教育澳大利亚和亚太地区的下一代战略领导人——军事、民事和学术领导人；利用高质量的外联服务和对核心专业领域相关问题的评论，为澳大利亚和亚太地区的公众辩论提供更好的信息标准。该中心力求在过去半个世纪所取得成就的基础上再接再厉，并在形成国际战略研究、政策和辩论方面发挥主导作用。在未来十年内，SDSC 的目标是成为亚太地区战略和国防问题研究领域的、外向型的、位于领先地位的大学机构。在瞬息万变的战略环境下，SDSC 将致力于研究和教学计划的战略发展，以便在为我们这个时代确定战略研究方面发挥主导作用。目标是形成学术和决策领域，为亚太地区领导人提供信息，使战略规划人员和分析人员能够大胆创新地应对未来的挑战。②

---

① 根据该机构官网（http://www.aspi.org.au/about-aspi）资料改编。
② 根据该机构官网（http://sdsc.bellschool.anu.edu.au/about-us）资料改编。至本书出版时，ASPI 所长（执行董事）已改为贾斯汀·巴西（Justin Bassi）。

（五）格里菲斯亚洲研究所

格里菲斯亚洲研究所（Griffith Asia Institute，GAI）是设于格里菲斯大学商学院内的国际认可的研究机构，正式建立于 2004 年，现任所长为凯特琳·伯恩教授（Professor Caitlin Byrne）。① 格里菲斯大学的亚洲研究始于1977 年成立的澳亚关系研究中心（CSAAR），2001 年更名为格里菲斯亚太研究所（Griffith Asia Pacific Research Institute），2004 年改为现名。在《2020 年全球智库指数排名报告》的"最好的大学附属区域研究中心"类别中全球排名第 17 位。该研究所致力于与国际智库、政府和行业的积极合作，使其研究处于国际事务辩论的前沿，并为研究生提供一个优质的培训环境。②

（六）地区安全研究所

地区安全研究所（The Institute for Regional Security，IFRS）是澳大利亚一家由政府资助设立的独立的非营利组织，负责帮助和推进政府形成对国家安全、战略的富有弹性和适应性的整体思考。地区安全研究所成立于 2005年，目前董事会主席是安德鲁·巴尔马克斯（Andrew Balmaks）。在《2020年全球智库指数排名报告》的"最好的地区研究中心（独立式的）"类别中排名第 9 位。在"国防和国家安全政策"类智库中，排名第 104 位。IFRS是一个由国家安全实践者和研究人员组成的共同体，旨在确定、讨论和评估未来几十年澳大利亚在印太地区将面临的安全挑战，并致力于培养下一代先进战略思想家以应对这些挑战。地区安全研究所定期出版《安全挑战》杂志。作为一个区域安全智库，IFRS 希望在制定区域安全政策议程方面发挥根本性作用，就具体问题提供创造性、切实可行的政策解决办法。③

（七）未来方向国际

未来方向国际（Future Direction International，FDI）是设在西澳洲首府珀斯的一家独立的、非营利的战略研究机构。由前任总督（任期 2003—2008 年）、退役少将菲利普·迈克尔·杰弗里（Philip Michael Jeffery）于2000 年建立，目的是对澳大利亚面临的重要中长期问题进行全面研究。该

---

① 至本书出版时，所长已改为王珂礼（Chirstoph Nedopil Wang）。
② 根据该机构官网（https://www.griffith.edu.au/asia-institute）资料改编。
③ 根据该机构官网（https://kokodafoundation.wildapricot.org/About）资料改编。

机构的主要研究领域包括印度洋事务、全球食品和水危机、北澳洲土地养护，以及其他军事和非传统安全问题。①

（八）有关中国问题研究的主要智库

1. 澳大利亚中华全球研究中心

澳大利亚中华全球研究中心（The Australian Centre on China in the World，CIW）设在澳大利亚国立大学（ANU）亚太学院内。2010 年 4 月，时任澳大利亚总理陆克文（Kevin Rudd）宣布联邦政府出资 5300 万澳元成立 CIW，并在 ANU 校内建造专属研究大楼。现任中心主任为经济学家简·高利教授（Professor Jane Golley）。ANU 自 1946 年建校就开始了与中国研究相关的教学，设有太平洋研究院（后更名为太平洋与亚洲研究院，RSPAS），并于 1952 年建立东方语言学院。ANU 聚集了一批世界一流的中国研究专家（汉学家）以及一批从澳大利亚政府部门退职下来的前官员学者。

2008 年，ANU 成立中国研究所（The China Institute），成为从事中国事务教学和研究的伞型组织。所长为任格瑞教授（Richard Rigby，前驻上海总领事）。它也是 ANU 与外部机构（包括联邦政府）以及其他学术机构、企业和媒体的联络点，并就 ANU 与中国的各种关系提供咨询。年度预算为 28 万澳元，主要用于招收博士生。2010 年 CIW 成立，中国研究所并入其中。在《2020 年全球智库指数排名报告》的"最好的大学附属区域研究中心"类别中，澳大利亚中华全球研究中心全球排名第 23 位。

CIW 致力于利用人文和社会科学的最佳传统进行多学科研究，并与堪培拉的官僚、外交官和政客组成决策共同体。该中心还在 ANU 设立了多个与中国有关的奖学金，与国内外广大公众分享研究成果。

2011 年至 2017 年间，CIW 在 ANU 内作为一个独立的研究中心运作。2017 年进行了一次改革，CIW 除了作为 ANU 的中国研究的中心，同时还涵盖了该校七所学院所有与中国相关的研究和教学。这样，通过促进跨校园、国内和国际研究合作，该中心与整个大学学者的学术议程有机地联系起来，以确保 ANU 在未来几十年中国研究方面的世界级声誉。该机构继续出版《中国杂志》和《澳大利亚中国事务杂志》。② 2010 年 6 月 22 日，正在澳大利亚访问的中国国家副主席习近平在堪培拉出席向 ANU 中华全球研究中心

---

① 根据该机构官网（https://www.futuredirections.org.au/about/chairmans-welcome/）资料改编。

② 根据该机构官网（http://ciw.anu.edu.au/about）资料改编。

赠书仪式，并发言期待该中心为深化中澳两国人民的了解和友谊、推动中澳全面合作伙伴关系不断向前发展做出更大贡献。①

2. 澳大利亚—中国关系研究院

澳大利亚—中国关系研究院（The Australia-China Relations Institute, UTS：ACRI，简称澳中关系研究院）是一个独立、无党派的研究机构，成立于 2014 年 5 月 16 日，设于澳大利亚悉尼科技大学，它也是澳大利亚唯一一个致力于研究澳中两国关系的研究机构。澳中关系研究院创办的捐资人是玉湖集团董事长黄向墨、志威集团董事长周楚龙。2013 年，玉湖集团董事长黄向墨捐助 180 万澳币启动基金设立该研究院。研究院的首任院长为澳大利亚前外长鲍勃·卡尔（Bob Carr），现任院长为经济学家罗震教授（Professor James Laurenceson）。在《2020 年全球智库指数排名报告》"最好的高校附属地区研究机构"类别中排名第 22 位。

澳中关系研究院将研讨澳中两国在外交、社会、经济和文化等方面的交流和互动，是一个专注于澳中关系研究的智库机构。旨在通过研究分析和基于学术的严谨的对话，为澳大利亚与中国的交往提供信息。该研究院还发布有关澳中关系的研究报告，围绕澳中具有重要意义的经济、青年及社会议题组织论坛等。②

3. 悉尼大学中国研究中心

悉尼大学中国研究中心（The China Studies Centre，CSC，The University of Sydney）是由悉尼大学资助建立的，成立于 2011 年。目前中心拥有 300 名学者，以及学生成员和学术兼职者，活跃于 19 个学科领域。该机构致力于从社会科学、人文科学和自然科学等多学科视角，研究中国经验、教训和挑战。这就需要更深入地审视特定的历史、文化和社会背景，对中国正在发生的事情持开放、探究的态度，议题涉及在全球参与应对城市化挑战、适应气候变化、公平获得卫生服务，以及新技术的机会和伦理。为了促进更广泛的对话，中国研究中心的目标是：开展与中国相关问题的多学科研究，帮助解决中国当前发展面临的关键问题，支持大学生和学术工作者加深对中国和汉语世界（包括台湾、香港、华侨）的了解，成为政府、企业和民间社会

---

① 《相知无远近，万里架书桥——记习近平副主席向澳大利亚中华全球研究中心赠书》，http://www.gov.cn/ldhd/2010 – 06/24/content_1636659.htm。

② 根据该机构官网（https://www.uts.edu.au/research-and-teaching/our-research/australia-china-relations-institute）资料改编；《悉尼科技大学澳中关系研究院成立》，中国新闻网 2014 年 5 月 16 日，http://www.chinanews.com/gj/2014/05 – 16/6181200.shtml。

组织全面了解中国的门户，以及提高关于中国事务的公共辩论的质量，促进澳大利亚和中国社会的联系。①

4. 中国事务

中国事务（China Matters）是一家在澳大利亚慈善机构和非营利委员会（ACNC）下注册的研究机构，致力于推进澳大利亚健全的中国政策的制定。该机构建立于 2015 年，主要赞助者是澳大利亚联邦政府、与中国有庞大业务往来的澳洲铁矿巨头力拓集团（Rio Tinto），以及以接待中国旅客为主的星际娱乐集团（Star Entertainment Group），等等。中国事务没有代表其自己的统一的观点。该机构创始人为琳达·雅各布森女士（Ms. Linda Jakobson）。目前董事会主席为费思芬（Stephen FitzGerald AO），他是首位澳大利亚驻华大使。

中国事务作为澳大利亚的一个政策研究所，旨在促进澳大利亚企业、政府和安全机构就中华人民共和国问题进行现实而细致的讨论，并推进健全的政策。其工作目标是扩大认识和了解，告知公众和精英的意见，并就澳大利亚与中国关系的复杂性、机遇和挑战向澳大利亚提出坚实的政策建议。它是独立的，不与任何机构挂钩，并专门从政策角度关注中华人民共和国的崛起及其对澳大利亚的重要性。②

三、澳大利亚智库对外交决策影响的主要路径及效果评估

在不同的国家和理论视角下，虽然智库影响外交决策的大小程度是不一样的，但智库参与影响决策体系与政策过程的路径却大致是相同的。它们影响国家决策过程的路径主要可以分为两种。其一，通过公开方式将它们的意见传递给决策者与公众。具体策略包括：①举办公开会议与研讨会，对相关外交政策议题展开讨论与辩论。②鼓励智库常驻学者到大学、研究机构等公开场所发表演讲；③充当游说者的角色，到国会参众两院的委员会作证；④通过出版著作、发表期刊论文与报刊评论、发行政策报告等方式，提高智库在媒体上的曝光度；⑤借助网络新媒体，比如通过网页与推特等，将智库的政策研究成果快速传播给更多的受众。其二，通过私下渠道，直接参与到外交决策过程，将相关外交议题直接送达决策者。这些方式包括：①智库研究者担任内阁官员或受聘于联邦政府的外交职位，直接参与到政府外交决策

---

① 根据该机构官网（https://www.sydney.edu.au/china-studies-centre/）资料改编。
② 根据该机构官网（https://chinamatters.org.au/who-we-are/）资料改编。

体系之中；②充当政党候选人的顾问，或担任领导人与国会咨询委员会成员，将研究者个人或智库的意见传递给行政首长与立法机构；③邀请政府国防部、外交部、国安会以及其他情报部门的现任官员参加智库举办的闭门研讨会；④向国会、行政部门以及联邦政府部门提供有关当前外交议题的政策简报或相关研究。根据澳大利亚的外交决策机制和特点，下面我们将智库影响外交决策的路径主要分为以下几种。

第一，通过编辑出版刊物，发表具有政策导向性的论文，影响读者和外交决策者。一般智库基本上都有编辑发行定期或者不定期出版的刊物（包括纸质版和电子版），以发表本机构学者论文或者面向社会公开征稿。这方面比较突出的例子有澳大利亚国际事务学会（AIIA）、地区安全研究所（IFRS）和澳大利亚中华全球研究中心（CIW）三家研究机构。澳大利亚国际事务学会（AIIA）作为全国性的专业学会，编辑发行了《澳大利亚国际事务杂志》（*The Australian Journal of International Affairs*）。《澳大利亚国际事务杂志》是澳大利亚在国际关系和外交政策领域的主要学术期刊，也是 SSCI 索引源期刊，2021 年的影响因子为 0.859。该杂志发表的文章涉及国际政治、社会、经济和法律问题的学术研究，选题聚焦于（但不限于）亚太地区。该杂志由劳特利奇·泰勒和弗朗西斯出版社（Rutledge Taylor and Francis）出版，每年发行 5 期。① 地区安全研究所（IFRS）编辑出版《安全挑战》（*Security Challenges*）杂志。该杂志是澳大利亚唯一的一本关于未来安全问题的同行评议期刊，每年发行 4 期。杂志面向政府、企业和学术专家以及研究所会员。它是一个激发人们创新思考澳大利亚和该地区未来安全（广义定义）挑战的载体。② 澳大利亚战略政策研究所（ASPI）也出版《战略家》（*Strategist*）电子杂志。澳大利亚中华全球研究中心（CIW）在原有中国研究所《当代中国研究杂志》（*Journal of Contemporary Chinese Studies*）基础上编撰发行《中国故事年鉴》（*China Story Yearbook*）和《中国制造杂志》（*Made in China Journal*）系列出版物。③

第二，出版具有政策研究导向性质的学术专著。澳大利亚各智库专家，特别是智库领袖，既是外交政策的倡导者，也是相关领域的学术带头人。他

---

① https://www. internationalaffairs. org. au/publication/australian-journal-of-internation-al-affairs/.

② https://kokodafoundation. wildapricot. org/page – 665180.

③ http://ciw. anu. edu. au/. ; http://www. csaa. org. au/2020/05/made-in-china-jour-nal-volume – 5 – issue – 1 – 2020/.

们通过出版学术专著，影响学术圈和决策阶层，从而极大地激发澳大利亚外交政策的讨论和反思。例如，澳大利亚国际事务学会（AIIA）会长艾伦·金格尔（Allan Gyngell）教授和墨尔本大学副校长迈克尔·韦斯利（Michael Wesley）教授①合作撰写的《制定澳大利亚外交政策》一书，是研究澳大利亚外交政策决策的大学标准教科书和外交贸易部官员的必读书。书中分析了澳大利亚外交政策决策的特点、外交决策体系和影响外交决策的各种因素。② 澳大利亚国立大学战略与防卫研究中心（SDSC）主任休·怀特教授2013 年出版的著作《中国抉择：美国为什么应与中国分享权力》中，大胆提出在亚太地区建立大国协调体系设想，以应对中国崛起带来的挑战。③ 格里菲斯亚洲研究所研究员王毅博士出版的专著《1949 年以来的澳中关系：60 年贸易与政治》，积累数十年的研究资料，采访了大量的中澳两国学者和官员，特别是重大事件的经历者和决策者，运用外交决策学的理论与方法，探索了澳大利亚政府政策制定与实施过程中政治和经济因素的互动。该书还对澳大利亚在对外关系方面依赖其强大盟国的这种传统观念提出了挑战。④ 2020 年中国事务智库兼职研究员芮捷锐（Geoff Raby）（前驻华大使，任期2007—2011 年）出版了他的新书《新全球秩序下的中国大战略与澳大利亚的未来》。书中指出，若澳中关系继续恶化，澳将更不安全。因此，他认为澳大利亚需要和中国合作，并敦促澳大利亚总理莫里森（Scott Morrison）和外交部部长佩恩（Marise Payne）尝试使用更多和解的语言来修复受损的双边关系。芮捷锐强调："对澳大利亚而言，至关重要的是一个强大且充满活力的经济环境。如果澳大利亚与中国的关系继续恶化，澳大利亚将变得更加贫穷和更不安全。"⑤

---

① 迈克尔·韦斯利（Michael Wesley）教授曾经担任格里菲斯亚洲研究所所长和洛伊国际政策研究所执行所长。

② Allan Gyngell, Michael Wesley, *Making Australian Foreign Policy*, Second Edition, Port Melbourne：Cambridge University Press, 2007.

③ ［澳］休·怀特著，樊犇译：《中国抉择：美国为什么应与中国分享权力》，世界知识出版社 2013 年版。

④ ［澳］王毅著，喻常森等译：《1949 年以来的澳中关系：60 年贸易与政治》，社会科学文献出版社 2014 年版。

⑤ Geoff Raby, *China's Grand Strategy and Australia's Future in the New Global Order*, Carlton：Melbourne University Press, 2020；"澳大利亚前驻华大使芮捷锐：若澳中关系继续恶化澳将更不安全"，环球网，2020 年 11 月 16 日，https：//m. huanqiu. com/article/40isQi5f8Lu。

第三，发表政策建议报告。政策建议报告有的是自发的，有的是承接政府项目的研究报告。几乎每家澳大利亚著名智库都在其官方网站刊登政策研究报告，报告选题一般都是最近国际上发生的对澳大利亚国家利益和社会价值观构成重大挑战的对策建议报告。如洛伊研究所（Lowy Institute）网站刊登的政策研究报告就有"分析"（Analyses）、"政策简报"（Policy Brief）、"洛伊研究所报告"（Lowy Institute Papers）三种类型。其中，2021 年最新的"政策简报"题目是《关注奖项：澳大利亚、中国和南极条约体系》，作者是杨克里（Claire Young）。报告指出，尽管中国在南极洲越来越自信，南极条约体系并没有失败，澳大利亚应该避免地缘战略恐慌。① 地区安全研究所（IFRS）官网最新发表的政策研究报告是 2020 年 11 月克里斯·加德纳（Chris Gardiner）研究员撰写的《加强澳大利亚与太平洋岛国的关系》。该报告阐述了太平洋地区的长期战略目标，提出了澳大利亚目前在经济发展、安全和气候变化等方面"加速"政策领域的战略倡议，并简要介绍了一些旨在满足澳大利亚和岛国共同需要的其他倡议。该报告被提交给澳大利亚国会"外交、国防和贸易联合常设委员会（JSCFADT）"下属的"外交事务、援助与国防分委员会"有关澳大利亚与太平洋岛国关系的咨询材料，以及提交给澳大利亚国际开发援助进行独立审查的参考文件。② 中国事务研究所不定期刊登"中国事务探索"（China Matters Explores）的政策简报系列，重点介绍澳大利亚与中华人民共和国关系中的个别棘手问题，目的是在向澳大利亚政府、企业和非政府机构提出具体建议之前，对这一问题进行细致入微的评估。中国事务智库官网 2021 年刊登的最新一期政策简报文章是琳达·雅各布森（Linda Jakobson）撰写的《澳大利亚为何担忧台海紧张局势升级？》。③

第四，发表民意调查报告和媒体文章，引导民意及制造国际事务话题。在民意调查方面，澳大利亚智库做得比较好的是洛伊研究所的《洛伊年度民调报告》。其最近发布的《洛伊研究所 2020 年亚洲实力指数报告》和《华

---

① Clair Young, "Eyes on the Prize: Australia, China and the Antarctic Treaty", Policy Brief, 12 Feb 2021. https://www.lowyinstitute.org/publications/policy-briefs.

② Chris Gardiner, "Strengthening Australia's Relations with Pacific Island States", Occasional Papers, November 2020, https://regionalsecurity.org.au/research-and-thought-leadership/occasional-papers/.

③ Linda Jakobson, *"Why Should Australia Be Concerned About Rising Tensions in the Taiwan Straits?"* Feb, 2021. https://chinamatters.org.au/policy-brief/policy-brief-february-2021/.

人社群舆情调查：作为澳大利亚人的华人》对引导舆情产生了较大的影响。洛伊研究所在 2020 年 6 月 24 日发行了娜塔莎·卡萨姆（Natasha Kassam）主持的《洛伊研究所 2020 年民意调查报告》。报告显示，澳大利亚对其周围世界的态度发生了前所未有的变化，包括对与美国、中国的关系，以及对威胁和经济发展的态度。①《2020 年亚洲实力指数报告》根据军事能力、国防网络、外交影响力和文化影响力等多个方面因素，对亚洲相关 26 个国家的实力进行评分排名。在 26 个排名国家中，美国虽然在地理上不是亚洲国家，但仍以 81.6 分高居被研究的 26 国之首。中国排名第二名，得分 76.1 分。日本（40.1 分）、印度（39.7 分）、俄罗斯（33.5 分）分列第三、四、五位。澳大利亚以 32.4 分排名第六，较前年上升 1 名。韩国（31.6 分）、新加坡（27.4 分）、泰国（20.8 分）、马来西亚（20.7 分）分别排名第 7 到第 10。排在最后一位的是巴布亚新几内亚（3.8 分）。②《华人社群舆情调查：作为澳大利亚人的华人》是在 2020 年 11 月进行的，该报告对 1000 多名澳大利亚华人进行了调查，以更好地了解他们在澳大利亚的生活以及他们对与中国的关系等问题的看法。调查发现，华裔澳大利亚人社区的经历和观点呈现多样性。其中，77% 的受访者认为澳大利亚是一个好的和非常好的居住地；63% 的受访者认为华人身份能够为当地澳大利亚人所接受；18% 的受访者因为他们的中国传统而受到人身威胁或攻击；66% 的受访者认为中国更多的是澳大利亚的经济伙伴而不是安全威胁；50% 的受访者认为澳大利亚媒体对中国的报道过于负面。③

在媒体上发表意见和评论是智库影响民意、制造外交政策话题并对政府外交政策进行评论从而影响外交政策的主要途径之一。媒体将"公众的意见反馈给决策者相当于公民就当时的形势或一项已制定的政策进行了一次不完全的但却直接的投票表决"④。所以，澳大利亚主要外交政策智库学者都将抢占主流媒体高地、发表对国际问题动态评估和政策建议作为日常工作的主要考核指标。如据统计，澳大利亚战略政策研究所（ASPI）专家在 2020 年

---

① Natasha Kassam, *Lowy Institute Poll* 2020, 24 June 2020, https：//poll. lowyinstitute. org/report/.

② *Lowy Institute Asia Power Index*, 2020 Edition, https：//power. lowyinstitute. org/?update.

③ Interactives, *Being Chinese in Australia*：*Public Option in Chinese*. https：//interactives. lowyinstitute. org/features/chinese-communities/.

④ ［英］辛德尔（K. Hindell）著，潘中岐译：《媒体对外交政策的影响》，载《现代外国哲学社会科学文摘》1997 年第 9 期，第 13 页。

1—6 月份共计在澳大利亚主流报纸《澳大利亚人报》（*The Australian*）上共发表带有政策观点（Opinions）的文章 15 篇。同时，也在国外主流媒体如《华盛顿邮报》（*Washington Post*）、《海峡时报》（*Strait Times*）等上面发文。① 在澳大利亚外交贸易部等外交政策决策机构，官员十分重视来自媒体的信息，几乎每天工作的第一件事情就是阅读各主要媒体的涉澳文章和相关报道摘要。② 智库除了向各种传统官方媒体如电视、无线电广播和纸质媒体发声和撰文外，还大量依靠新媒体传播自己的思想。如澳大利亚国际事务学会（AIIA）自己开办了全国性的官方脸书（Facebook）、官方推特（Twitter）和 Youtube 视频账号。

第五，组织召开学术研讨会、讲座，以及参加议会咨询，智库专家与政府决策者构成"认知共同体"。定期或非定期地召开学术研讨会或者组织讲座，是各个智库将学术研究与政策制定结合起来的重要形式。澳大利亚国际事务学会（AIIA）于 2018—2019 年在澳大利亚各地举办了 200 多场活动。七州和地区分支机构以及堪培拉国家办事处安排了多次讲座、圆桌会议、会议和其他符合组织要求的特别活动，希望澳大利亚人更多地了解、理解和参与国际事务。在这一年中，来自社会团体和 AIIA 成员的数千人参加了所有的活动，包括系列的全国会议到欧盟—澳大利亚领导层主要外交官、学者和分析人士的论坛，年度晚宴和演讲，等等。③洛伊研究所（Lowy Institute）定期举行学术讲座，邀请国内外政要和著名专家学者做专题讲座。由于受到新冠疫情的影响，洛伊研究所开设了每周播客（Weekly Podcat）网上论坛。该研究所还开辟了一个在线活动项目，即远程洛伊研究所（The Long-Distance Lowy Institute），这个节目包括直播活动和更多的数字内容。④ 为了更加近距离接触外交政策圈，澳大利亚各大智库建立了与议会的联系，定期前往议会参加外交政策咨询活动或者向议会专门委员会提交咨询报告。如中国事务智库开辟了"议会中国事务论坛"，闭门与决策者接触。该论坛允许议员和参议员们与研究人员一道，就澳大利亚决策者在与中华人民共和国打交道时面

---

① *ASPI Annual Report* 2019 – 2020，the Australian Strategic Policy Institute Limited 2020，First Published October 2020.

② Allan Gyngell，Michael Wesley，*Making Australian Foreign Policy*，Second Edition，Port Melbourne：Cambridge University Press，2007，p. 67.

③ *Australian Institute of International Affairs Year in Review* 2018 – 2019，https://www. internationalaffairs. org. au/wp-content/uploads/2020/01/REVISED-AIIA-Year-in-Review-Report – 2018 – 19. pdf.

④ https://www. lowyinstitute. org/events.

临的复杂政策选择进行深入细致的讨论。① 与此同时，各智库充分利用国际关系网络，开展二轨外交。智库作为非政府组织可以建立中立立场，将高级官员和有影响力的思想家聚集在一起，就其政府和人民面临的重大挑战建立共识。如地区安全研究所（IFRS）每年开展二轨道战略对话。每项活动、每个参与者名单都是由与参加活动的国家官员协商制定的。对话是一个封闭的活动，在"查塔姆大厦规则"（Chatham house rules）指导下，自由、诚实和坦率地参与对印太各国至关重要的战略政策问题的讨论。②

第六，退职官员担任智库领袖、智库专家（一般是负责人）转任议会议员或政府官员，形成"旋转门"效应。如悉尼科技大学澳大利亚—中国关系研究院首任院长为澳大利亚前外长鲍勃·卡尔（Bob Carr）。澳大利亚的其他一些著名独立智库的领导人大部分都是曾经在政府供职的中级或高级官员。未来方向国际（FDI）的创建人是前任总督（2003—2008）菲利普·迈克尔·杰弗里（Philip Michael Jeffery）将军。澳大利亚国际事务学会（AIIA）会长艾伦·金格尔（Allan Gyngell）曾经担任国家分析办公室（ONA）主任。格里菲斯亚洲研究所前所长楚德（Russell Trood）教授是昆士兰州自由党议员，后担任澳大利亚联邦参议员并兼任议会外交、国防与贸易联合常设委员会主席。澳大利亚战略政策研究所（ASPI）执行所长彼得·詹宁斯（Peter Jennings）曾经担任澳大利亚国防部高级职务。③

通过上述六种途径，澳大利亚智库专家广泛参与和影响着外交政策的制定与实施。影响效果考察主要取决于三个方面：智库对学术引领的作用、智库对舆情民意的导向效果、智库获得政府资源的能力。

首先，智库对学术的引领作用。智库作为带有政策研究性质的学术共同体，对学术思潮具有一定的引领作用。而智库引领学术思潮的主要路径，如前所述，主要是学术出版、召开研讨会和主办学术讲座。通过这些途径，特别是召开学术研讨会，学者与媒体记者、企业精英以及以个人身份出席的政府官员等构成了一个认知共同体。在这些方面，澳大利亚国际事务学会（AIIA）成效比较突出。该学会作为一个澳大利亚全国性的国际问题研究学会，其成员具有广泛性和代表性。该智库在《2020 年全球智库指数排名报告》中综合排名第 17 位，为澳大利亚第一。特别是该会编辑出版的《澳大

---

① *China Matters in Parliament*, https://chinamatters.org.au/events/parliament/.

② https://regionalsecurity.org.au/strategic-dialogue/.

③ Peter Jennings, Australian Strategic Policy Institute, http://www.aspi.org.au/bio/peter-jennings.

利亚国际事务杂志》，是澳大利亚在国际关系和外交政策领域的主要学术期刊和 SSCI 索引源期刊，成为澳大利亚国际事务研究的风向标。该刊刊登的文章基本上是带有动态性和重要性的有关国际事务的深度分析文章。其最新一期（2021 年第 75 卷第 2 期）刊登的文章包括：杰里米·尤德（Jeremy Youde）《美国疫情中的大选》，① 彼得·哈里斯（Peter Harris）《中美关系：明智的绥靖政策案例》，② 梅根·普莱斯（Megan Price）《规范侵蚀与澳大利亚对规则秩序的挑战》，③ 加布里埃尔·阿邦丹扎（Gabriele Abbondanza）《澳大利亚"国际好公民"？传统中等强国的局限性》④，等等。澳大利亚国际事务学会（AIIA）年度大会，选题紧跟形势，参会人员众多，成分具有多样性特点。例如 2019 年度澳大利亚国际事务学会（AIIA）全国年会于 2019 年 10 月 14 日在堪培拉举行。会议的主题是"新时代的新议程"。澳大利亚助理国防部长兼国际发展与太平洋事务部长亚历克斯·霍克议员（Hon Alex Hawke MP）、议会影子外交部长参议员黄英贤（Hon Penny Wong）、澳大利亚国际事务学会（AIIA）会长艾伦·金格尔（Allan Gyngell）出席会议并做了主旨演讲。来自全国各地的主要国际事务专家 300 多人与会。会议专家围绕三个小组即"新冷战？""新技术"和"地球的健康"展开了深入讨论。AIIA 2019 年全国会议提供了一个了解、理解和更多参与国际事务和澳大利亚外交政策的机会。⑤

其次，智库对舆情民意的导向效果。这方面的典型应属洛伊研究所。洛伊研究所在《2020 年全球智库排名指数报告》中，综合排名第 76 位；在"外交政策和国际事务智库"类排名第 66 位。洛伊研究所凭借其三种民调数据——《洛伊研究所年度民调报告》《洛伊研究所 2020 年亚洲实力指数报告》和《华人社群舆情调查：作为澳大利亚人的华人》，对学术界和外交决策圈产生了权威影响，并深刻影响国内外民意的形成与发展。

---

① Jeremy Youde, "America's Pandemic Election", *Australian Journal of International Affairs*, Volume 75, Issue2 (2021), pp. 121 – 128.

② Peter Harris, "China and the United States: The Case for Smart Appeasement", *Australian Journal of International Affairs*, Volume 75, Issue2 (2021), pp. 129 – 135.

③ Megan Price, "Norm Erosion and Australia's Challenge to the Rules-based Order", *Australian Journal of International Affairs*, Volume 75, Issue 2 (2021), pp. 161 – 177.

④ Gabriele Abbondanza, "Australia the 'Good International Citizen'? The Limits of a Traditional Middle Power", *Australian Journal of International Affairs*, Volume 75, Issue2 (2021), pp. 178 – 196.

⑤ https://www. internationalaffairs. org. au/resource/aiia-national-conference – 2019 – 2/.

最后，智库获得政府资源的能力。这也是最重要的一点。对澳大利亚智库影响力评估的一项重要指标，就是智库获得资源能力的大小，尤其是获政府财政支持的力度。一般来说，几乎所有智库均声称自己为非营利机构，自身的创收能力是比较有限的。澳大利亚智库获得资源的渠道主要有两种：一种是政府拨款，另一种是私人企业的赞助。前者的典型是澳大利亚战略政策研究所，据称，其 2020 年一年期间就获得澳大利亚国防部的拨款超过 400 万澳元。还有澳大利亚政府其他部门拨款支持，以及获得美、英、日等盟国相关机构的大量课题经费支持。而后者的主要代表有洛伊研究所、澳中关系研究院和中国事务等智库，它们在创办时期都得到过私人企业的大量启动资金的支持，有的在运作过程中也不断得到相关私营部门的经费支持。

结论与反思

综上所述，澳大利亚外交政策智库在 21 世纪取得了较大的发展，出现了一批拥有独立建制或者依附于高校的著名智库。智库对澳大利亚外交政策产生了较大的影响，少数智库甚至"嵌入"外交政策的制定和实施的整个过程之中，类似于成为立法、行政、司法、媒体之外的"第五种权力"。[①]与此同时，澳大利亚智库也出现了一些明显"倾向化"现象，成为政府制定和推行外交决策政策的工具。特别是莫里森政府上台以后，澳大利亚开展"价值观外交"，对外政策出现明显右倾化趋势。其中，离不开少数智库的推波助澜作用。为此，中国在制定对澳大利亚外交政策时候，也应把智库因素考虑在内。同时，在这方面，中国的智库可以发挥积极作用，例如，参与开展中澳智库第二轨道外交活动，通过影响智库专家的立场，形成认知共同体，以此来影响澳大利亚外交政策的转向。

---

① ［德］库必来·亚多·阿林著：《新保守主义智库与美国外交政策》，王成至译，上海社会科学院出版社 2017 年版，第 2 – 3 页。

太平洋島国研究

21 世纪初中国对太平洋岛国的经济外交*

中国于 2001 年加入世界贸易组织（WTO）后，进一步加快了融入国际社会的步伐，经济取得持续高速发展。经济外交成为新时期中国外交工作的亮点。太平洋岛国位于太平洋南部，是中国亚太地区外交的一个组成部分，也是构成中国"大周边"战略的重要环节。为了进一步拓展太平洋岛国地区经济外交，2013 年 11 月 8 日，第二届中国—太平洋岛国经济发展合作论坛在广州举行，来自太平洋岛屿地区 8 个建交国的政府领导人、高级官员，与中国政府领导人和相关部门高级官员、企业家代表进行了卓有成效的对话。此次会议的召开，标志着中国与太平洋岛国关系进入一个崭新阶段。

最近几年，围绕中国对太平洋岛国的外交战略及经济贸易关系，国际学术界展开了热烈的讨论。其中，尤以澳大利亚、美国、日本、新西兰等太平洋周边国家最为关注。澳大利亚著名智库洛伊国际政策研究所（Lowy Institute for International Policy）出版了中国对太平洋岛国援助的系列动态分析报告，内容详尽，观点鲜明。① 澳大利亚国立大学设立了跨学科的美拉尼西亚研究项目（Melanesia Program），对太平洋岛国展开以人文社会科学为重点的综合研究和人才培养工作，中国与太平洋岛国的关系为其研究重点之一。② 澳大利亚悉尼大学中国研究中心（China Studies Center）学者，致力于开展

＊ 原文登载于喻常森主编，常晨光、王学东副主编：《大洋洲蓝皮书：大洋洲发展报告（2013—2014）》，社会科学文献出版社 2014 年版。

① Fergus Hanson, *The Dragon Looks South*, Analysis June 2008, Lowy Institute for International Policy; Fergus Hanson, *China in the Pacific, the New Banker in Town*, Policy Brief, April 2011, Lowy Institute for International Policy; Jenny Hayward-Jones, *Big Enough for All of Us: Geo-strategic Competition in the Pacific Islands*, Analysis, May 2013, Lowy Institute for International Policy.

② 中心活动情况请参阅网站：http://pacificinstitute. anu. edu. au/outrigger/tag/pacific-islands/。

中国对太平洋岛国投资关系及华侨华人问题的研究，取得了不错的研究成果。① 总部位于夏威夷的美国著名智库东西方中心（East-West Center）长期致力于太平洋岛国学术研究与人文交流活动。与此同时，夏威夷大学也成立了太平洋岛屿研究中心（Center for Pacific Islands Studies），出版了专门学术期刊和专著。② 新西兰的奥克兰大学和惠灵顿维多利亚大学拥有专门从事中国与太平洋岛国关系研究的机构和学者。③ 作为太平洋地区事务的重要参与者，日本历来非常重视对太平洋岛国问题的研究。日本官方智库和相关高校成立了太平洋岛国研究机构，如日本大阪大学设立了日本社团法人太平洋诸岛地域研究所，重点研究日本与太平洋岛国关系及政策。④ 相比之下，中国的太平洋问题研究机构比较少，起步较晚。研究领域主要涉及太平洋历史、太平洋区域合作、太平洋国际关系及其他相关问题的综合研究。⑤ 本报告在

① Graeme Smith, Nupela Masta? Local and Expatriate Labor in a Chinese-Run Nickel Mine in Papua New Guinea, *Asian Studies Review*. Vol. 37 Issue 2, 2013, pp. 178 – 195; Graeme Smith, Chinese Reactions to Anti-Asian Riots in the Pacific, *The Journal of Pacific History*, Vol. 47. No. 1, 2012, pp. 93 – 109.

② Terence Wesley-Smith, *China in Oceania*, *New Forces in Pacific Politics*, Pacific Island Policy 2, East West Center 2007; Terence Wesley-Smith & Edgar A. Porter edited, *China in Oceania*, *Reshaping the Pacific*, New York: Berg Hahn Books, 2010; 详情请参阅夏威夷大学太平洋岛屿研究中心网站: http://www.hawaii.edu/cpis/psi/.

③ Jian Yang, *Small States*, *Big Games—The Pacific Islands in China's Grand Strategy*, New York: Palgrave Macmillan, 2011; Anne-Marie Brady edited, *Looking North*, *Looking South—China*, *Taiwan and the South Pacific*, Series on Contemporary China Vol. 26, Singapore: World Scientific Publishing, 2010.

④ 参见陈艳云、张逸凡:《近年来日本对南太平洋岛国 ODA 政策的调整》，载魏明海主编、喻常森副主编:《大洋洲蓝皮书: 大洋洲发展报告 2012—2013》，社会科学文献出版社 2013 年版。

⑤ 目前，中国大洋洲问题研究专门机构主要有中山大学大洋洲研究中心和山东聊城大学太平洋岛国研究中心。中国高校和国家部委所属研究机构、社科院研究系统设有亚太区域问题研究机构，研究重点是澳大利亚、新西兰。有关大洋洲问题综合研究的最新成果有: 王宇博、汪诗明、朱建君:《世界现代化历程: 大洋洲卷》，江苏人民出版社 2012 年版；徐秀军:《地区主义与地区秩序: 以南太平洋地区为例》，社会科学文献出版社 2013 年版；魏明海主编、喻常森副主编:《大洋洲蓝皮书: 大洋洲发展报告 2012—2013》，社会科学文献出版社 2013 年版；孔妃妃:《浅析中国对南太平洋岛国的对外援助》，外交学院硕士学位论文，2010 年；胡传明、张帅:《中日两国南太平洋战略博弈评析》，《理论观察》2013 年第 1 期；陈艳云等:《日本对南太平洋岛国政府开发援助》系列论文。

梳理近十年来国内外相关研究的基础上，进一步搜集中国官方统计资料和最新媒体信息，从贸易、投资和对外援助三个方面分析 21 世纪初的十余年间中国与太平洋建交岛国经济贸易关系的发展，反思中国的经济外交战略。

一、中国与太平洋岛国外交关系的发展

太平洋各岛国分散在中部和南部太平洋的辽阔海域，历史上属于西方列强的殖民地、半殖民地和托管地，独立建国时间较短。同时，大部分国家经济发展水平相对滞后，资源比较缺乏，国家财政严重依赖外来援助，长期置于美国、澳大利亚、新西兰、日本及欧洲老牌资本主义宗主国的控制之下。因此，这一地区传统上被称为是美国的"内湖"、日本的"后院"和澳、新的"近邻"。总之，属于区域内外强邻的势力范围。另外，由于地理原因邻接，这些新独立的岛国也一度成为台湾当局竭力拉拢的对象，成为其"邦交国"。这使得中国与太平洋岛国关系曾长期受到台湾海峡两岸关系紧张局势的牵制，发展历程充满了曲折。

当前，大洋洲共有 16 个独立国家，除了澳大利亚和新西兰两国属于发达国家外，国际社会一般将其余 14 国列为发展中的岛屿国家，称为南太平洋岛国或者太平洋岛国。这些岛屿分属美拉尼西亚（Melanesia）、密克罗尼西亚（Micronesia）、波利尼西亚（Polynesia）三大群岛区。这些岛国大部分是名副其实的袖珍国，它们国小人少，陆地总面积仅 55 万平方公里，总人口为 750 多万。根据《联合国海洋法公约》规定，这些岛国共拥有专属经济区达 1729.6 万平方公里，总和接近于地球表面积的 8% 和海洋面积的10%。[①] 按照独立建国的先后次序，这些国家分别是：萨摩亚（Samoa，1962)[②]、瑙鲁（Nauru，1968）、汤加（Tonga，1970）、斐济（Fiji，1970）、巴布亚新几内亚（Papua New Guinea，简称"巴新"，1975）、所罗门群岛（Solomon Islands，1978）、图瓦卢（Tuvalu，1978）、基里巴斯（Kiribati，1979）、马绍尔群岛（Marshall Islands，1979）、瓦努阿图（Vanuatu，1980）、帕劳（Palau，1994）、密克罗尼西亚联邦（Federated States of Micronesia，1986）、库克群岛（Cook Islands，1989）、纽埃（Niue，2006）。其中，库克群岛和纽埃为新西兰自由联系国，非联合国成员。目前，与中国建立和保持

---

① 《南太岛国不想当大国博弈场，忧美只关心军事布局》，新华网，2012 年 9 月 6日，http://news. xinhuanet. com/2012 - 09/06/c_123681114_2. htm。

② 原名西萨摩亚，1997 年更名为"萨摩亚独立国"。

外交关系的国家共有 8 个，分别是：斐济、萨摩亚、巴布亚新几内亚、瓦努阿图、密克罗尼西亚、库克群岛、汤加、纽埃（见表1）①。另外，中国曾一度与基里巴斯、马绍尔群岛、瑙鲁三个国家建立外交关系，后来，这些国家不顾中国抗议，与台湾"建交"。瓦努阿图也曾经与台湾签署"建交"公报，但是随即撤销。目前（2013 年），与台湾保持"邦交"关系的太平洋岛国共有 6 个，它们是：所罗门群岛、瑙鲁、基里巴斯、马绍尔群岛、帕劳、图瓦卢。

表 1　中国与太平洋岛国建交时间（截至 2013 年）

国　名	建交日期	备　注
斐济	1975 年 11 月	
萨摩亚	1975 年 11 月	
巴新	1976 年 10 月	
瓦努阿图	1982 年 3 月	
密克罗尼西亚	1989 年 9 月	
库克群岛	1997 年 7 月	
汤加	1998 年 11 月	
纽埃	2007 年 12 月	
基里巴斯	1980 年 6 月	2003 年 11 月断交
马绍尔群岛	1990 年 11 月	1998 年 12 月断交
瑙鲁	2002 年 7 月	2005 年 5 月断交

20 世纪 60—70 年代开始，太平洋岛国开始摆脱殖民地、半殖民地和被保护国身份，独立建国。中国本着支持世界人民反帝反殖事业的需要，在"一个中国"原则基础上，率先同斐济、萨摩亚和巴新建立了外交关系。20世纪 80—90 年代，中国开启了改革开放的伟大进程，与太平洋岛国的关系主要围绕多边外交和反对"台独"斗争而展开，并取得重大成绩。中国实现了与基里巴斯、瓦努阿图、密克罗尼西亚、马绍尔群岛、库克群岛、汤加

---

①　至本书出版前，所罗门群岛（2019 年 9 月 21 日）、基里巴斯（2019 年 9 月 27日）已与中国建立和恢复了外交关系。

等国建交，使得太平洋岛国与中国的建交国达到 9 个的历史最高峰。但是，随之出现重大波动，马绍尔群岛在 1998 年 12 月，不顾中方极力劝阻，与中国中断了外交关系。进入 21 世纪，中国实现全面崛起，太平洋岛国外交被列入中国的大周边战略的重要一环。① 2007 年，中国与刚刚实现独立的纽埃建立外交关系。然而，21 世纪初，中国与太平洋岛国外交关系十分动荡，台湾海峡两岸围绕外交承认所展开的斗争十分激烈。2003 年 11 月，基里巴斯与中国断交；2005 年 5 月，瑙鲁与中国断交。2006 年 11 月，汤加和所罗门群岛两国由于国内政局变化引发严重针对华人的骚乱事件，使得中国的太平洋岛国外交面临严峻考验。不过，最近几年来，局势逐渐趋于平静。特别是随着 2008 年马英九就任台湾地区领导人，使得海峡两岸第一次实现了"外交休兵"。中国与太平洋岛国关系进入相对稳定发展时期，中国的太平洋岛国外交战略重点转为：在政治上维持与太平洋岛国稳定和友好的关系；经济上通过加强贸易、投资和对外援助，积极开拓太平洋市场，增进中国在太平洋岛国地区的经济利益和影响力。

除发展与各岛国的双边关系外，中国还通过各种合作框架，积极支持和参与大洋洲地区一体化进程。

早在 20 世纪 40 年中后期，在西方宗主国的安排和主导下，太平洋岛国开始了区域主义的实践。进入 20 世纪 70 年代，地区合作逐渐实现本土化转型。1971 年，斐济、萨摩亚、汤加、瑙鲁、库克群岛、澳大利亚和新西兰等太平洋独立国家在新西兰惠灵顿召开南太平洋 7 方会议，正式成立"南太平洋论坛"。冷战结束后，太平洋岛国区域主义向更深层次的一体化目标迈进。为了适应区域合作发展的需要，2000 年 10 月，南太平洋论坛更名为"太平洋岛国论坛"（Pacific Islands Forum）。② 目前，太平洋岛国论坛已发展为为太平洋区域合作的主要平台，其成员涵盖了所有 16 个太平洋地区独立国家，包括澳大利亚、新西兰、斐济、萨摩亚、汤加、巴新、基里巴斯、瓦努阿图、密克罗尼西亚、所罗门群岛、瑙鲁、图瓦卢、马绍尔群岛、帕劳、库克群岛、纽埃。另外，还有 2 个联系成员：新喀里多尼亚、法属波利尼西亚。11 个观察员：托克劳、瓦利斯和富图纳、英联邦、亚洲开发银行、美属萨摩亚、关岛、东帝汶、联合国、非加太集团、中西部太平洋金枪鱼管理

---

① Jian Yang, *Small States*, *Big Games—The Pacific Islands in China's Grand Strategy*, New York：Palgrave Macmillan, 2011.

② 有关大洋洲区域合作问题的最新研究成果，参阅徐秀军《地区主义与地区秩序：以南太平洋地区为例》，社会科学文献出版社 2013 年版。

委员会、世界银行。论坛的宗旨是"加强论坛成员间在贸易、经济发展、航空、海运、电讯、能源、旅游、教育等领域及其他共同关心问题上的合作和协调"。近年来,论坛加强了在政治、安全等领域的对外政策协调与区域合作。① 论坛一般每年召开一次政府首脑会议,在各成员国或地区轮流举行。迄今,已举行了44届论坛首脑会议(1972年召开了两次)。从1989年起,论坛决定邀请中、美、英、法、日和加拿大等国出席论坛首脑会议后的对话会议。1991年至2007年,论坛先后又接纳欧盟、韩国、马来西亚、菲律宾、印尼、印度、泰国、意大利为对话伙伴。目前,论坛共有16个成员国、2个联系成员、11个观察员和14个对话伙伴。

中国十分重视发展与太平洋岛国论坛的关系。中国作为太平洋岛国论坛的对话伙伴国,从1990年开始,参与历次对话国会议。为此,中国还专门任命了中国—太平洋岛国论坛对话会特使。2000年,中国政府捐资设立"中国—太平洋岛国论坛合作基金",用于促进双方在贸易投资等领域内的合作。基金设立后,资助组建了太平洋岛国论坛驻华贸易代表处、投资局、论坛秘书处信息存储系统更换、论坛进口管理等项目。2002年,为了加强联系,促进合作,太平洋岛国论坛在北京开设了驻华贸易代表处。2003年,中国与太平洋岛国论坛就双边关系、贸易投资、可持续发展、海洋资源管理、地区安全等问题交换了意见,并达成广泛共识。2006年4月,第一届"中国—太平洋岛国经济发展合作论坛"在斐济举行,温家宝总理率领中国政府代表团出席了本次会议,并就中国与太平洋岛国合作提出了四项原则和六项举措。中方承诺"将在今后3年内提供30亿元人民币优惠贷款;对于本地区同中国建交的最不发达国家多数对华出口商品给予零关税待遇;免除这些国家对华2005年底之前的到期债务"。②

第一届"中国—太平洋岛国经济发展合作论坛"召开7年来,中国的经济取得全面高速发展,中国与太平洋岛国关系发生了很大的变化,尤其是双方经贸关系取得了长足发展。为了进一步加强与太平洋岛国关系,2013年

---

① 太平洋岛国论坛简介,参阅中国外交部网站:http://www.fmprc.gov.cn/mfa_chn/gjhdq_603914/gjhdqzz_609676/lhg_610782/;及太平洋岛国论坛官网:http://www.forumsec.org/pages.cfm/about-us/。

② 温家宝:《加强互利合作,实现共同发展——在"中国—太平洋岛国经济发展合作论坛"首届部长级会议开幕式上的讲话》(2006年4月5日),载《人民日报》2006年4月6日第3版。

11 月 8 日，第二届"中国—太平洋岛国经济发展合作论坛"在广州举行。①
论坛由中华人民共和国商务部主办，来自太平洋岛屿地区 8 个建交国家——
库克群岛、纽埃、密克罗尼西亚联邦、巴新、萨摩亚、汤加、瓦努阿图、斐
济的政府领导人，太平洋岛国论坛秘书处，以及澳大利亚、新西兰的政府高
级代表出席了本次会议。中国国务院副总理汪洋出席了会议开幕式并发表主
旨演讲，宣布中方进一步支持太平洋岛国经济社会发展的一系列措施，主要
包括：支持岛国重大项目建设，向建交的岛国提供共计 10 亿美元优惠性质
的贷款；设立 10 亿美元专项贷款，用于岛国基础设施建设；支持岛国开发
人力资源，今后 4 年为岛国提供 2000 个奖学金名额，帮助培训一批专业技
术人员；支持岛国发展医疗卫生事业，继续为岛国援建医疗设施，派遣医疗
队，提供医疗器械和药品；支持岛国发展农业生产，加强农林产品加工与贸
易合作，办好示范农场等合作项目；支持岛国保护环境和防灾减灾，为岛国
援建一批小水电、太阳能、沼气等绿色能源项目。② 会议开幕式结束后，举
行了部长级会议，以及贸易与投资、农渔业合作、旅游合作、环保合作等四
个平行分论坛。本届论坛的主题是"绿色创新，合作共赢"，充分体现了太
平洋岛屿国家保护环境，实现可持续发展的目标和利益。同时举行了中国—
太平洋岛国经济合作与绿色发展图片展、太平洋岛国商品展、双边贸易与投
资洽谈会等活动。尽管第二次论坛会议比原定计划延期举行，但是，此次论
坛会议的召开意义非凡。正如太平洋岛国论坛秘书长图伊洛马·内洛尼·斯
莱德（Tuiloma Neroni Slade）意味深长地指出的那样："'酒香不怕巷子深'，
（第二届中国—太平洋岛国经济发展合作）论坛必将进一步强化中国和太平
洋岛国的合作关系。"③

二、中国与太平洋岛国的贸易

进入 21 世纪以来，中国与太平洋岛国的贸易整体呈现较为强劲增长势
头。据统计显示，2000 年，中国与巴新、斐济、库克群岛、密克罗尼西亚、

---

① 按照 2006 年第一届"中国—太平洋岛国经济发展合作论坛"约定，双方原则上
每 4 年举办一次，在中国和南太平洋各国轮流召开。

② 贺林平：《汪洋出席中国—太平洋岛国经济发展合作论坛并发表主旨演讲》，载
《人民日报》2013 年 11 月 9 日第 3 版。

③ 《太平洋岛国论坛秘书长：中国是最重要的对话伙伴之一》，载《南方日报》
2013 年 11 月 8 日第 A09 版。

萨摩亚、汤加、瓦努阿图等7个太平洋建交岛国双边贸易总额为2.48亿美元。其中，主要是与巴新的贸易，总值为2.25亿美元，占了90%以上。至2012年，中国与太平洋建交岛国的双边贸易总额达到17.66亿美元，增长了7倍多（参见表2）。①

表2　2000—2012年中国与太平洋岛国贸易

单位：万美元

国　别		进出口总额	出口额	进口额	平　衡
2000年	巴新	22559	2486	20073	－17587
	斐济	1543	1514	29	1485
	库克群岛	25	25	0	25
	密克罗尼西亚	165	163	2	161
	萨摩亚	204	196	8	188
	汤加	164	164	0	164
	瓦努阿图	151	109	42	67
小计			24811	4657	20154	－15497
2001年	巴新	14151	1913	12238	－10325
	斐济	2663	2608	25	2583
	库克群岛	38	27	11	16
	密克罗尼西亚	187	186	1	185
	萨摩亚	232	232	0	232
	汤加	118	117	1	116
	瓦努阿图	147	115	32	83
小计			17536	5198	12308	－7110

----

① 中国商务部：根据中国海关公布的数据，2012年，中国和太平洋岛国地区双边贸易额45.1亿美元，包括了建交国和非建交国。见 http://mds. mofcom. gov. cn/article/Nocategory/200210/20021000042986. shtml。

续表 2

国　别		进出口总额	出口额	进口额	平　衡
2002 年	巴新	18692	2725	15967	−13242
	斐济	3197	3057	140	2917
	库克群岛	19	7	12	−5
	密克罗尼西亚	130	130	0	130
	萨摩亚	279	279	0	279
	汤加	484	483	1	482
	瓦努阿图	167	141	26	115
小计		22968	6822	16146	−9324
2003 年	巴新	29203	6093	23111	−17018
	斐济	3132	2597	536	2061
	库克群岛	58	50	8	42
	密克罗尼西亚	274	274	0	274
	萨摩亚	319	283	36	247
	汤加	210	204	5	199
	瓦努阿图	308	289	20	269
小计		33504	9790	23716	−13926
2004 年	巴新	29637	5251	24386	−19135
	斐济	3871	3252	618	2634
	库克群岛	91	83	8	75
	密克罗尼西亚	745	745	0	745
	萨摩亚	686	588	98	490
	汤加	628	628	0	628
	瓦努阿图	749	723	26	697
小计		36407	11270	25136	−13866

续表 2

	国　别	进出口总额	出口额	进口额	平　衡
	巴新	37605	6659	30946	−24287
	斐济	4527	4300	227	4073
	库克群岛	592	44.4	547	−502.6
2005 年	密克罗尼西亚	244	242	1.9	240.1
	萨摩亚	598	594	4.1	589.9
	汤加	294	294	0.1	293.9
	瓦努阿图	827	780	47.5	732.5
小计		44687	12913	31773	−18860
	巴新	51827	12640	39185	−26545
	斐济	6923	6800	123	6677
	库克群岛	202	82	120	−38
2006 年	密克罗尼西亚	295	288	7	281
	萨摩亚	1296	1295	1	1294
	汤加	375	374	1	373
小计		60918	21479	39437	−17958
	巴新	68098	21260	46839	−25579
	斐济	6626	6368	257	6111
	库克群岛	298	113	184	−71
2007 年	密克罗尼西亚	949	917	32	885
	萨摩亚	1185	1155	30	1125
	汤加	736	732	4	728
小计		77892	30545	47346	−16801

续表2

	国 别	进出口总额	出口额	进口额	平 衡
	巴新	85831	34310.4	51520.8	-17210.4
	斐济	9036.6	8944.4	92.1	8852.3
	库克群岛	266.7	87	179.7	-92.7
2008年	密克罗尼西亚	401.1	400.1	1	399.1
	萨摩亚	2771	2509.9	261.1	2248.8
	汤加	729	728.1	1.8	726.3
	瓦努阿图	3467.6	3424.3	43.3	3381
小计		102503	50404.2	52099.8	-1695.6
	巴新	88591.1	52818.6	35772.5	17046.1
	斐济	9713.2	9655.4	57.9	9597.5
	库克群岛	730.3	704.5	25.8	678.7
2009年	密克罗尼西亚	859.8	463.4	396.4	67
	萨摩亚	4486.8	3724.2	762.6	2961.6
	汤加	805.4	799.5	5.9	793.6
	瓦努阿图	4880.9	4744.2	136.7	4607.5
小计		110067.5	72909.8	37157.8	35752
	巴新	112998.3	35249.6	77748.6	-42499
	斐济	12858.5	12763.6	95	12668.6
	库克群岛	489.5	374.1	115.4	258.7
2010年	密克罗尼西亚	668.3	382.1	286.1	96
	萨摩亚	7007.5	7005.2	2.3	7002.9
	汤加	976	975.4	0.6	974.8
	瓦努阿图	66	2260.4	66	2194.4
小计		135064.1	59010.4	78314	-19303.6

续表 2

	国　别	进出口总额	出口额	进口额	平　衡
2011 年	巴新	126527.5	45301	81226.6	−35925.6
	斐济	17242.5	17120.8	121.7	16999.1
	库克群岛	570.4	496.6	73.8	422.8
	密克罗尼西亚	502.8	341.3	161.5	179.8
	萨摩亚	3785	3782.3	2.7	3779.6
	汤加	1332.4	1327.7	4.7	1323
	瓦努阿图	13625.4	13386	239.4	13146.6
小计			163586	81755.7	81830.4	−74.7
2012 年	巴新	128235.2	64009.7	64225.5	−215.8
	斐济	23618.3	21402.2	2216.1	19186.1
	库克群岛	505.2	403.4	101.8	301.6
	密克罗尼西亚	1500.4	407.9	1092.5	−684.6
	萨摩亚	7176.9	7174.6	2.3	7172.3
	汤加	2016	2016	0	2016
	瓦努阿图	13603	13361.2	241.8	13119.4
小计			176655	108775	67880	40895

资料来源：中国商务年鉴编委会《中国商务年鉴》（2001—2013 年），中国商务出版社 2013 年版。

2000 年，中国排在澳大利亚（21.19 亿美元）、日本（5.95 亿美元）、新西兰（2.67 亿美元）之后，为太平洋岛国第四大贸易伙伴。[①] 至 2006 年，中国成为太平洋岛国第三大贸易伙伴，仅次于澳大利亚（38.98 亿美元）和

---

① 含所有太平洋岛国，参见 *The Pacific Islands in China's Grand Strategy*, Palgrave Macmillan, New York 2011, p.157.

日本（9.41 亿美元），贸易总值为 7.43 亿美元,[1] 其中，与建交国之间的贸易总值为 6.09 亿美元。2009 年，中国与太平洋岛国的双边贸易总值为 13.05 亿美元，超越了欧盟（11.56 亿美元）、日本（10.57 亿美元），跃升为仅次于澳大利亚（45.82 亿美元）之后的太平洋岛国第二大贸易伙伴。[2] 其中，与建交岛国的双边贸易总值为 11 亿美元。2012 年，中国与太平洋岛国的双边贸易总额达到 17.66 亿美元，是 2000 年的 7.12 倍，年均增长率为 19%。其中，从 2006 年到 2012 年，增长速度最快，年均增长率达到 27%（参见图 1）。[3]

（万美元）

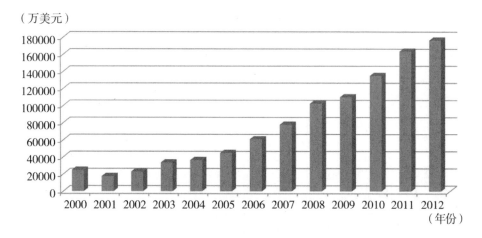

图 1　中国与太平洋岛国贸易增长趋势（2000—2012 年）

从贸易商品结构分析，中国向太平洋岛国出口的主要是电子产品和日用百货。以 2011 年为例，中国向太平洋岛国出口的主要是电子及通信产品、食品（尤其是熟食）、服装及鞋类、家具及建筑用机械及钢材。中国自太平洋岛国进口的主要产品以原材料和矿产品为主。根据 2011 年中国海关统计资料显示，中国自太平洋岛国进口的大宗商品依次分别是木材、石脑油、各

---

① Fergus Hanson, "The Dragon Looks South", *Analysis*, June 2008, Lowy Institute for International Policy, p. 22.

② Fergus Hanson, "China in the Pacific: the New Banker in Town", *Policy Brief*, Lowy Institute for International Policy, April 2011, p. 6.

③ 《王超出席第二届中国—太平洋岛国经济发展合作论坛部长级会议》: http://www.mofcom.gov.cn/article/ae/ai/201311/20131100383952.shtml。

种海洋鱼类、果汁、海洋藻类产品，等等（参见表3）。

表3　2011年中国与太平洋岛国前5位贸易商品量值

单位：美元

巴布亚新几内亚				
序号	商品名称	出口（453024358）	商品名称	进口（815220295）
1	无线电话机	18148634	非针叶原木	482245978
2	有线数字通信设备	15961308	石脑油	202598249
3	活动房屋	11773716	印伽木厚木	80745265
4	橡胶塑料鞋	6095420	异翅香木厚木	17713031
5	合金钢平板轧材	5284738	可可豆	7290649

斐济				
序号	商品名称	出口（171186371）	商品名称	进口（1216794）
1	冻沙丁鱼、黍鲱鱼	19523540	冻黄鳍金枪鱼	295273
2	水轮机及零件	6516984	未列名冻鱼	125555
3	无线电话机	2546960	矿泉水	447486
4	彩色无线电视接收机	2331837	未列名非针叶木原木	57421
5	鲜或冷藏蒜头	2010213	热带木材	41222

库克群岛				
序号	商品名称	出口（4966332）	商品名称	进口（737907）
1	未列名木家具	1249252	冻鱼	731222
2	其他带软垫的金属框架坐具	545653	仪器及装置零部件	6629
3	太阳能电池	435032	处理器及控制器	65
4	办公室用木家具	388748		
5	往复式内燃机摩托车	205124		

续表3

密克罗尼西亚联邦				
序号	商品名称	出口 (3412766)	商品名称	进口 (1615363)
1	冻沙丁鱼、黍鲱鱼	420449	冻黄鳍金枪鱼	879072
2	即食面或快食面	406594	冻鲣鱼	434667
3	波轮式全自动洗衣机	276462	冻鲨鱼	159154
4	其他40英尺集装箱	265000	冻大眼金枪鱼	59260
5	薄板制胶合板	204287	珊瑚及软壳动物	58141

萨摩亚				
序号	商品名称	出口 (37815831)	商品名称	进口 (27330)
1	鱼罐头	3176686	未混合的水果汁	17800
2	机器零部件及附件	2176345	钢笔或自来水笔	2687
3	卫生纸、纸尿布	1016717	圆珠笔	1805
4	移动通信基站	887833	飞机零部件	1805
5	即食或快食面	842841	塑料手提包	837

汤加				
序号	商品名称	出口 (13277397)	商品名称	进口 (46968)
1	即食或快食面条	809033	其他江篱	46681
2	化纤套头衫、开襟衫	447256	海藻及其他藻类	281
3	矿物与沥青的混合机器	404876		
4	其他薄板制胶合板	371761		
5	钢结构体部件及钢材	322592		

资料来源：中华人民共和国海关总署编《中国海关统计年鉴》（2011年下卷），中国海关杂志社2012年版。

从贸易平衡角度分析，总体来看，中国从太平洋岛国的进口总值大于出口总值。这主要是由中国从巴新进口的原材料和矿产品数量较大所致。除个别年份如2009年以外，从2000年到2012年的12年间，中国自巴新的进口均大于出口。两国之间的贸易，占据了中国与太平洋岛国的贸易份额的

80%以上，导致中国总体上与太平洋岛国贸易长期处于入超地位（参见表4）。相反，中国与其他太平洋岛国的贸易额则比较小，且中国输出居多，进口很少（参见表2）。

表4　2000—2012年中国与太平洋岛国贸易平衡

单位：万美元

年份	进出口总额	出口额	进口额	平衡
2000	24811	4657	20154	−15497
2001	17536	5198	12308	−7110
2002	22968	6822	16146	−9324
2003	33504	9790	23716	−13926
2004	36407	11270	25136	−13866
2005	44687	12913	31773	−18860
2006	60918	21479	39437	−17958
2007	77892	30545	47346	−16801
2008	102503	50404.2	52099.8	−1695.6
2009	110067.5	72909.8	37157.8	35752
2010	135064.1	59010.4	78314	−19303.6
2011	163586	81755.7	81830.4	−74.7
2012	176655	108775	67880	40895

值得注意的是，2012年，中国与太平洋岛国的贸易实现了4亿多美元的盈余，主要原因是大幅度增加了对斐济、瓦努阿图和萨摩亚的出口额度（参见表2）。

最后，必须指出，由于太平洋岛国人口稀少，购买力不高，中国与这些国家的总体贸易额仍然很小。根据统计，2011—2012年中国与太平洋岛国（含建交与非建交）的贸易量只占中国同期对外贸易总量的0.11%～0.12%。[①] 而且在通常情况下，中国与太平洋非建交国的贸易总额超过了建交国。如2012年，中国与所有太平洋岛国的贸易总额为45亿多美元，而与

① 徐秀军：《2013—2014年大洋洲区域合作回顾与展望》，载魏明海主编、喻常森副主编《大洋洲发展报告2014》，社会科学文献出版社2014年版，第46页。

建交国家的贸易总额只有 17 亿多美元，占不到 40%。在非建交国中，与马绍尔群岛、所罗门群岛和新喀里多尼亚三国（地区）的贸易量比较大。从贸易结构来看，进出口商品比较单一。中国从太平洋岛屿国家进口的主要是资源性产品，而出口的主要是生活用品和重工业制品。总之，除个别国家外，中国与太平洋岛国在经济上的相互依存程度并不高，双方贸易扩展空间较为有限。

三、中国对太平洋岛国的投资

近年来，太平洋岛国已经成为中国企业"走出去"开展海外投资的热点地区之一。[①] 据中方统计，截至 2013 年 9 月，中国对岛国投资企业近 150 家，非金融类直接投资累计达 10 亿美元。中国企业累计与岛国签署承包工程合约 51.2 亿美元。[②] 根据《中国商务年鉴》统计，在 2003 年至 2012 年的 10 年间，中国累计向太平洋岛国直接投资总流量为 7 亿多美元。其中，投资目的地主要是巴新（3.13 亿美元），其次是萨摩亚（2.65 亿美元）和斐济（1.11 亿美元）（参见表 5）。

表 5　中国对太平洋岛国直接投资流量统计（2003—2012 年）

单位：万美元

国家	2003 年	2004 年	2005 年	2006 年	2007 年	2008 年	2009 年	2010 年	2011 年	2012 年	小计
巴新	—	10	588	2862	19681	2997	480	533	1665	2569	31385
萨摩亚	42	—	—	—	−12	—	63	9893	11773	4759	26518
斐济	—	—	25	465	249	797	240	557	1963	6832	11128
密克罗尼西亚	—	—	16	—	625	16	—	—	−289	341	677
瓦努阿图	—	—	—	—	—	—	—	—	79	293	372

① 魏志江、叶浩豪、李瑞：《中国与太平洋岛国的关系：现状、意义与障碍》，载魏明海主编、喻常森副主编《大洋洲发展报告（2012—2013）》，社会科学文献出版社 2012 年版，第 232 页。

② 《王超出席第二届中国—太平洋岛国经济发展合作论坛部长级会议》，http://www.mofcom.gov.cn/article/ae/ai/201311/20131100383952.shtml。

续表5

国家	2003年	2004年	2005年	2006年	2007年	2008年	2009年	2010年	2011年	2012年	小计
库克群岛	—	—	—	—	—	—	—	—	—	12	12
合计	42	10	629	3327	20543	3778	783	10983	15191	14806	70092

资料来源：中国商务年鉴编委会《中国商务年鉴》，中国商务出版社2013年版，第190页。

从表5可以看出，中国对太平洋岛国较大规模的投资开始于2005年前后。2006年发展为3327万美元，2007年达到2.05亿美元的最高峰值。2008年有所下跌（3778万美元），2009年跌至谷底（783美元），2010年以后又稳步回升。其中，2010年为10983万美元，2011年为15191万美元，2012年为14806万美元（参见表5、图2）。

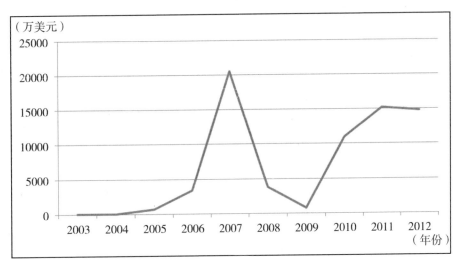

图2　中国对太平洋岛国的直接投资趋势（2003—2012年）

中国对太平洋岛国的投资领域主要分布在资源开发、海洋渔业、房地产、服务业等。中国投资方主要为中央国有大中型企业、地方国有企业和民营企业。巴新是中国在太平洋岛国投资的一个主要目的地，中国已在巴新投资多达20亿美元，居中国在该地区投资之首。中国在太平洋岛国投资最大的项目是巴新的拉姆镍矿，该项目预计总投资103亿人民币（约合14亿美元），设计年产镍为31150吨，钴为3300吨，矿山开采时间为20～30年。

该项目由中冶集团主导投资，于 2006 年底开工建设，2012 年 12 月正式投产。[①] 其次是斐济。2013 年，共有 30 余家中资企业在斐拓展业务，涉及工程承包、渔业、农业、采矿、旅游、通信、制造、房地产等多个领域，累计投资额达 1.2 亿美元以上，为当地增加千余个就业岗位。其中，中铁一局、中铁五局、中水电、葛洲坝等工程企业在斐承揽并完成了若干桥梁、道路、疏浚、给排水、水电站等基础设施建设项目。中水远洋、上海远洋等十几家渔业企业以斐济为基地，在南太平洋海域进行金枪鱼捕捞作业。山东信发、天洁集团、苏州青旅、金世纪集团等企业也在斐投资兴业。[②]

在工程承包方面，中国企业积极参与各种类型的投标，获得可观的营业收入。据《中国商务年鉴》统计，从 2002 年到 2012 年 11 年间，中国在太平洋建交岛国的工程承包合同金额累计高达 34.7 亿美元（参见表 6），而且增长势头强劲（参见图 3）。

表 6　中国在太平洋岛国工程承包合同金额（2002—2012 年）

单位：万美元

国家	2002 年	2003 年	2004 年	2005 年	2006 年	2007 年	2008 年	2009 年	2010 年	2011 年	2012 年	合计
巴新	575	1356	761	67295	3140	—	—	74444	29752	33821	70230	281374
斐济	746	678	1246	40	—	—	400	145	10914	1828	15345	31342
汤加	537	372	—	20	26	—	—	6894	4662	674	1879	15064
密克罗尼西亚	1521	4121	712	1042	160	168	—	—	—	—	—	7724
萨摩亚	60	80	934	572	—	675	149	25	3537	44	100	6176
库克群岛	—	313	—	—	189	—	—	1121	2400	—	—	4023
瓦努阿图	298	—	200	53	71	71	—	3	927	—	402	2025
合计	3737	6920	3853	69022	3586	914	549	82632	52192	36367	87956	347728

资料来源：中国商务年鉴编委会《中国商务年鉴》，中国商务出版社 2003—2013 年版。

---

① Highland Spacific, *Ramu Fact Sheet*, February 2008, http://www. highlandspacific. com/pdf/ Ramu_ Nickel_ Cobalt_ Project. pdf.

② 中国驻斐济使馆经济商务参赞蔡水曾：《中斐经贸合作现状及前景规划》，国际商报网，2013 年 11 月 6 日，http://www. ibspecial. org/sitetrees/gaoduan/1124。

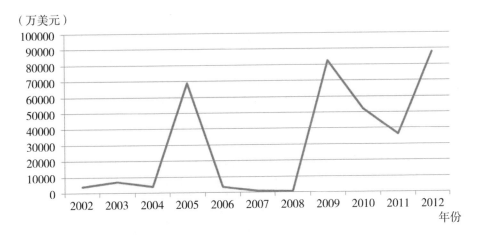

（万美元）

图3　中国在太平洋岛国工程承包趋势（2002—2012年）

资料来源：中国商务年鉴编委会《中国商务年鉴》（2003—2013年），中国商务出版社2013年版。

2002年，中国在太平洋建交岛国累计获得工程承包合同金额为3737万美元，至2012年达到87956万美元，11年间增长了23.5倍。从国别来看，其中，巴新为281374万美元，占总额的80%以上。其次是斐济为31342万美元，占总额的0.9%。

而参与太平洋岛国工程承包的主要是中央和地方国有大中型企业。例如，2012年以来，在巴新的工程招标中，中国海外工程有限责任公司、中国港湾工程责任有限公司分别从众多竞争者中胜出，中标高地公路项目、两个机场的新建及升级改造、莱城港潮汐码头工程项目等。中铁建工集团有限公司、江苏国际经济技术合作公司、中铁建设集团有限公司等企业也在当地积极参与基础设施领域建设，包括酒店、公寓、办公楼、污水处理工程等。其中，中国港湾进入巴新市场始于2012年3月26日在巴新签署的第一个项目——巴新莱城港潮汐码头扩建工程。该签约合同金额为7.34亿基纳（折合3.19亿美元），合同工期30个月，2012年5月8日开工，计划于2014年11月7日完工。项目投入劳动力超过1000人（其中中方员工357人），投入绞吸船、200吨履带吊等大中型船机61台、套（共计超过7000万美元）。① 作为广东省著名的国有建筑企业，广东建工对外建设有限公司自

① 《中国港湾依托莱城码头项目造福巴新》，国际商报网，2013年11月6日，http://www.ibspecial.org/sitetrees/fengcai/1121。

2005 年起在巴布亚新几内亚开展对外承包工程。按照资金来源有以下几种类型：第一类是执行中国政府无偿援助的成套建设项目，包括位于东新不列颠省的援巴新沃达尔大学宿舍项目、位于莱城的援巴新莱城理工大学数学与计算机教学楼重建项目、位于首都的援巴新总督府办公人员住宅和总督接见大厅修缮项目。第二类是巴新政府资金项下的建设工程项目，包括位于巴新西部省的莫海德小学扩建项目、莫海德地区农村饮水打井项目、莫海德地区农村太阳能照明项目，位于东高地省的戈洛卡大学学生宿舍（一期）扩建项目。这些项目的资金来源为巴新政府财政拨款，由巴新招标委员会公开招标。第三类是中国政府优惠贷款项下的建设工程项目，即目前在建的戈洛卡大学学生宿舍（2～4 期）扩建项目，由中国进出口银行提供长期低息优惠贷款。该项目是中国政府在巴新实施的第一个优惠贷款项目，也是中国国家领导人 2009 年出访巴新取得的双边合作重大成果。项目于 2012 年 2 月开工建设，项目进展顺利，将于 2014 年 5 月竣工。第四类是其他国家政府对巴新的援助项目。目前在建的戈洛卡大学产科学校项目，由澳大利亚政府出资无偿援助，新西兰公司负责设计，广东建工对外建设有限公司施工总承包。①

从过去十年来中国对太平洋岛国投资和工程承包总体情况来看，发展趋势比较平稳，投资空间相对较大，主要投资领域和潜力行业集中在工矿业和海洋渔业。与此同时，工程承包在很大程度上由于与中国对太平洋岛国的发展援助捆绑较紧，发展速度也比较快。但是，中国大规模投资，也引起当地舆论和国际社会的担忧。关于中国对太平洋岛国投资的负面报道也时有耳闻，这些在一定程度上损害了中国的形象，应引起足够注意，并尽快改进。

四、中国对太平洋岛国的援助

中国对外援助坚持平等互利、注重实效、与时俱进、不附带任何政治条件的原则。② 其中，"不附带任何政治条件"规定"中国坚持和平共处五项原则，尊重各受援国自主选择发展道路和模式的权利，相信各国能够探索出适合本国国情的发展道路，绝不把提供援助作为干涉他国内政、谋求政治特

---

① 《广东建工对外建设有限公司在巴布亚新几内亚》，国际商报网 2013 年 11 月 6 日，http://www.ibspecial.org/sitetrees/fengcai/1120。

② 中华人民共和国国务院新闻办公室：《中国的对外援助》，人民出版社 2011 年版，第 1 页。

权的手段。"① 中国对外援助资金主要有 3 种类型：无偿援助、无息贷款和优惠贷款。其中，无偿援助和无息贷款资金在国家财政项下支出，优惠贷款由中国政府指定的中国进出口银行对外提供。中国的对外援助主要有 8 种方式：成套项目、一般物资、技术合作、人力资源开发、援外医疗队、紧急人道主义援助、援外志愿者和债务减免。其中，成套项目是中国最主要的对外援助形式，援助金额"占中国对外援助财政支出的 40%"。② 所谓成套项目援助是指中国通过提供无偿援助和低息贷款等援助资金帮助受援国建设生产和民用领域的工程项目。中国政府负责组织项目考察、勘察、设计和施工的全部或部分过程，提供全部或部分设备、建筑材料，派遣工程技术人员组织和指导施工、安装和试生产。项目竣工后，移交受援国使用。

进入 21 世纪，随着自身的经济实力上升，中国加大了对亚非拉发展中国家及太平洋岛国的发展援助。据《中国的对外援助》白皮书透露，截至2009 年，中国共向太平洋 12 个国家（主要是建交国）提供对外援助。2005年，中国对斐济、巴新、汤加、萨摩亚、库克群岛、密克罗尼西亚、纽埃 7个太平洋岛国的援助总额为 3923 万美元，2006 年增加到 1.25 亿美元，2007年猛增至 8.70 亿美元（参见表 7，图 4）。这可能主要是中国政府为了落实中国国家领导人在 2006 年首届中国—太平洋岛国经济发展合作论坛会议上所做出的援助承诺，加大了对太平洋岛国的援助力度。值得注意的是，尽管太平洋国家获得较大发展，但是"在中国对外援助的地区分布中，太平洋地区所占份额较低，2009 年仅占对外援助总额的 4.0%"③。此外，为了减少太平洋岛国的财政负担，中国政府积极减免受援国的债务。至 2009 年，中国政府免除太平洋受援国债务共计 13 笔，合计 2.3 亿元人民币。④

---

① 中华人民共和国国务院新闻办公室：《中国的对外援助》，人民出版社 2011 年版，第 5 页。

② 中华人民共和国国务院新闻办公室：《中国的对外援助》，人民出版社 2011 年版，第 9 页。

③ 中华人民共和国国务院新闻办公室：《中国的对外援助》，人民出版社 2011 年版，第 18 页。

④ 中华人民共和国国务院新闻办公室：《中国的对外援助》，人民出版社 2011 年版，第 16 页。

表7　中国承诺向太平洋岛国援助金额统计（2005—2009 年）

单位：百万美元

国家	2005 年	2006 年	2007 年	2008 年	2009 年	合计
斐济	1	23.08	755.3	83.1	2.93	865.41
巴新	18.58	70.51	3.55	22.23	121.5	236.37
汤加	0	5.5	57.8	20.5	49.41	133.21
萨摩亚	12.9	17.5	23.6·	40	8.5	102.5
库克群岛	2.8	3.2	14.1	4	23.44	47.54
密克罗尼西亚	3.95	4.895	15.819	4.524	4.04	33.228
纽埃	0	0.65	0.75	0.2	0	1.6
合计	39.23	125.335	870.919	174.552	209.82	1419.856

资料来源：①Fergus Hanson，*China in the Pacific：the New Banker in Town*，Policy Brief，Lowy Institute for International Policy，April 2011.

②孔妃妃：《浅析中国对南太平洋岛国的对外援助》，外交学院硕士学位论文，2010年。不完全统计。

在 2005 年到 2009 年的 5 年间，太平洋岛国接受中国援助累计达到14.19 亿美元，但援助金额的时间分布并不均匀，受援国受援金额也相差较大（参见表7）。其中，接受中国援助最多的国家为斐济，金额为 8.65 亿美元，占援助总额的 60% 以上。这主要归因于 2006 年斐济军事政变发生后，西方国家对其实施制裁，减少了援助。中国则奉行不干涉内政原则，加大了对其援助。其次是巴新，5 年之间共计接受中国的援助金额为 2.36 亿美元，占中国对太平洋岛国援助总额的 18%。巴新是太平洋岛国地区最重要的国家，资源丰富，是最具有潜力的能源进口地，中国加大对其的援助也是理所当然。

随着对太平洋岛国援助力度的加强，中国逐渐赶上并超过传统的援助大国，成为太平洋岛国地区最重要的外来官方发展援助提供方。据国际权威部门统计，2005 年以后，中国在太平洋岛国的外来援助所占份额呈现正增长趋势，逐渐超越美国、新西兰、欧盟、日本等传统外来援助大国（参见表8和图5）。

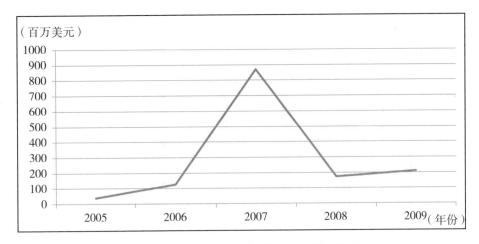

图4 中国对太平洋岛国的援助趋势（2005—2012 年）

资料来源：①Fergus Hanson, *China in the Pacific：the New Banker in Town*, Policy Brief, Lowy Institute for International Policy, April 2011.

②孔妃妃：《浅析中国对南太平洋岛国的对外援助》，外交学院硕士学位论文，2010 年。不完全统计。

表8 太平洋岛国主要外来援助国及其援助金额

单位：百万美元

国家和地区	2005 年	2006 年	2007 年	2008 年	2009 年
澳大利亚	483.0	546.3	649.2	723.1	702.8
美国	159.2	187.0	171.7	188.0	215.9
新西兰	88.3	106.5	120.9	135.3	127.1
欧盟	142.5	118.4	93.6	128.2	121.7
日本	93.7	76.2	70.3	72.9	111.9
中国	39.2	125.3	870.9	174.5	209.8

注：除中国外，所有其他国家的援助统计数字涉及整个大洋洲14个岛国。中国的援助基本上只限于建交国。

资料来源：①OECD, *Geographical Distribution of Financial Flows to Developing Countries*, 2011, *Commitments, Country Indicators*, OECD, 2011.

②Fergus Hanson, *China in the Pacific：the New Banker in Town*, Policy Brief, Lowy Institute for International Policy, April 2011.

（百万美元）

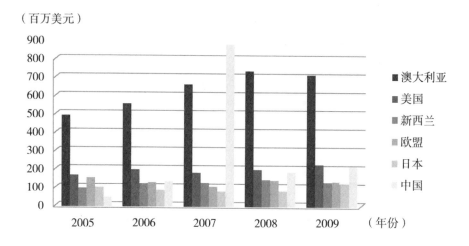

图5　太平洋岛国主要外来援助国（地区）及其援助金额

　　根据表8统计资料显示，按照承诺援助金额大小计算，2005年，排在前6位的对太平洋岛国地区提供外来援助的主要国家和地区，依次为澳大利亚、美国、欧盟、日本、新西兰和中国。到2006年，中国超越欧盟、新西兰和日本，成为太平洋发展中国家第三大外来援助国，这种情况一直保持到2009年。而2007年，中国超越所有其他5个国家，成为当年太平洋地区国家最大的外来援助方，援助总额达到8.70亿美元，大大超过了过去一直排在第一位的澳大利亚的援助总额（6.49亿美元），接近美国、新西兰、欧盟和日本四个国家（地区）之和的两倍。

　　中国根据太平洋岛国的要求和需要，提供了不附带任何政治条件的援助。按照真诚无私、平等相待、互利共赢的原则，在援助过程中注重实效，重信守诺，公开透明，开放包容。① 在选择项目时，从当地国计民生出发，努力为受援国办好事、办实事，为当地经济和社会发展做力所能及的贡献。② 根据《中国外交》白皮书记载，从2000年到2012年，中国共向巴新、斐济、密克罗尼西亚、萨摩亚、汤加、瓦努阿图等6个太平洋岛国提供主要援建工程项目约30项，涉及领域包括重要政府办公场所、教育、体育、

---

　　① 《崔天凯在第43届太平洋岛国论坛会后对话会上发言》，人民网，2012年9月1日，http://world.people.com.cn/n/2012/0901/c1002-18894184.html。

　　② 刘结一：《中国积极发展同太平洋岛国友好合作关系》，中国新闻网，http://www.chinanews.com/news/2006/2006-03-27/8/708648.shtml。

文化及医疗场馆设施、公路、桥梁、水电站、防护堤、示范农村、电子政务建设，等等（参见表9）。

表9　中国对太平洋岛国援助项目一览表（2000—2012年）

国别	项目名称
巴新	总督府修缮、威瓦克体育场、国际会议中心、戈洛卡大学学生宿舍、尤—亚公路
斐济	纳务索桥、多用途船、低造价住房、纳务瓦医院、索摩小水电站、海岸防护工程
密克罗尼西亚	金枪鱼委员会办公楼、波纳佩州政府办公楼、科斯雷州中学、示范农场
萨摩亚	议会办公楼、青年妇女活动中心维修扩建、司法部和法院办公楼、新政府办公楼、国际会议中心、国家医疗中心、国家宽带通信网
汤加	首都商业区重建、塔布岛医疗保健中心、瓦瓦乌岛瓦伊普阿大桥、全国公路升级改造
瓦努阿图	美拉尼西亚先锋集团办公楼、水产品加工、电子政务系统、国际会议中心

资料来源：中华人民共和国外交部政策规划司编《中国外交》，世界知识出版社2001—2013年版。

从援助形式分析，中国对太平洋岛国地区的援助，如同对其他发展中国家的援助一样，主要为针对基础设施建设的成套项目的优惠贷款及其他相关领域的无息贷款。当然，中国对太平洋岛国的援助形式也包括各种无偿援助，主要用于人力资源培训、文化交流、医疗卫生、紧急灾难求助等等。例如，2004年10月、2006年11月、2008年11月、2009年11月、2011年6月和2012年7月，中国外交部举办了5期太平洋岛国论坛高级外交官培训班，来自中国8个建交岛国和论坛秘书处的外交官应邀参加。2003年8月、2005年9月、2007年11月和2011年9月，中国外交部先后邀请太平洋岛国联合新闻团来华参观采访。中国医疗队定期赴岛国巡回义诊，送医送药，培训医疗人才。从2004年到2007年，为了响应联合国粮农组织号召，中国共向太平洋岛国派遣农业专家28人，推广实用农业技术，引进果蔬品种，开展技术培训，收到良好的效果。[①] 2012 年，中国通过向联合国环境规划署信托基金捐款 600 万美元，帮助太平洋岛国等发展中国家实施有关项目，提高环境保护能力。安排 2 亿元人民币开展为期 3 年的国际合作，帮助包括太平洋岛国在内的小岛屿国家、最不发达国家等应对气候变化，向有关岛国提供绿色节能产品，邀请岛国参加气候变化培训班。[②] 此外，还支持南太平洋大学开办孔子学院，为来华的太平洋岛国留学生提供政府奖学金，等等。

中国还向太平洋岛国论坛秘书处和美拉尼西亚先锋集团等地区组织提供赠款和资金援助。2000 年 10 月，中国政府代表、外交部副部长杨洁篪与论坛秘书长莱维换文，由中国政府捐资设立中国—论坛合作基金，用于促进双方在贸易投资等领域内的合作。基金设立后，已先后资助了论坛驻华贸易代表处、投资局长年会、论坛秘书处信息存储系统更换、论坛进口管理等项目。2005 年 10 月，中国政府决定资助"太平洋计划"项下港口综合开发、地区航空安排、乡村边远地区信息化建设等 3 个项目（2006—2010 年），并向地区安全基金捐款。2010 年 8 月，外交部副部长崔天凯在出席第 22 届太平洋岛国论坛对话会期间，宣布中国政府决定 2011—2015 年间为中国—论坛合作基金增资 200 万美元，用于双方商定的合作项目。中国政府捐建了美拉尼西亚先锋组织总部大楼，并于 2012 年承诺向太平洋区域环境规划署提供 15 万美元资助。

中国对太平洋岛国的援助在取得明显效果同时，也存在一些问题。主要包括：第一，缺乏透明度和有效监督。例如有关国别援助数据、援助项目和方式等相关数据都处于严格保密之下，造成神秘感和黑箱操作可能。第二，奉行严格不干涉受援国内政的原则和不附带任何政治条件的做法，容易助长受援国政治腐败和资源浪费，与国际社会所追求的"善治"原则背道而驰。第三，过分专注于成套项目和基础设施建设项目援助，忽略对基层民生问题的关注。今后，中国的对外援助，应该在这些方面加以改革，以顺应时代的潮流。

---

① 郑惊鸿：《中国援助南太平洋 7 岛国成效显著，3 年推广 135 项农业新技术，帮助引进 58 个果蔬新品种》，载《农民日报》2008 年 6 月 10 日第 1 版。

② 《崔天凯在第 43 届太平洋岛国论坛会后对话会上发言》，人民网，2012 年 9 月 1 日，http://world.people.com.cn/n/2012/0901/c1002 - 18894184.html。

五、结论与启示

综上所述，在 21 世纪最初的十余年时间里，中国与太平洋岛国关系呈现全方位发展势头，特别是在贸易、投资和发展援助等关系领域所取得的丰硕成果，成为中国新世纪经济外交的一个亮点。

在中国对太平洋岛国的经济外交活动中，可以发现，有四个非常突出的时间节点值得关注，依次是：2001 年中国加入世界贸易组织；2006 年第一届中国—太平洋岛国经济发展合作论坛召开；2008 年马英九当选台湾地区领导人；2013 年第二届中国—太平洋岛国经济发展合作论坛召开。第一，中国加入世贸组织，不但极大地推动了国内经济改革，而且进一步优化了外部经济环境。第二，第一届中国—太平洋岛国经济发展合作论坛召开，标志着中国与太平洋岛国经济关系进入制度化合作阶段。从贸易、投资和发展援助三方面的成就可以看到，2006—2007 年度都达到了峰值。第三，2008 年国民党在台湾地区重新执政，两岸实现了"外交休兵"，有利于维护太平洋岛国政局的稳定，便于中国政府集中精力，致力于扩大与太平洋岛国的经贸关系。从双方贸易关系变化可以看出，2008 年以后，中国与太平洋岛国的双边贸易额大幅度上升，投资、援助和经济技术合作取得全面发展。第四，2013 年第二届中国—太平洋岛国经济发展合作论坛的召开，为总结前七年中国与太平洋岛国关系，进一步深化合作，提供了一个承先启后的平台。

中国与太平洋岛国经济关系充分说明，中国的崛起和发展，使包括太平洋岛国在内的所有国家受益。通过平等互惠的贸易，中国自身获得了经济发展的所需要的各种矿产资源和海洋产品，也为太平洋岛国输送了物美价廉的工业产品，中国成为太平洋岛国的重要贸易伙伴。在投资方面和工程承包方面，太平洋岛国为中国企业实施"走出去"战略开拓了一片新天空。在发展援助方面，多年来，中国通过提供经济技术援助，为岛国建成了 80 多个工业、农业、基础设施和民用建筑项目，在一定程度上改善了岛国基础设施落后的状况和岛民的生活条件。

当然，由于中国自身发展的局限，以及长期奉行不附加任何政治条件的对外援助原则，中国对太平洋岛国的经济外交存在一定的不足之处在所难免。近年来，中国在太平洋岛国的经济活动，也引起西方国家的嫉妒和不安。特别是美国、日本历来将太平洋当成自己的内湖，害怕他人染指。因此，美、日等国纷纷加大对太平洋岛国的关注，大有"重返"之意，以抵消中国的影响。澳大利亚、新西兰和欧盟等太平洋岛国的传统盟友也感到喜忧参半，它们也纷纷调整相关政策。因此，在可以预见的将来，区域内外大国围绕太平洋岛国的外交竞争将进一步持续和强化。中国应该把握先机，及时调整政策。

第一，从大战略的高度认识太平洋岛国的重要意义。随着中国的全面崛起，中国的国际利益将更加扩大和全面，太平洋岛国是中国大周边外交的重要拓展环节。那里蕴藏着丰富的矿产和海洋资源，战略位置重要。中国与太平洋岛国同属于发展中国家，面对西方主导的国际体系，具有共同和相似的立场。由于岛国的自主意识增强，政治力量分化严重，外部强势政治力量介入程度相对较低，有利于中国发展全面友好关系。

第二，进一步加强以贸易、投资和发展援助为主要手段的经济外交。中国与太平洋岛国经济结构具有一定的互补性，有利于中国开展经济外交活动。中国在谋求自身经济利益的同时，要注重培养岛国政府的治理能力，培育和维护可持续发展局面。

第三，积极开展多边外交。利用联合国、亚太经合组织、太平洋岛国论坛等全球和地区多边外交的机制，倾听太平洋岛国的声音，理解岛国的关切，支持岛国的合理立场。

第四，努力拓展其他形式的双边关系。例如促进民间外交，加强人民之间的关系；推进公共外交，塑造中国在岛国的良好形象；开展旅游合作，体认岛国丰富多彩、优美独特的自然和人文环境。尝试与岛国建构利益与命运的共同体。

总之，太平洋岛国对中国来说仍然是一片广大而神奇的未知区域，是实现中国未来海洋强国梦想的实验地。

试析 21 世纪初美国对太平洋岛国的援助*

太平洋岛国在地理上均属于大洋洲，目前拥有 14 个独立国家，包括巴布亚新几内亚（以下简称"巴新"）、斐济、基里巴斯、库克群岛、马绍尔群岛、密克罗尼西亚、瑙鲁、帕劳、萨摩亚、所罗门群岛、汤加、图瓦卢、瓦努阿图、纽埃。由于这些国家大部分位于赤道以南的太平洋地区，又称为南太平洋岛国。从总体经济发展水平分析，这些岛国均属于发展中国家，个别属于最不发达国家。

美国与太平洋岛国有着十分密切的历史渊源和现实战略关系。第二次世界大战中，太平洋岛屿地区成为美国为首的盟军与日本帝国主义鏖战的主要战场。"二战"结束后，不少被日本占领的原属欧洲列强的殖民地被划归为美国的托管地，主要有密克罗尼西亚、马绍尔群岛和帕劳。20 世纪 80 年代中期开始，这些托管地纷纷建立独立的政府，加入了联合国等国际组织。1986 年，通过谈判，美国与密克罗尼西亚、马绍尔群岛和帕劳三国签署了为期 15 年的《自由联系条约》。在外交、国防甚至经济上，这些国家严重依赖美国；美国承认他们为主权独立国家，并承诺向三国提供各种形式的经济援助。据统计，从 1987 年至 2001 年，首批援助资金总额为 26 亿美元，以帮助这些国家恢复经济。[①] 2003 年，经过美国国会批准，该条约再度延长 20 年，至 2023 年。新条约承诺向三国提供总额不低于 35 亿美元的各种形式的经济援助。[②] 除对"自由联系国"提供财政援助外，美国还向其他 10 余个太平洋岛国提供额度不一的官方经济援助。

美国政府对太平洋岛屿地区的援助，主要基于诸如《自由联系条约》《南太平洋金枪鱼条约》等长期承诺和协定，同时执行和平队、美国海岸警

---

* 原文发表于《亚太经济》2014 年第 5 期。

① *U. S. Assistance to Micronesia and The Marshall Islands: a Question of Accountability*, Wednesday, June 28, 2000, *House of Representatives*, *Subcommittee on Asia and The Pacific*, Committee on International Relations, Washington, D. C. p. 4.

② Renewed Engagement: U. S. Policy Toward Pacific Island Nations, Wednesday, September 29, 2010, House of Representatives, Subcommittee on Asia, The Pacific and The Global Environment, Committee on Foreign Affairs, Washington, D. C. p. 8.

卫队和美国海军等人道主义任务。除对个别国家提供援助外，美国也对该地区的一些主要国际组织包括太平洋地区环境项目秘书处、太平洋共同体秘书处等提供支持。美国国际开发署（USAID）负责统一管理和协调包括对太平洋岛国在内的对外援助工作。

进入21世纪以后，为了配合"重返亚太"战略，美国加强了对太平洋岛国的经济外交。2011年，在美国驻莫尔兹比港大使馆内设立了美国国际开发署太平洋岛屿办公室，负责协调美国国际开发署与各太平洋岛国政府官员、援助机构和私营部门之间的联系。在新时期内，根据美国全球和亚太战略部署和太平洋岛国自身发展的需要，美国对太平洋岛国地区的援助，既包括一些传统项目，如减少贫困、提高居民的教育水平，也包括一些美国及西方国家标榜的民主和善治。同时，还包含了一些由于全球化和气候变化带来的新问题，诸如公共卫生、气候环境变化等。下面，本文将选择21世纪初的十余年期间为研究重点，分析美国对太平洋岛国政府援助的重点领域、分国别的援助资金分布情况和政策特点三个方面的最新动态。

一、美国对太平洋岛国援助的重点领域

（一）民主、人权和善治

根据美国外交战略需要，冷战结束后，美国继续将推进发展中国家民主化作为其提供对外援助的重要条件和优先领域，将对外援助与受援国的政治改革和民主化挂钩。由于绝大多数太平洋岛国经济发展比较落后，民主政治发育滞后，与西方社会确立的所谓民主、人权和善治目标尚有一定差距。美国国际开发署在确立援助领域和资金分配上，重点资助太平洋岛国，特别是巴新和斐济的民主化进程。

在美国的决策者看来，作为太平洋地区最大的发展中国家，巴新尽管已经确立了民主制度，但仍然非常脆弱。随着建国后第一代领导人在国家政治舞台的隐退，巴新的民主化目前正处于十字路口。通过2012年大选，新一代领导人执掌国家政权。但是，由于社会各界对国家机关的服务功能期望值不断增加，议会和政党制度等基本民主制度建设不够健全等问题日益突出，导致民众对政治制度的不信任情绪增加。因此，美国国际开发署在太平洋地区的首要重点援助项目，就是帮助巴新政党的建设，特别是建立各种满足社会需求的机制、完善选区建设计划、致力于提高竞选资金的透明度，等等，以提高民主化程度。民主政治必须首先确立政党的权威和中心角色，而不是像过去那样主要依靠个人或者恩从关系作为竞选基础。而斐济由于接连发生军事政变，民主化道路遭遇重挫。美国希望利用经济援助作为杠杆，促使该国早日回归民主化轨道。在斐济，新宪法的制定和实施，将成为恢复民主和政治稳定的重要步骤。美国政府试图"通过支持斐济宪政发展，为推进该国的民主制度建设，打开新的机会之窗"。①

（二）环境和气候变化

太平洋岛国分布在辽阔浩瀚的西南太平洋地区，不少是微型国家，自然环境非常脆弱。随着全球气候变暖，海平面上升，这些国家的食物和饮用水安全，以及生物多样性等面临严重挑战。有鉴于此，近年来，美国政府将气候变化援助列为对太平洋国家援助的重要领域。其中，援助重点为食品和水源安全、对沿海重要而且脆弱的资源加以管控、加强灾害防控，等等。

例如，在太平洋共同体秘书处和太平洋环境项目秘书处的协调下，美国国际开发署与所罗门群岛地方各级政府联手，对该国岛屿省份社区居民的自然生存状况展开评估。在基里巴斯推广清洁能源技术，主要通过开办短期培训班，培养居民的绿色环保意识，培训对固体垃圾和废物的处理技术，指导巴新、所罗门群岛和瓦努阿图等国家的森林维护和造林工作。此外，还通过美国国际开发署和美国和平队伙伴计划，对瓦努阿图、斐济和密克罗尼西亚等过于边远地区开展应急拯救活动等。②

（三）人道主义援助

人道主义援助是美国对外援助的传统重点领域。鉴于太平洋岛国飓风、干旱、地震和海啸等自然灾害较为频发，长期以来，美国国际开发署将人道主义援助当作对太平洋岛国援助的重心之一。

根据《自由联系条约》精神，2008 年 11 月，经过美国国会批准，美国决定对密克罗尼西亚和马绍尔群岛两个"自由联系国"提供紧急援助。美国国际开发署协同联邦紧急情况管理署（FEMA）为两国制定了《2008—2023 减灾和重建行动指南》。美国国际开发署与两国当地政府展开密切合作，协助两国展开灾害紧急响应和灾后重建工作。美国援助的基本方向是：一方面充分利用两国自身的技术和资源，最大程度地减轻灾害造成的破坏；另一方面，提高这些国家地方和中央各级部门面对因气候变化和各种危险情

---

① http://www.usaid.gov/pacific-islands/democracy-human-rights-and-governance.

② http://www.usaid.gov/pacific-islands/environment-and-global-climate-change.

况的应变和处置能力。

太平洋岛国岛屿星罗棋布，居民分散，政府和非政府组织的社会动员能力较弱，在紧急情况下，救援物质和资源发放及调配往往成为影响救援效果的瓶颈问题。因此，美国援助的重点之一，就是帮助岛国建立起快捷高效的紧急救灾物资的储存和运输系统。①

（四）应对全球性健康问题

随着国际经济和社会交往的日益全球化，身处南太平洋地区的各个岛国也同样经历全球化的下面和负面影响。在太平洋岛屿地区，特别是人口比较密集的地区，流行病非常猖獗。长期以来，巴新成为本地区艾滋病高发区，成人感染率达到1%，其中，性工作者成为高发人群。

针对这种情况，美国国际开发署与这些国家的中央政府和地方政府以及公民社会联合一起，致力于提高预防和治疗艾滋病的能力，关注日益严峻的健康问题。在加强健康体系建设的同时，突出解决诸如一些性病传染、肺结核、性暴力犯罪问题，并培训医疗工作者。美国尝试在太平洋岛屿地区推广"预防、护理和治疗一条龙模式"。2013年5月，巴新政府开始采用美国的"一条龙模式"作为全国预防艾滋病战略计划的重要组成部分。② 为此，美国国际开发署还专门开设了一个为期5年的预防艾滋病项目，与当地政府和社会组织联合，重点在巴新首都莫尔斯比港和马当省推广实施。③

二、美国对太平洋岛国援助的资金流向

基于美国与太平洋岛国关系的不同类别，围绕上述四大重点领域，21世纪初，美国进一步加大了对太平洋岛国的经济援助。

根据美国国际开发署公布的数据，从2001年到2012年的13年间，美国共向巴新、马绍尔群岛、密克罗尼西亚、斐济、帕劳、瓦努阿图、汤加、萨摩亚、所罗门群岛、基里巴斯等10个太平洋岛国提供了总额高达19.9亿美元的经济援助（参阅表1）。

---

① http://www.usaid.gov/pacific-islands/working-crises-and-conflict.

② http://www.usaid.gov/pacific-islands/global-health.

③ *USAID-Supported HIV/AIDS Model in Papua New Guinea Cited as High Impact Strategy*, *Island Dispatch*, *USAID/Pacific Islands Quarterly Newsletter*, *November* 2013 lssue 8, p. 5.

表 1 21 世纪初美国对太平洋岛国的援助（实际支付）

单位：百万美元

国家	2001 年	2002 年	2003 年	2004 年	2005 年	2006 年	2007 年	2008 年	2009 年	2010 年	2011 年	2012 年	合计
巴新	0.82	0.09	0.17	0.11	0.01	0.18	0.67	1.70	3.09	2.32	2.85	3.80	15.81
马绍尔群岛	41.37	49.71	47.21	42.10	44.37	50.98	48.17	48.39	49.06	9.79	75.25	57.44	563.84
密克罗尼西亚	81.80	99.46	99.86	94.67	94.06	98.56	99.57	78.95	107.55	45.30	97.90	102.52	1100.2
斐济	0.008		1.02	1.61	0.94	1.33	1.20	1.26	1.93	1.81	1.86	1.71	14.678
帕劳	13.78	13.92	13.99	14.14	12.70	14.20	14.10	13.48	13.61	17.17	18.34	10.71	170.14
瓦努阿图	1.12	1.21	1.21	1.77	1.57	4.03	3.67	22.85	19.80	24.18	8.28	2.21	91.9
汤加	1.15	1.06	0.97	1.09	0.73	0.88	0.78	0.82	1.21	1.17	1.20	0.99	12.05
萨摩亚	1.26	1.21	1.20	1.29	0.83	0.75	1.02	0.82	0.92	2.03	1.09	0.72	13.14
所罗门群岛	0.05	0.02	0.09	0.02	0.02	0.01	0.15	0.16	0.06	0.22	0.25	0.44	1.49
基里巴斯	0.98	1.03	0.86	1.32	0.83	0.77	0.70	0.47	0.02	—	—	—	6.98
合计	142.338	167.71	166.58	158.12	156.06	171.69	170.03	168.9	197.25	103.99	207.02	180.54	1990.228

资料来源：USAID Foreign Assistance Database（FADB），http://gbk. eads. usaidallnet. gov/. Prepared by USAID Economic Analysis and Data Services on March 28, 2014.

根据表 1 所提供的数据，按照援助金额从高到低排列，依次是：①密克罗尼西亚（11 亿美元）；②马绍尔群岛（5.64 亿美元）；③帕劳（1.7 亿美元）；④瓦努阿图（0.92 亿美元）；⑤巴布亚新几内亚（0.16 亿美元）；⑥斐济（0.15 亿美元）；⑦萨摩亚（0.13 亿美元）；⑧汤加（0.12 亿美元）；⑨基里巴斯（0.07 亿美元）；⑩所罗门群岛（149 万美元）。可见，获得美援份额最多的前三位国家都是美国的"自由联系国"。

从美国援助资金的部门流向来看，基本上与美国划定的上述重点领域密切相关。以 2012 年的资金流向来看，主要分布在 17 个部门（参阅表 2）。

表2　美国对太平洋岛国的援助（2012年，按部门统计）

单位：万美元

援助领域	巴新	马绍尔群岛	密克罗尼亚	斐济	帕劳	瓦努阿图	汤加	萨摩亚	所罗门群岛	合计
援助管理费用	—	815	2088	—	1068	8.59	—	—	—	3980.76
金融服务	—	—	—	—	—	0.78	—	—	—	0.78
农业	2.49	—	—	—	—	—	—	—	—	2.49
基础教育	—	1469	3237	2.32	—	99.24	86.26	68.01	—	4963.72
基本健康	—	—	—	53.16	—	77.13	—	—	—	130.29
和平与安全	—								26.23	26.23
灾害预防	—	26.17	26.31	—	—	8.96	—	—	3.01	64.45
应急反应	24.74	—	—	20.0	—	—	—	—	—	44.74
能源	0.97	—	—	—	—	—	—	—	—	0.97
造林	—	—	2.48	—	2.49	—	—	—	—	4.97
综合预算	—	2648	2554	—	—	—	—	—	—	5203
环境保护	—	18.10	157.8	733.3	—	0.75	9.15	—	—	259.19
政府与公民社会	50	22.50	331.9	23.02	—	0.94	—	—	15.0	443.44
综合健康	296.9	702.2	1811	—	—	—	—	—	—	2810.83
其他跨行业	5.72	42.39	40.46	—	—	-4.75	—	—	—	83.82
社会基础设施	—	—	—	—	—	24.62	4.34	4.70	—	33.66
物流	—	—	—	—	—	5.38	—	—	—	5.38
合计	380.87	5744.72	10252.04	171.86	1071	221.64	99.75	72.71	44.24	18058.80

资料来源：同表1。

根据表 2 数据显示，2012 年，美国对太平洋 9 个岛国 17 个部门进行了援助。按照资金合计由高到低的顺序计算，依次是：①综合预算（5203 万美元）；②基础教育（4963.72 万美元）；③援助管理费用（3980.76 万美元）；④综合健康（2810.83 万美元）；⑤政府与公民社会（443.44 万美元）；⑥环境保护（259.19 万美元）；⑦基本健康（130.29 万美元）；⑧其他跨行业（83.82 万美元）；⑨灾害预防（64.45 万美元）；⑩应急反应（44.74 万美元）；⑪社会基础设施（33.66 万美元）；⑫和平与安全（26.23 万美元）；⑬物流（5.38 万美元）；⑭造林（4.97 万美元）；⑮农业（2.49 万美元）；⑯能源（0.97 万美元）；⑰金融服务（0.78 万美元）。可见，除援助管理费用外，美国对大洋洲经济援助的实际主要针对部门依次是：综合预算支持、基础教育、综合健康、环境保护、政府与公民社会等部门。这些资金的投放，与上述美国所确立的对外援助的四个重点领域是高度吻合的。

三、美国对太平洋岛国援助的政策分析

美国对太平洋岛国的援助，与美国整体外交政策理念和地区战略高度契合。首先，在理想主义外交思想的指导下，美国的对外援助贯彻了"民主外交"的理念。长期以来，美国政界和学术界主流观点认为，"推进世界各国的民主化，有利于维护美国的国家利益，尤其是有利于美国的和平与安全，从而有利于维护美国的经济利益"。[1] 美国在发展中国家的"民主援助"包括选举援助、政党援助、制度建设援助、培养公民社会援助。例如，美国对太平洋岛国的"民主援助"当前主要集中在帮助斐济恢复宪政民主，以及在巴新进行政党和公民社会的培育工作。2014 年，美国国际开发署宣布向斐济提供 50 万美元援助，帮助斐济重建民主政治制度，特别是支持进行自由、诚实、可靠的选举。[2] 其次，美国对太平洋岛国援助侧重基础教育、综合健康和基本健康等人道主义领域，充分反映了美国外交政策中对"人的安全"的关注。特别是对巴新预防和治疗艾滋病的援助比较突出，而且几乎成为一项长期工作。最后，美国对太平洋岛国援助还包括灾害预防、环境保护、应对气候变化等非传统安全问题。由于太平洋岛国地理环境的脆弱性，

---

① 刘国柱、郭拥军等著：《在国家利益之间：战后美国对发展中国家发展援助探析》，浙江大学出版社 2011 年版，第 340 页。

② Photos of Launch/USAID Announces Support for Fiji 2014 Elections, *Island Dispatch*, *USAID/Pacific Islands Quarterly Newsletter*, Winter-Spring 2014 ISSUE 9, p. 4.

美国在这方面提供的援助资金比例一直很高。同时，这方面的援助，往往带有紧急援助和无偿援助性质。

另外，美国对太平洋岛国的援助分布非常不平衡。从国别分布上看，美国的援助资金主要流向三个"自由联系国"：密克罗尼西亚、马绍尔群岛和帕劳。从 2001 年到 2012 年的 12 年间，美国共向上述三国提供的官方援助总额为 18.3 亿美元，占同期美国对所有 10 个太平洋岛国援助总额（19.9 亿美元）的 92% 以上。其中，美国对密克罗尼西亚一国的援助金额高达 11 亿美元，占据总额的 55% 以上。

同时，与整个国际社会对太平洋岛国的援助相比，美国的援助所占比例也不算高，总体排在澳大利亚、新西兰、日本等主要援助大国后面，甚至远低于传统欧洲国家。

根据经合组织（OECD）发展援助委员会（DAC）成员国对 14 个太平洋岛国援助的统计资料显示，美国对 8 个国家的外来援助中进入了前五名，分别是密克罗尼西亚（1）、帕劳（1）、瓦努阿图（3）、巴新（4）、斐济（5）、马绍尔群岛（5）、基里巴斯（5）、汤加（5）。对其他 6 个岛国的援助，美国排名比较靠后。①

美国对太平洋岛国的援助，在美国整个对外援助中的所占资金比例很低。以 2012 年为例，美国总共向世界上 184 个国家提供了总量为 190 亿美元的经济援助（按实际支付计算），并向 142 个国家提供了总额高达 142 亿美元的军事援助。按照地区分布，主要援助国在南部非洲和亚洲，占总额的 50% 左右。其中，十大受援国依次分别是：阿富汗、以色列、伊拉克、埃及、约旦、肯尼亚、埃塞俄比亚、巴基斯坦、南非、坦桑尼亚。② 正好 5 个在亚洲（主要是南亚和中东地区国家），5 个在非洲。而 2012 年，美国共向 10 个太平洋岛国提供经济援助总额为 1.80 亿美元，占当年美国对外经济援助总额的 0.94%，不足 1%。由此可见，太平洋岛国在美国的对外援助中并不占有中心位置。

总之，基于历史传统关系和现实外交政策因素考量，进入 21 世纪以来，美国继续对太平洋岛国提供经济援助。从 2001 年到 2012 年的 12 年期间，美国向 10 个太平洋发展中岛国提供了总额高达 19.9 亿美元的官方援助。美

---

① *Geographical Distribution of Finaneial Flows to Developing Countries*, 2002 – 2015, Development Assistance Committee, OECD.

② *Data for Foreign Assistance Fast Facts*：*FY*2012, *USAID*, http://gbk. eads. usaidall-net. gov/data/fast_ facts_ text_ descriptions. html#chart2.

国向岛国的援助侧重于民主政治建设、人道主义支持和非传统安全问题等领域。援助的重点国家是三个美国的"自由联系国"。由于太平洋岛国基本上属于微型小国，所占美国对外援助资金总额比例偏低。但无论如何，美国仍然是太平洋岛国的主要外来援助方，美国的援助对岛国的政治、经济和社会发展发挥重要的影响力。

太平洋岛国在 21 世纪中国战略谋划中的定位 *

引　言

对中国来说，由于太平洋岛国的分散性和多样性，人们对其认知程度较为模糊。整个太平洋岛屿国家和地区共有 25000 个大小岛屿和 1200 种语言。① 按种族和文化的相似性，可以划分为美拉尼西亚（西南部区域群岛）、密克罗尼西亚（北部偏西区域群岛）和波利尼西亚（东南部区域群岛）三大部分。根据 2015 年的统计资料显示，整个南太平洋地区（含澳大利亚、新西兰以及所有岛屿国家、地区）人口总计为 3935.9 万人，② 陆地面积总计为 895 万平方公里，海洋国土面积总计为 4662 万平方公里。③ 目前，大洋洲共有 24 个国家和地区，其中 16 个为独立国家，8 个属于英国、法国、美国和新西兰的领地。在独立国家中，除澳大利亚、新西兰外，其余 14 个属于太平洋岛国。按照独立的时间先后，14 个太平洋岛国分别是萨摩亚（1962）④、瑙鲁（1968）、汤加（1970）、斐济（1970）、巴布亚新几内亚（1975）、所罗门群岛（1978）、图瓦卢（1978）、基里巴斯（1979）、马绍尔群岛（1979）、瓦努阿图（1980）、密克罗尼西亚（1986）、库克群岛（1989，目前为非联合国会员国）、帕劳（1994）和纽埃（2006，目前为非联合国会员国）。

由于这些国家独立建国时间较短，最长的只有 50 余年，最短的不足 10 年，加之这些国家大都属于小国或者是微型国家，在国际舞台上的显示度十

---

* 原文登载于载喻常森主编，王学东、常晨光副主编：《大洋洲蓝皮书：大洋洲发展报告（2014—2015）》，社会科学文献出版社 2015 年版。

① 汪诗明、王艳芬：《如何界定太平洋岛屿国家》，《太平洋学报》2014 年 11 期，第 1 - 7 页。

② "Oceania 2015", Population Pyramids of the World from 1950 to 2100, http://populationpramid. net/oceania/2015/.

③ Rom Crocombe, *The South Pacific*, IPS Publications, University of South Pacific 2008, pp. 651 - 677.

④ 原名西萨摩亚，1997 年更名为"萨摩亚独立国"。

分有限。20 世纪 60—70 年代，在太平洋岛国取得独立国家身份以前，尽管有一些历史地理介绍性成果出现，中国学者较少系统性地关注这一地区事务。① 20 世纪 80 年代中国实行改革开放以后，中国高校开设大洋洲国家历史地理课程，并翻译编写出版了一些专业教材。② 在中国高校地理教科书中，对太平洋岛国的基本认识是："大洋洲发展中国家领土孤立分散，支离破碎，岛屿星罗棋布，散布于辽阔无垠的南太平洋水面上，构成了群岛套群岛的'万岛世界'。"③ 直到 20 世纪 90 年代，仍然有人将太平洋国家当成"世界边缘之国"。④ 从地理上看，中国大陆离太平洋岛国非常遥远，直线距离一般都在 5000 公里以上，交通不便，至今中国大陆仍然没有一家航空公司开通直达岛国的航线。因此，在过去相当长的时期内，中国从事亚太国际关系和战略研究的学者，除了关注澳美同盟外，从未有人将整体意义上的大洋洲纳入他们的研究范畴。⑤

中华人民共和国成立时，太平洋岛国尚未独立，因而，"根据其一贯政策，对大洋洲各殖民地、托管地岛国的民族解放和国家独立运动，一直给予热切的同情和积极的支持与声援，并在可能的情况下，适当开展同它们的交往"。⑥ 20 世纪 70 年代中期开始，中国与新独立的太平洋岛国严格遵照"一个中国"原则建立外交关系，并将其纳入"第三世界"外交工作范围。从 20 世纪 80 年代中国实行改革开放政策起，直至冷战结束，中国将太平洋岛国归入"发展中国家"外交的一部分。进入 21 世纪，中国外交工作的重点调整为大国和周边地区，为此，大洋洲国家被笼统地归为"大周边"（great

① 王作成、孙雪岩：《20 世纪以来中国的太平洋岛国研究综述》，载《太平洋学报》2014 年 11 期。

② ［日］岩佐嘉亲著：《萨摩亚史》，马采译，广东人民出版社 1974 年版；［澳］P. 比斯库普著：《新几亚简史》，广东化工学院《新几亚简史》翻译组译，广东人民出版社 1975 年版；［美］库尔特著：《斐济现代史》，吴江霖、陈一百译，广东人民出版社 1976 年版；叶进编著：《南太平洋的万岛世界》，海洋出版社 1979 年版；王建堂、司锡明等编：《太平洋岛国地理》，河南教育出版社 1985 年版；赵书文、段绍伯编著：《大洋洲自然地理》，商务印书馆 1987 年版；王立权、王建堂编：《大洋洲国家地理手册》，河南大学出版社 1987 年版；王建堂：《当代大洋洲》，广东教育出版社 1991 年版。

③ 王建堂：《当代大洋洲》，广东教育出版社 1991 年版，第 183 页。

④ 宜雯、扬子编著：《大洋洲诸国——世界边缘之国》，军事谊文出版社 1995 年版。

⑤ 有关中国的亚太战略的重点研究领域是中美关系和中日关系，以及少数热点问题，例如朝鲜问题、台湾问题、南海争端问题等。涉及大洋洲的就只有澳美同盟。关于澳美同盟的研究，在许多情况下也是放入中美关系的大框架下展开的。

⑥ 王泰平主编：《新中国外交五十年》，北京出版社 1999 年版，第 1532 页。

periphery) 外交战略的一环。① 2014 年 11 月，中国国家主席习近平对澳大利亚、新西兰和斐济三个大洋洲国家展开访问，并在斐济与当时的所有 8 个拥有外交关系的太平洋岛国的领导人进行集体会晤。习近平主席在访问期间，明确提出南太平洋地区属于中国 21 世纪海上丝绸之路建设计划的自然延伸。由此可见，南太地区不仅在中国地缘战略地位明显上升，而且被赋予了明确的政治、经济和公共外交新的内涵。本文将从地缘战略、政治外交、经济外交、公共外交等四个不同领域，分析太平洋岛国在 21 世纪中国战略谋划中的重要意义。

一、太平洋岛国在中国地缘战略中的重要意义

在浩瀚的太平洋上，分布着大小 2 万多个岛屿，大部分位于赤道附近或赤道以南地区。除了澳大利亚和新西兰外，这些岛屿分属密克罗尼西亚、美拉尼西亚和波利尼西亚三大群岛。这些岛屿具有不容忽视的地缘战略价值，正如评论指出那样，"在太平洋上，这一地域是东西、南北两大战略通道的交汇处，历来是大国特别是海上强国极为重视的战略要地"。② 首先，从海上交通运输来看，太平洋岛国地区已经成为太平洋海上和空中航线的中继站，具有重要的经济价值和战略意义。"大洋洲发展中国家地当亚洲、澳大利亚和南北美洲之间，又沟通太平洋和印度洋，很多国际海底电缆都通过这里，因此在国际交通中的地位十分重要。大洋洲发展中国家的海、空运输相当发达，是其对外贸易和联系世界各地的重要手段。"③ 随着中国经济的发展，中国对全球海洋公域的依赖程度越来越高，"海运给中国带来了石油和其他重要的原材料，并向海外市场输送成品。因此海上通道安全对中国经济，更广泛来说对国家安全，至关重要"。④ 中国 90% 的总进出口货物以及 40% 的石油依赖于海洋运输。到 2020 年，中国海上贸易每年有望达到 1 万亿美元，

---

① Jian Yang, *The Pacific Islands in China's Grand Strategy*, New York：Palgrave Macmillan, 2011, p. 137.

② 谢晓军：《温总理的南太平洋之行》，载《老年人》2006 年第 5 期，第 8 页。

③ 王建堂：《当代大洋洲》，广东教育出版社 1991 年版，第 182 页。

④ 加布里埃尔·B. 柯林斯：《中国对全球海洋公域的依赖》，安德鲁. S. 埃里克斯、莱尔·J. 戈尔茨坦、李楠主编：《中国、美国与 21 世纪海权》，徐胜、范效婷、万芳芳、黄南艳等译，海洋出版社 2014 年版，第 26 页。

大部分是通过中国制造、中国拥有和中国经营的商业船舶运输的。① 所以，中国非常关注作为太平洋海上交通运输线关键连接地带的南太平洋地区的安全与稳定。在太平洋上有北、中、南三条航线，其中，南太平洋航线由南美洲西岸，经澳大利亚和新西兰延伸至东南亚和东亚，航线总长度约 1 万海里，太平洋岛国是这条航线的必经之路。其次，作为地球上最具优势的测绘地点，南太平洋岛国在航天方面的重要性也日渐突出。它们所处的地理位置，对于中国在南半球的科研考察以及未来的战略规划都具有特殊的意义。"中国跟南太平洋岛国建立了良好的关系，就可以互利互惠，在该地区通过合作方式建立观测基地或中间站，不仅可以大大降低航天、航海、油气勘探等领域的成本，而且能够更好地发展太空科技。"② 最后，太平洋岛国是中国南极科学考察船只的海上航线通道必经之地。从 1984 年开始，中国进行南极科学考察，研究人类和平利用南极的问题。目前，已经建立长城、中山、昆仑、泰山四个科学考察站点。往来中国和南极的科学考察船只经常要航行经过南太平洋岛国海域。未来将要开发南极旅游线路，南太平洋岛国也是一个很好的中途补给站。

太平洋岛屿地区对中国地缘战略的意义，最主要体现在国防安全上，事关中国海军现代化战略的实施。

进入 21 世纪，为了维护中国的海洋利益，中国制定了"蓝色海洋战略"，以实现国家利益的拓展，因此，国家的安全利益也随之由近海向远洋延伸。中国未来海洋战略重点将包括：维护国家主权、捍卫各种海洋资源和权益、维护海上通道的安全、建立稳定的大国海洋关系和海洋秩序等。而要实现这些目标，就必须建立一支强大的中国蓝水海军。中国作为太平洋国家，东进太平洋，无论从地理上还是战略目标上都符合中国的要求。然而，中国的东面仍然处于美国和美、日、澳同盟的战略包围之中。

根据太平洋的地理特征，从中国海岸往东，分别形成了三条断续的"岛屿锁链"。它们分别是第一岛链：北起日本列岛、琉球群岛，中连台湾岛，南至菲律宾群岛、大巽他群岛为一个链型地带；第二岛链：北起日本列岛、经伊豆诸岛、小笠原群岛、硫黄群岛、马里亚纳群岛、乌利西群岛、雅浦群岛、恩古卢群岛，帕劳群岛向南延伸至哈马黑拉岛群；第三岛链：主要由夏

---

① 徐起：《21 世纪初中国海上地缘战略与中国海军的发展》，载《中国军事科学》2004 年第 4 期，第 75 – 81 页。

② 谢晓军：《温总理的南太平洋之行》，载《老年人》2006 年第 5 期，第 8 – 9 页。

威夷群岛组成。① 从冷战开始后不久，美国借助这些岛屿屏障，建构起针对社会主义国家苏联和中国的三重"C"型海上岛链封锁网络，包括西北太平洋网、西太平洋网和西南太平洋网。其中，西太平洋网是以菲律宾苏比克军事基地为中心的东南亚基地群，形成从日本冲绳群岛至菲律宾群岛，与澳大利亚的达尔文基地相连的海上封锁线，控制着巴布延海峡、巴士海峡、马鲁古海峡、望加锡海峡、巽它海峡和马六甲海峡；西南太平洋网包括以关岛为中心的密克罗尼西亚基地群，形成从关岛至密克罗尼西亚群岛、新西兰、澳大利亚的弧形基地部署，控制着塔斯曼海、珊瑚海、阿拉弗拉海等重要海域。凭借着沿线军事存在，在军事上完成对中国和苏联的海上包围圈，形成积极遏制和攻势威慑。②

中国人民解放军奉行"积极防御"指导思想，作为一支年轻的海军，长期致力于"近岸防御"作战路线。20世纪90年代以来，在邓小平军事思想的指导下，首次提出由"近岸防御"到"近海防御"的转变。所谓"近海防御"，即"表明我国不搞全球性的进攻型海军。就是将来海军现代化了，海军战略的防御性质也不会改变"。③ 在今后较长的时期内，海军作战区域将是"第一岛链和沿该岛链的外延海区，以及岛链以内的黄海、东海和南海全部海区"。随着我们的经济力量和科学水平的不断增强，海军力量进一步壮大，"我们的作战海区，将逐步扩大到太平洋北部至'第二岛链'。在'积极防御'的战役战术上，将采取敌进我进的指导思想，即敌人向我沿海区进攻，我也向敌后发起进攻"。④ 而作为突破岛链封锁的关键，是尽快完成台湾的统一。"收复台湾不但可以明显改善中国沿海国防的安全环境，而且可以彻底解决中国军力东进太平洋的地理限制，迫使封锁中国的岛链终端支撑点由台湾后退到太平洋北部的关岛。"⑤ 太平洋岛国位于亚洲和美洲之间，属于第二和第三岛链的一部分，战略位置十分重要。美国在部分岛屿地区设置了军事基地和情报站，作为其太平洋战线的重要组成部分。

进入21世纪，为了捍卫中国的海洋权益和利益，彻底突破岛链封锁，中国必须大力发展以航空母舰为主要作战平台的远洋海军。随着2012年

---

① 刘宝银、陈红霞：《环中国西太平洋岛链——航天遥感 融合信息 军事区位》，海洋出版社2013年版，第26页。

② 施昌学：《海军司令刘华清》，长征出版社2013年版，第5页。

③ 施昌学：《海军司令刘华清》，长征出版社2013年版，第126页

④ 施昌学：《海军司令刘华清》，长征出版社2013年版，第127页。

⑤ 江雨：《岛链与中国海军向远洋发展》，载《舰载武器》2008年第12期，第31页。

"辽宁舰"航母的入列,中国海军进入航母时代。中国在南太平洋地区的影响力的增加,完全可以为太平洋岛国地区安全、稳定与人民福祉做出大国地位相称的贡献。

二、太平洋岛国对中国经济外交的影响

太平洋岛国虽然领土分散,人口稀少,总体购买力有限,但是,它们分布在太平洋的中部和西南部,海域面积十分辽阔。根据《联合国海洋法公约》的群岛原则,这些国家均程度不同地拥有大片海域作为自己的专属经济区,从而使得它们的海洋国土面积大大超过了它们的陆地面积。热带海洋经济是这些国家的最大特色,因而,与中国劳动密集型经济结构和大陆型自然禀赋之间存在一定的互补性。

从中国整个对外经济关系格局来看,尽管近年来与太平洋岛国的经济关系发展没有与周边国家和大国那样大的容量,但总体上呈现出生机勃勃的景象。具体表现在贸易、投资和对外援助三个方面增长态势十分明显。最新研究发现,从 2000 年到 2012 年,中国与太平洋建交岛国的贸易总额增长了 7 倍多。2012 年,中国与太平洋岛国贸易总额为 45 亿美元,其中,与建交国家的贸易总额为 17.66 亿美元。[1] 从投资方面看,近年来,太平洋岛国已经成为中国企业"走出去"开展海外投资的热点地区之一。据中方统计,截至 2013 年 9 月,中国对岛国投资企业近 150 家,非金融类直接投资累计达 10 亿美元。中国企业累计与岛国签署承包工程项目价值 51.2 亿美元。[2] 中国对太平洋岛国的对外援助近年来不断增加。根据中国官方资料,截至 2012 年 9 月,中国已累计向太平洋岛国提供 94 亿元人民币的各类援助,援建 90 多个成套项目。[3] 中国已经超越日本和美国,成为仅次于澳大利亚和新西兰之后的第三大太平洋岛国的外来援助国。

在 21 世纪最初的十余年时间里,中国与太平洋岛国在贸易、投资和发

---

① 喻常森:《21 世纪初中国对太平洋岛国的经济外交》,《大洋洲蓝皮书:大洋洲发展报告 2013—2014 年》,社会科学文献出版社 2014 年版,第 15 页。

② 《王超出席第二届中国—太平洋岛国经济发展合作论坛部长级会议》,http://www.mofcom.gov.cn/article/ae/ai/201311/20131100383952.shtml。

③ 《汪洋在第二届中国—太平洋岛国经济发展合作论坛暨 2013 中国国际绿色创新技术产品展开幕式上的演讲(全文)》,2013 年 11 月 9 日,http://www.fmprc.gov.cn/mfa_chn/zyxw_602251/t1097478.shtml.

展援助等方面关系领域所取得的丰硕成果，成为中国新世纪经济外交的一个亮点。但是，中国与太平洋岛国的经济关系重要性程度不宜估计过高。例如，2011—2012年度中国与太平洋岛国的双边贸易，只占同期中国对外贸易总额的0.11%～0.12%，所占份额十分有限。而且，中国与建交国的贸易额远远低于与非建交国的贸易，说明市场规律和供求关系决定了经济关系，政治对经济的影响力有限。在投资方面，尽管增长速度比较快，但中国对太平洋岛国的直接投资仅占同期中国对外投资总额的0.18%。在援助方面，中国对太平洋岛国的援助，无论绝对值还是相对值比例均高于贸易和投资，达到同期中国对外援助总额的4.2%，[①] 但在整个中国对外援助总额中的占比仍然较低。

要做好中国对太平洋岛国的经济外交，还必须认真倾听当地的呼声，及时调整相关政策。近年来，中国资金的大量注入，既给小小的太平洋岛国带来了大量的机会，也引发过度开发及其他方面连带后果的担忧，开始出现批评的声音，认为中国对太平洋岛国的援助和投资热潮，是为了中国经济发展寻找稀缺资源。[②] 而对岛国资源的过度开发，也可能会造成变相掠夺和对环境的破坏。[③] 久而久之，甚至可能将导致太平洋岛国地区的资源枯竭。[④] 尽管这些言论有些耸人听闻，但是，国际社会对中国不附加任何政治条件的经济援助、援助资金的不透明性可能导致腐败现象，以及国有企业的背景等确实多有微词。中国在太平洋岛国地区的大规模经济活动，必须考虑到本土和周边国家种种疑虑和担忧。

因此，在推进"21世纪海上丝绸之路"南线项目的时候，尤其应该注重开展对太平洋岛国经济外交。首先，正确认识中国与太平洋岛国之间经济关系的互补性方面，进一步挖掘发展潜力；其次，在投资方面，帮助太平洋岛国发展加工工业，解决就业和扩大出口；最后，在对外援助方面，将基础

① 中华人民共和国国务院新闻办公室：《中国的对外援助》，人民出版社2011年版，第18页。

② Philippa Brant, "Chinese Aid in the South Pacific：Linked to Resource?", Asian Studies Review, Vol. 37, Issue 2, 2013.

③ Graeme Smith, "Nupela Masta? Local and Expatriate Labor in a Chinese-Run Nickel Mine in Papua New Guinea", *Asian Studies Review*, Vol. 37, Issues 2, 2013.

④ Tarcisius Kabutaulaka, "Feeding the Dragon, China and Natural Resource Developments in Oceania", Paper Submitted to the Conference "*China and the Pacific：Views from Oceania*", Co-organized by the New Zeeland Wellington Victoria University, National University of Samoa and Sun Yatsen University, Apia, 25–27 February 2015.

设施建设项目与百姓福利密切结合起来。只有这样，才能在确保中国经济获益的同时，把自然禀赋差异和经济发展水平差异转变为可持续发展的动力。

三、太平洋岛国对中国政治的影响

实现中国的统一，是 21 世纪中国强国之梦的重要内容。长期以来，中国大陆和台湾地区围绕国际承认进行的外交角力，耗费了两岸太多的资源和精力。

太平洋岛国大部分属于小国及微型国家，独立建国时间较晚，经济上相对比较落后，是台湾开展金钱外交的重要区域。在 14 个已经独立的太平洋岛国中，有 6 个属于台湾的"邦交国"，他们分别是所罗门群岛、瑙鲁、基里巴斯、马绍尔群岛、帕劳、图瓦卢，占台湾"邦交国"总数的四分之一。① 台湾政客认为："虽然与台湾相隔近半个太平洋，但是，南太地区对台湾的重要性包括邦交重镇、对美国战略主导权的影响，以及对台湾东亚战略局势的影响等三点，因此，重要性不容忽视。"② 正是利用与太平洋岛国的"邦交"关系，台湾加强对该地区的政治、经济和文化渗透活动。在政治外交上，从 20 世纪 80 年代以来，台湾地区领导人对太平洋岛屿"邦交国"开展了形形色色的"访问外交""峰会外交""过境外交"等，其最终目标，不外乎利用岛国的"外交"关系，积极拓展国际生存空间。在经济上，加大对岛国的经济援助，收买岛国高层领导人，开展"支票簿外交"。在文化上，强调台湾原住民与岛国土著文化和人种上的相似性，拉近与岛民的关系。同时，在战略上积极配合美国的亚太战略，遏制中国的崛起，抗衡中国在太平洋岛屿地区影响力的增加。

因此，有学者明确指出："长期以来，与台湾开展外交竞争，构成中国加大对南太平洋地区事务的参与力度的最为重要的因素。"③ 特别是 20 世纪 80 年代末，当中国国内发生政治风波之际，台湾地区当局在南太平洋地区投机钻营，妄图浑水摸鱼，破坏我们同一些岛国的正常关系。一时间，可以

---

① 至本书出版前，所罗门群岛（2019 年 9 月 21 日）、基里巴斯（2019 年 9 月 27 日）与中国建交。

② 赖怡忠：《台湾的南太平洋战略》，载《台湾国际研究季刊》第 3 卷第 3 期，2007 年秋季号，第 147 页。

③ Jian Yang, *The Pacific Islands in China's Grand Strategy：Small States，Big Games*，New York：Palgrave Macmillan，2011，p.51.

说是在太平洋上闹得"阴风怒号，浊浪排空"。① 中国在严格奉行"一个中国"原则基础上建立及发展与太平洋岛国平等友好关系，目前，中国在太平洋岛国地区的建交国数是 8 个，略微超过台湾地区。在经济上，中国与太平洋岛国的贸易总额大大超过台湾地区。特别是在对外援助上，中国目前已经成为仅次于澳大利亚和新西兰之后的第三大外来援助国。② 而且，中国也是大洋洲区域组织太平洋岛国论坛和太平洋共同体的正式对话伙伴国家。

2008 年，国民党候选人马英九当选台湾地区领导人，海峡两岸对南太平洋岛国的争夺暂时告一段落。台湾方面仍然不断地利用它与"建交"岛国的关系，继续拓展"国际空间"，企图利用与岛国的关系，想方设法挤入一些只有主权国家才能参加的国际和地区组织。值得注意的是，台湾的"金元外交"和"民主价值观外交"在南太平洋地区仍然有一定的市场。

四、太平洋岛国对中国拓展公共外交的意义

目前，太平洋岛屿地区共有 14 个独立国家，其中联合国会员国有 12 个；此外，还有 8 个属于英国、法国、美国和新西兰的属地。未来这些领地一旦独立，加入联合国，势必增加太平洋岛国在国际社会中的整体影响力。同时，在这些岛屿地区业已存在着多个华人散居群体，根据 2007 年的统计，共有华人常住人口高达 8 万人左右，③ 占当地人口比例为 1% 左右。不少华人与当地人通婚，成为当地社会的一员。他们的中国血统，以及与中国的亲缘关系，可以成为进一步促进中国与太平洋岛国之间友好关系的桥梁和纽带。

应该看到，中国通过对外援助项目和基础设施投资，逐步培育当地人民对中国的友好感和亲近感。根据中国外交白皮书记载，从 2000 年到 2012 年，中国共向巴新、斐济、密克罗尼西亚、萨摩亚、汤加、瓦努阿图等 6 个太平洋岛国的援建工程项目超过 30 项，涉及领域包括重要政府办公场所、教育、体育、文化及医疗场馆设施，以及公路、桥梁、水电站、防护堤、示范农村、电子政务建设，等等。此外，中国对太平洋岛国的援助形式还包括

---

① 徐明远：《一任三使风雨疾》，新华出版社 2009 年版，第 38 页。

② 喻常森：《21 世纪初中国与太平洋岛国的经济外交》，载《大洋洲蓝皮书—大洋洲发展报告 2013—2014》，社会科学文献出版社 2014 年版。

③ 费晟：《南太平洋岛国华人社会的发展：历史与现实的认知》，载《太平洋学报》2014 年第 11 期，第 59 页。

各种无偿援助，主要用于人力资源培训、文化交流、医疗卫生、紧急灾难求助，等等。① 这些项目的开展，使得无论是上层政治精英，还是普通民众都能感受到中国援助的好处和实惠，从而筑牢中太关系的基础。今后，中国应该更加合理使用援助手段，在设立援助项目和投资领域方面，更加了解和尊重当地的合理关切，与时俱进，调整援助策略。2013 年 11 月，在广州召开的第二届中国—太平洋岛国经济发展合作论坛提出了"绿色创新，合作共赢"的理念。中国愿与国际社会一道，努力解决太平洋岛国地区的贫困和可持续发展问题。同时，通过诸如共建孔子学院、中华学校，向岛国提供来华留学基金等形式，为岛国培育熟知中国事务的社会精英和对华友好人士。依靠中国驻在国大使馆工作，努力"塑造中国在南太平洋民众中和平、平等、负责任的大国形象，增进相互理解和信任"。②

近年来，通过持续的努力，中国的公共外交已经产生了积极的回报。不少太平洋岛国以"向北看"，③迎接"龙的拥抱"，④ 加强与中国的关系作为基本外交战略和既定国策。不少岛国领导人将上任后的首次外交出访目的地选在北京。特别是 2014 年 11 月，习近平主席出访斐济，与太平洋岛国领导人举行集体会晤后，中国在岛国的影响力进一步提高。中国同 8 个太平洋建交岛国一致同意建立相互尊重、共同发展的战略伙伴关系。在斐济楠迪会晤期间，习主席宣布了支持岛国经济社会发展的一揽子计划，包括将为最不发达国家 97% 税目的输华商品提供零关税待遇，今后 5 年为岛国提供数千个奖学金和研修培训名额，在南南合作框架下为岛国应对气候变化提供支持等。这些措施"实实在在、雪中送炭、契合岛国需要"。⑤

---

① 喻常森：《21 世纪初中国对太平洋岛国的经济外交》，《大洋洲蓝皮书：大洋洲发展报告 2013—2014》，社会科学文献出版社 2014 年版，第 24 – 25 页。

② 李德芳：《中国开展南太平洋岛国公共外交的动因及现状评析》，载《太平洋学报》2014 年第 11 期，第 33 页。

③ Ron Crocombe, "The Software of China-Pacific Relations", in Anne-Marie Brady edited, *Looking North*, *Looking South*, *China*, *Taiwan and the South Pacific*, Singapore World Scientific Publishing Co. , 2010.

④ 《斐济高度评价习近平来访，兴奋迎接"龙的拥抱"》，载《环球时报》2014 年 11 月 24 日，http://world. huanqiu. com/exclusive/2014 – 11/5212571. html.

⑤ 《新华国际时评：独具匠心的多边外交》，新华网，2014 年 11 月 28 日，http://news. xinhuanet. com/ttgg/2014 – 11/28/c_1113447029. htm.

五、结论

总之，在精心筹划中国 21 世纪战略的时候，我们不应该忽略作为亚太地区的重要组成部分的大洋洲和太平洋岛国地区的地位和作用。这一地区虽然不是中国的近邻，也没有大国，但是，对中国的未来发展战略与和平崛起仍然具有十分重要的意义。在地理上，它北连亚洲，南控南极，位于太平洋中心，对中国的海洋发展战略十分关键。在经济上，大洋洲和太平洋岛国蕴藏十分丰富的资源，经济结构上与中国存在很大的互补性，是中国 21 世纪海上丝绸之路建设的南线支点。在政治上，太平洋岛国对中国国家主权和统一有着特殊的意义，那里有部分国家与台湾建交，构成了政治上的不稳定因素，必须加以排除和破解。在软实力和公共外交方面，太平洋岛国属于发展中国家，集中了一批最不发达的国家。中国作为一个和平崛起中的负责任的大国，在关注全球贫困问题、帮助发展中国家发展方面，具有义不容辞的责任。

因而，中国未来应该继续加大对太平洋岛国的关注，站在战略的高度，重新思考大洋洲和太平洋岛国外交。主要思路包括：中国海军与外国军队一道，维护太平洋海上交通运输航线的安全，维护和建立和平稳定的太平洋海洋秩序；加强与太平洋岛国旅游合作，并将其作为 21 世纪海上丝绸之路建设的一个新兴领域，在条件成熟的时候，开辟南极旅游航线；在可持续发展的基础上，积极参与太平洋岛国的海洋资源开发和利用，关注气候变化和环境问题；继续加大对太平洋岛国的开发援助，在帮助岛国加强基础设施建设、促进互联互通的同时，将援助项目更多地向民生领域倾斜；积极参与多边援助项目；在政治上继续压制台湾当局利用太平洋建交岛国寻求国际空间，制造两个中国的图谋；在软实力外交方面，通过公共外交活动，加强对中国形象的正面宣传，营造中国人民与岛国人民之间的信任和友好关系气氛。

近年来亚洲开发银行对太平洋岛国援助的特点分析[*]

引　言

亚洲开发银行成立于 1966 年，总部设在菲律宾首都马尼拉，在全球共设有 26 个代表处。目前亚洲开发银行成员国有 67 个，其中绝大部分成员国是亚洲地区的国家。在组织机构方面，亚洲开发银行由理事会、董事会、行长、四个副行长、一个总执行董事和各部门官员管理，其中亚洲开发银行理事会是最高权力及决策机构。[①] 根据亚洲开发银行规定，成员国根据各自持有不同百分比的股份总额，行使与之相对应的投票表决权。在亚洲开发银行各国认购股份份额中，日本与美国并列第一，是该组织的第一出资大国。截至 2014 年 12 月，日本和美国各自持有银行股份总额的 15.7% 和 15.6%，拥有一票否决权。[②] 迄今为止，亚洲开发银行的 8 位行长都是由日本人来担任。亚洲开发银行扶持其发展中成员国的主要机制为政策对话、贷款、捐赠、技术援助、联合融资与赠款。亚洲开发银行的合作伙伴包括政府、国际组织、民间团体和私营部门等，业务范围包括成员国的教育医疗等社会基础设施领域和交通运输等经济类基础设施领域等。亚洲开发银行工作的宗旨和目标在于通过发展援助亚太地区发展中成员消除贫困，促进亚太地区的经济和社会发展。而太平洋岛国处于亚太地区的南面，主要分布在太平洋赤道以南地区，在地理位置上多属于大洋洲，国际社会一般称其为南太平洋岛国。从总体经济发展水平分析，这些岛国多属于发展中国家，国家经济发展水平滞后，国内经济产业较为单一，其中个别国家为最不发达国家，属于亚洲开

---

[*] 原文登载于载喻常森主编，王学东、常晨光副主编：《大洋洲蓝皮书：大洋洲发展报告（2015—2016）》，社会科学文献出版社 2016 年版。本文第二作者莫金，中山大学国际关系学院硕士研究生。

[①] 湖北省财政厅国际处编：《亚洲开发银行概况》，湖北财税出版社 2001 年版。

[②] 新华网国际经济类组织：亚洲开发银行，http//news. xinhuanet. com/ziliao/2003 -07/10/content_966297/，2016 年 3 月 24 日。

发银行主要的发展援助对象。

亚洲开发银行与太平洋岛国有着十分密切的历史渊源和联系。亚洲开发银行自 1966 年成立以来，就已经开始对太平洋岛国进行发展援助。截至 2014 年，亚洲开发银行对太平洋岛国的援助总金额已经超过 40 亿美元，该援助资金主要用于在太平洋岛国地区的基础设施建设、能源开发，以及水资源、信息科学技术、卫生健康等项目建设。2004 年 6 月 18 日，亚洲开发银行在斐济首都苏瓦设立太平洋次区域办事处（the Pacific Sub-regional Office）。该办事处主要负责协调亚洲开发银行与太平洋岛国政府机构、社会组织之间的沟通与联系。此外，亚洲开发银行太平洋次区域办事处还负责处理库克群岛、斐济、基里巴斯、萨摩亚、汤加等太平洋岛国的经济社会数据收集、经济援助和合作项目事宜等工作。本文将通过近年来亚洲开发银行所公布的数据作为研究重点，分析亚洲开发银行对太平洋岛国政府援助的基本情况。

一、亚洲开发银行对太平洋岛国援助的概述

（一）亚洲开发银行以贷款为主，援助总量较小

进入 21 世纪以来，亚洲开发银行是援助太平洋岛国十分重要的非政府组织。首先从国别来看，亚洲开发银行对除纽埃①以外的所有太平洋岛国进行了普遍的发展援助。根据亚洲开发银行公布的数据，从 2006 年到 2014 年，亚洲开发银行共向巴布亚新几内亚等 14 个太平洋岛国提供了总额高达 36.94 亿美元的经济援助。按照援助金额从高到低排列，依次是：①巴布亚新几内亚 23.02 亿美元；②东帝汶 2.79 亿美元；③斐济 2.61 亿美元；④所罗门群岛 2.42 亿美元；⑤萨摩亚 1.78 亿美元；⑥汤加 1.07 亿美元；⑦库克群岛 0.84 亿美元；⑧基里巴斯 0.74 亿美元；⑨瓦努阿图 0.67 亿美元；⑩帕劳 0.48 亿美元；⑪马绍尔群岛 0.20 亿美元；⑫密克罗尼西亚 0.14 亿美元；⑬瑙鲁 0.10 亿美元；⑭图瓦卢 0.08 亿美元（参见表 1）。从亚洲开发银行每年度援助太平洋岛国资金的总量上看，它对太平洋岛国的年度援助资金总量大都在 5 亿美元以下。

---

① 注：纽埃不是亚洲开发银行的成员国家，且其人均国民生产总值超过 1 万美元，系该地区的高收入国家。

表 1 亚洲开发银行对太平洋岛国的援助（2006—2014 年预计开支）

单位：百万美元

国家	2006 年	2007 年	2008 年	2009 年	2010 年	2011 年	2012 年	2013 年	2014 年	合计
巴新	79.24	110.12	603	775.53	77.5	300.5	49.5	306.7	0.1	2302.19
马绍尔群岛	0.4	—	—	0.23	11.9	0.3	6.2	0.3	0.4	19.73
密克罗尼西亚	0.6	0.4	0.9	—		0.7	1.3	9.3	0.6	13.8
斐济	1.5	0.25	0.1	153.32	—		2.5	2	100.9	260.57
帕劳	—	1.7	0.4	1.2	16	—		29	0	48.3
瓦努阿图	0.8	0.6	—	1.85	0.5	61.4	1.1	0.2	0.4	66.85
汤加	0.91	—	12	11	0.5	39.9	1.4	31.6	9.5	106.81
萨摩亚	0.75	96.36	9	2.6	16	10.8	3.9	33.6	5	178.01
所罗门群岛	24.7	11.75	21.3	29.61	78.6	10.3	30.2	5.9	30.1	242.46
基里巴斯	0.63	—	0.8	0.85	32.8	23.9	1.1	1	12.9	73.98
库克群岛	—	0.7	31.4	20.6	0.3	6	6	0.7	18.5	84.2
东帝汶	1	21	1.3	49.56	1.8	24.4	110.9	51.3	18	279.26
瑙鲁	—	—	0.2	—	—	0.2	4	0.5	5.2	10.1
图瓦卢	0.3	—	4.3	—	—	—	2.8	0.1	0.6	8.1
合计	110.83	242.88	684.7	1046.35	235.9	478.4	220.9	472.2	202.2	3694.36

注：预计开支系亚洲开发银行对太平洋岛国援助已批准的项目资金与正在进行的项目资金之和，主要有贷款、联合融资、赠款、技术援助等资金。

资料来源：*Statement-Asian development bank-operations* 2006 – 2014，http://www.adb.org/ documents/statement-asian-development-bank-operations – 2006 – 2014，last accessed 24 march 2016.

从援助资金的结构情况看，亚洲开发银行对太平洋岛国的援助资金主要分为三个部分，依次是贷款业务资金、赠款和联合融资业务资金、[①] 技术援助业务资金。[②] 在上述的三部分资金中，亚洲开发银行对太平洋岛国的援助

① 联合融资（co-financing）：由国际金融机构和国家共同为一国提供融资和担保向第三方贷款机构借贷资金，包括平行融资、共同融资、窗口融资、参与性融资。国际机构的参与可增强贷款机构的信心。

② 技术援助（technical assistance）：指援助方无偿地或按优惠贷款条件向受援方提供以传授技术、管理知识和培养人才为主要内容的援助，包括项目准备技术援助、项目执行技术援助、咨询性技术援助和区域技术援助。

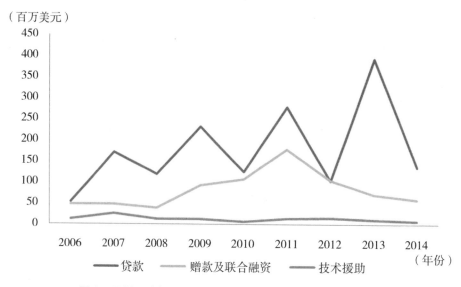

（百万美元）

图1　亚洲开发银行援助太平洋岛国资金构成（预计支付）

资料来源：*Statement-Asian development bank-operations* 2006 – 2014，http：//www. adb. org/documents/statement-asian-development-bank-operations – 2006 – 2014，last accessed 24 march 2016。

以贷款业务资金的比重最大。由图 1 可知，在亚洲开发银行援助太平洋岛国的资金构成中，贷款业务方面的资金始终处于最高的比例，赠款和联合融资业务的比例仅次于贷款业务方面的资金，最后的是技术援助业务方面的资金。2006—2014 年，亚洲开发银行对太平洋岛国的贷款项目业务资金、担保款及联合融资方面的项目资金、技术援助项目业务资金、技术援助项目业务资金占总援助资金的比例依次是 65.46%、29.97%、4.5%。亚洲开发银行对太平岛国的技术援助资金不到援助总资金的 5%，处于最低的位置。亚洲开发银行向发展中成员国提供的贷款是援助中最具实质性的内容，其近似于商业贷款，借款成员国需要还本付息。亚洲开发银行的贷款一般直接贷给发展中成员政府或由发展中成员政府担保借给该政府的相关机构。亚洲开发银行贷款有时也向发展中成员的私营部门提供，但是这种贷款的风险大，不具有政府担保贷款的利率优惠条件。与此同时，亚洲开发银行也通过实施联合融资和赠款、技术援助方面的项目来完善自身的对外援助体系。

　　从援助资金的总量方面来看，首先，从地理区域来看，亚洲开发银行对太平洋岛国区域的援助资金总量少。亚洲开发银行在对外援助过程中，按地理区域将发展援助划分五个区域，依次为中西亚、南亚、东亚、东南亚和太平洋岛国。在上述的五个区域中，亚洲开发银行对太平洋岛国区域的援助资金总量，相比于其他的区域来说，始终处于最低的位置（详见图2）。以2014年为例，亚洲开发银行总共向五大区域提供了大约229.3亿美元的发展援助资金。按照地区分布来看，亚洲开发银行主要援助国在东南亚、南亚和中西亚地区，占总额83.5%左右。其中援助资金总量最大的十个国家依次分别是：印度、巴基斯坦、中国、越南、印度尼西亚、孟加拉国、菲律宾、斯里兰卡、老挝、乌兹别克斯坦。2014年，亚洲开发银行向太平洋岛国地区提供经济援助总额仅约为2亿美元，所占比重不到当年亚洲开发银行对外经济援助总额的1%。由此可见，亚洲开发银行的对外援助的资金主要流向了太平洋岛国之外的四大区域。

（百万美元）

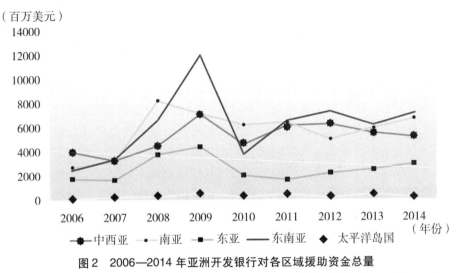

图2　2006—2014年亚洲开发银行对各区域援助资金总量

资料来源：*Statement-Asian development bank-operations* 2006 – 2014，http://www. adb. org/ documents/statement-asian-development-bank-operations – 2006 – 2014，last accessed 24 march 2016。

其次，比起世界银行在太平洋岛国地区的援助资金总量，亚洲开发银行在该地区的援助资金总量相对偏小。根据亚洲开发银行与世界银行公布的数据，贷款作为亚洲开发银行和世界银行向太平洋岛国地区发展援助最重要的援助方式，在2006—2014年，世界银行向太平洋岛国地区累计提供贷款援助大约是亚洲开发银行向太平洋岛国地区累计提供贷款援助的2.3倍。2006—2014年，亚洲开发银行向太平洋岛国地区累计提供贷款16.07亿美元，世界银行向太平洋岛国地区累计提供贷款 37. 15 亿美元。①

（二）重点援助少数国家，援助附加政治条件

从国别来看，亚洲开发银行尽管对除纽埃外的所有太平岛国都进行了援助，但是其对太平洋岛国的各个国家援助的资金总量极不平衡。根据亚洲开发银行公布的数据来看，亚洲开发银行对太平岛国援助资金主要流向了巴布亚新几内亚、斐济、所罗门群岛三国。在该地区，接受亚洲开发银行援助最多的三个国家都是领土面积较大、人口较多，且人均国内生产总值较低的国家，这些国家在城市化和工业化发展的过程中对经济基础设施建设有强烈的需求。截至 2014 年，亚洲开发银行对巴布亚新几内亚的援助金额最高，达到 23. 0219 亿美元，约占总额的 62. 31%。与此同时，图瓦卢、瑙鲁、帕劳和基里巴斯是得到援助资金最少的国家，仅仅得到亚洲开发银行约 1. 6 亿美元的发展援助资金（详见表 1）。②

受援助国在接受亚洲开发银行援助的同时，还需要接受政治附加条件。亚洲开发银行成员国想要从美国和日本共同主导的亚洲开发银行获得贷款，需要在政府透明度、意识形态等方面通过考核，还需符合环保、雇佣、招投标等方面的多种要求。与此同时，日本与美国作为西方发达资本主义国家的代表，根据自身的外交战略需要，通过其控制的亚洲开发银行，把对外援助与受援助国的政治改革和民主化挂钩，在援助的过程中经常会附加一系列的政治条件。由于大多数太平洋岛国民主政治发展相对落后，与西方发达资本主义国家确立的所谓民主、人权和善治的目标还有比较大的差距，在接受援助时常常受限制。如美、日等西方国家经常批评巴新和斐济等国议会和政党政治等民主制度不够健全，以援助资金为筹码向它们施压。

（三）援助领域广，重点援助经济类基础设施领域

从亚洲开发银行实际支付的援助资金流向的领域来看，主要分布在太平洋 14 个岛国的 11 个领域，共计援助资金 41. 21 亿美元。其中资金流入领域最多的是交通物流（18. 49 亿美元），资金最少的领域是信息与科技领域（0. 34 亿美元）（参见表 2）。

---

① *World Bank Total Gross Loans*，http：//databank. worldbank. org/data/reports. aspx? source = world-development-indicators&preview = on，last accessed 24 march 2016.

② The ADB Fact Sheets，http：//www. adb. org/Search?Keywords = fact + sheets + & = % EF%80%82.

单位：100 万美元

表 2　亚洲开发银行对太平洋岛国的援助总额（截至 2014 年，实际支付）

领域	库克群岛	斐济	密克罗尼西亚	基里巴斯	瑙鲁	帕劳	巴新	马绍尔群岛	萨摩亚	所罗门群岛	东帝汶	汤加	图瓦卢	瓦努阿图	合计
农业	2.35	60.09	10.3	2.09	—	—	200.25	9.63	41.21	24.49	0.25	8.46	0.1	1.95	360.81
教育	3.35	—	0.75	0.15	—	—	63.69	15.55	34.79	0.75	12.5	—	4.52	0.58	136.63
能源	19.2	39.08	10.21	1.7	6.03	—	179.65	2.16	97.07	24.72	0.63	29.18	—	0.9	409.63
金融服务	6.54	21.36	0.69	1.4	5.93	—	53.74	1.18	26.12	5.29	1.8	7.93	0.1	10.03	142.11
工业与贸易	0.28	0.38	0.23	0.58	—	—	38.96	0.85	4.4	0.12	—	2.39	—	0.18	48.37
政府与公民社会	15.79	6.23	47.74	13.51	4.64	—	107.21	49.1	24.45	43.51	7.96	24.73	14.69	27.15	386.71
交通物流	26.7	247.23	1.25	15.34	—	1.5	1161.8	8.77	13.47	118.79	168.66	12.42	0.65	72.71	1849.29
水源和城市建设	3.49	74.92	31.82	35.93	0.2	46.2	50.04	10.55	17.77	1.82	22.24	25.65	0.46	13.71	334.8
基本健康	—	—	—	—	—	0.6	209.48	16.36	—	0.55	—	—	—	0.05	227.04
信息与科技	—	—	—	—	—	—	—	—	5.9	18	—	9.7	—	—	33.6
其他援助	19.39	0.7	9.42	0.22	—	—	16	2.02	41.86	36.99	17.8	41.99	—	5.87	192.26
合计	97.09	449.99	112.46	70.92	17.02	48.3	2080.82	116.17	307.07	275.03	231.84	162.45	20.52	133.13	4121.25

注：实际支付系亚洲开发银行已拨付太平洋岛国的援助资金，主要有贷款、赠款、技术援助等资金。

资料来源：A series of the fact sheets, for example: Asian Development Bank and Papua New Guinea: Fact Sheet, Asian Development Bank and Cook Islands: Fact Sheet, http://www.adb.org/ publications/, last accessed 24 March 2016.

在亚洲开发银行的运作中，这 11 个领域又可以被划分为三大类，即经济基础设施、社会基础设施、公共服务与其他领域。截至 2014 年，数据显示，亚洲开发银行对太平洋岛国重点援助的领域是交通运输等经济基础设施领域，援助占比超过 70%，占亚洲开发银行援助的首位。同期亚洲开发银行对教育等社会基础实施和公共服务等其他领域的援助比例分别是 13% 和 14%（详见图 3）。总之，亚洲开发银行重点援助亚洲太平洋岛国的经济基础设施建设符合亚洲开发银行的目标与宗旨。

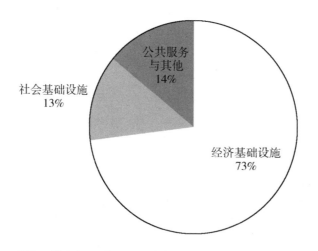

图 3 截至 2014 年亚洲开发银行对太平洋岛国支出分布（实际支付）

资料来源：*A series of the fact sheets，for example：Asian Development Bank and Papua New Guinea：Fact Sheet，Asian Development Bank and Cook Islands：Fact Sheet*，http：// www. adb. org/ publications/，last accessed 24 march 2016.

对比亚洲开发银行与世界银行在太平洋岛国地区援助的重点领域可发现，世界银行的援助资金多流入基础设施领域，与亚洲开发银行的情况相似。目前，世界银行在太平洋岛国地区正在运作的项目共有 59 个，其中有 31 个属于交通运输等经济类基础设施建设方面的项目。截至 2014 年，世界银行共向该地区贷款约 150 亿美元，其中大部分也流入了交通运输等经济类基础设施建设方面领域。

在经济类基础设施方面，亚洲开发银行援助资金主要流入了该地区的交通物流方面，约占总开支的 61%；工业与贸易方面的开支占比最少，约占总开支的 2%（参见图 4）。在太平洋岛国地区，由于绝大多数的国家经济发展比较落后，经济基础设施建设不完善，交通运输、城市建设等为社会生产和居民生活提供公共服务的物质工程设施与西方发达国家相比还有较大的差距。因此，根据太平洋岛国地区的实际情况，亚洲开发银行在确立援助领域和资金的分配上，优先援助该地区的经济基础设施方面需求较大的国家。

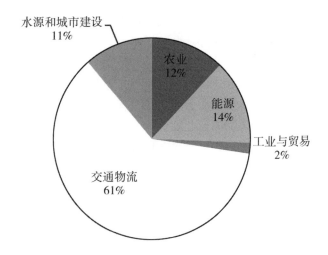

**图4 截至2014年亚洲开发银行对太平洋岛国援助实际支出中
经济类基础设施各项目占比（实际支付）**

资料来源：*A series of the fact sheets*，*for example*：*Asian Development Bank and Papua New Guinea*：*Fact Sheet*；*Asian Development Bank and Cook Islands*：*Fact Sheet*，http：//www. adb. org/ publications/，last accessed 24 march 2016.

以巴布亚新几内亚为例，截至2014年，亚洲开发银行共援助巴布亚新几内亚约21亿美元，其中在经济类基础设施建设方面的援助资金超过总援助资金的65%。[①] 亚洲开发银行公布资料显示，2014年，由亚洲开发银行援助的三个重大的基础设施开发项目取得重大的进展。一是巴布亚新几内亚内陆的高地地区（high land region）公路建设。该地区的公路交通建设项目预计投资约4亿美元，其中亚洲开发银行在该项目中累计投入援助资金约1.09亿美元，发挥了巨大作用。该公路建成后将有利于缓解巴布亚新几内亚境内的陆路交通压力。二是亚洲开发银行将投入1.3亿美元的援助资金为巴布亚新几内亚境内的多个飞机场进行升级和改造，用于缓解巴布亚新几内亚境内

---

① *Asian Development Bank and Papua New Guinea*：*Fact Sheet*，http：//www. adb. org/ publications/，Papua-ne w-guinea-fact-sheet，last accessed 24 march 2016.

的空中运输紧张状况。三是亚洲开发银行还将投入部分援助资金，帮助巴布亚新几内亚维修和完善海运港口设施，特别是位于巴布亚新几内亚东南面的莱城港潮汐码头（Lae Port Tidal Basin）。①

此外，斐济作为仅次于巴布亚新几内亚的第二大受援国，其接受的亚洲开发银行基础设施建设方面的援助仅次于巴布亚新几内亚。亚洲开发银行的援助帮助斐济极大地改善了经济和投资环境，有利于该地区经济的发展、就业率的提升和公共服务的改善。如 2005 年，亚洲开发银行通过援助斐济首都苏瓦的城市方面的基础建设，成功解决了该地区约 15 万人的饮水问题。

在社会基础设施和公共服务等援助方面，亚洲开发银行也发挥着重要的作用。在基本健康的援助方面，亚洲开发银行一方面通过资金援助的方式向太平洋岛国的国家政府、公民社会和医疗机构提供资金支持，帮助该地区国家改善医疗条件和卫生健康状况，另一方面还通过技术援助的方式帮助太平洋岛国培训医护人员，帮助当地居民学习关于健康和疾病预防的知识，呼吁当地的人们关注健康问题。2005 年至 2006 年，亚洲开发银行批准了巴布亚新几内亚的四个医疗健康类的项目资金申请。② 截至 2014 年，亚洲开发银行共向巴布亚新几内亚贷款 2.09 亿美元，一定程度上帮助当地政府和人民改善了健康卫生状况。在应对气候变化和人道主义援助方面，太平洋岛国领土面积狭小，自然生态环境脆弱，国内经济生产总值相对较少，预防和抵御自然灾害的能力差。亚洲开发银行预计，2005 年至 2030 年，该地区电力需求年均增长达 7%，化石燃料作为电力生产的主体在 2030 年前很难得到改变，但亚洲开发银行将致力于帮助这些国家建立更加安全和可持续的能源体系。2011 年至 2014 年，亚洲开发银行在库克群岛、瑙鲁、萨摩亚和所罗门群岛建设了四个能源项目，包括贷款、无偿援助和技术支持在内，总金额达 2.97 亿美元。亚洲开发银行还拟将在 2015 年至 2017 年内投入 2.28 亿美元，用于库克群岛、斐济、密克罗尼西亚、瑙鲁、巴布亚新几内亚、萨摩亚、所罗门群岛、汤加和瓦努阿图的能源项目建设，从而减少该地区对化石燃料的

---

① *Asian Development Bank and Papua New Guinea：Fact Sheet*，http：//www. adb. org/，publications/Papua-ne w-guinea-fact-sheet，last accessed 24 march 2016.

② *Asian Development Bank：Assistance to Papua New Guinea：Project* 1：*Demographic and Health Survey in Papua New Guinea；Project* 2：*Health Sector Support；Project* 3：*HIV_ AIDS Prevention and Control in Rural Development Enclaves；Project* 4：*HIV_ AIDS Prevention and Control in Rural Development Enclaves（ADF Grant）*，http：//www. adb. org/countries/Papua-new-guinea/results/data，last accessed 24 march 2016.

依赖，实现可持续与更加环保的发展。① 此外，在人道主义援助方面，亚洲开发银行常通过紧急贷款等方式，帮助受灾的太平洋岛国做好灾民安置、经济重建等工作。例如，2016年2月，斐济遭受太平洋飓风"温斯顿"袭击，遭受巨大损失。为此，亚洲开发银行立即通过紧急决议，向斐济提供200万美元的紧急贷款，以帮助斐济做好本国的救灾和灾后重建工作。总之，亚洲开发银行较为全面地对太平洋岛国地区的诸多领域进行了资金援助（参见表3）。

表3　亚洲开发银行对太平洋岛国各领域援助资金情况（实际支付）

项目	领域	援助资金/万美元	占比
经济基础设施	农业	361.17	8.76%
	能源	410.53	9.95%
	工业与贸易	48.37	1.17%
	交通物流	1849.29	44.80%
	水源和城市建设	334.8	8.12%
社会基础设施	教育	136.63	3.31%
	基本健康	227.04	5.50%
	信息与科技	33.6	0.80%
	金融服务	142.11	3.44%
公共服务与其他	公共部门管理	386.71	9.38%
	其他援助	192.26	4.66%
合计		4122.51	100%

资料来源：The ADB Fact Sheets，http：//www.adb.org/ publications/series/fact - sheet.

（四）援助体系完整而系统

亚洲开发银行在对外援助的过程中形成了一套完整而系统的援助考察和评价体系。亚洲开发银行在贷款之前，先将申请项目根据国别划分，然后再

---

① *The Millennium Development Goals in Pacific Islands Countries*，http://www.adb.org/ publications/workshop-report-millennium-development-goals-pacific-island-countries-taking-stock last accessed 24 march 2016.

将项目按贷款、技术援助等类别划分。根据亚洲开发银行的援助立项机制，每一个援助项目的立项大致可分为三个步骤：项目前期评估和审查阶段、项目中期谈判与落实阶段、项目后期结束与评价阶段（详见图5）。

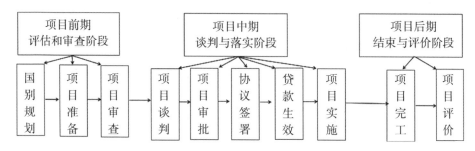

图5　亚洲开发银行对外援助贷款流程

在援助项目前期的评估和审查阶段，亚洲开发银行将根据援助项目所在地的实际情况，并考虑当地的环境和社会因素，具体考察三项指标因素，依次是当地环境因素、外来移民因素、当地居民因素，最终将评估的项目环境分为三类，由高到低依次为 A、B、C。A 类项目要求当地有良好的自然资源、社会支持，B 类项目的要求次之，C 类项目要求最低。简而言之，亚洲开发银行在进行资金援助前会对援助地进行详细的考察和评估，并做出合理的判断，为决策者提供决策的依据。项目前期评估和审查结束后，贷款协议草案和项目建议书草案将提交给包括政府在内的所有相关各方进行审阅，由各方提出反馈意见，然后由政府与亚洲开发银行进行谈判，并由董事会审批。董事会批准后，项目文件送借款国政府核准，在核准后，亚洲开发银行代表和借款国政府代表分别在贷款协议上签字，协议正式生效。项目由项目执行机构根据既定的日程安排和程序实施。项目完工并投入运行后，亚洲开发银行将在完工后12～24个月内准备一份《项目完工报告》，总结项目实施经验和教训。亚洲开发银行业务评估局将有选择地对项目的准备与实施情况进行评估，并准备一份项目绩效审查报告，报告包括以下几方面的评估与实施情况：经济、财务、社会效益、环境影响。整个审查报告通常在项目实施完毕后三年左右完成。

以 2006 年巴布亚新几内亚莱城港口建设项目为例（项目编号40037—012），在巴布亚新几内亚申请该项目贷款后，亚洲开发银行实地考察援助项目所在地的情况，认定巴布亚新几内亚莱城港口项目当地环境因素指标是 A 等级、外来移民因素指标是 A 等级、当地居民因素指标是 C 等级。随后在

2006 年 5 月，亚洲开发银行与巴布亚新几内亚政府代表签署项目合作文件。在项目文件生效后，由项目执行机构根据既定的日程安排和程序实施，并选聘项目咨询专家协助政府实施项目。2008 年 6 月项目完成后，亚洲开发银行业务评估局将对该项目的实施情况进行评估，并向亚洲开发银行董事会报告实施情况，包括经济、财务、社会效益、环境影响和评估结果。亚洲开发银行在对外援助的过程中，根据自身运作的实际情况，发展出了一套比较成熟和完整的援助体系（参见表 4）。

表 4　2006 年亚洲开发银行援助巴布亚新几内亚的部分项目

项目编号及名称	开始日期	环境评估	外来移民因素	土著居民因素	获批金额（百万美元）	结束日期
39033－022/农村艾滋病防控	2006.4.25	C	B	B	22	2015.2.25
40037－012/莱城港口建设	2006.5.30	A	A	C	1.06	2008.6.13
32124－023/道路维护与改建	200.6.29	B	C	C	17.55	2012.12.5
30535－032/巴新金融管理援助	2006.3.8	C	C	C	0.15	2007.8.31
37736－012/巴新公共健康援助	2006.12.4	C	B	C	0.85	2012.5.31

资料来源：*Project* 1：*HIV/AIDS Prevention and Control in Rural Development Enclaves*（*ADF grant*）/ *Project* 2：*Papua New Guinea：LAE port development project-tidal basin phase*1/ *Project* 3：*Papua New Guinea：Road Maintenance and Upgrading*（*Sector*）*Project*（*Supplementary Loans* / *Project* 4：*Papua New Guinea：Preparing Supplementary Financing for the Financial Management Project*/ *Project* 5：*Papua New Guinea：Health Sector Support*，http://www.adb.org/projects/ new-guinea?page = 2，last accessed 24 march 2016.

二、亚洲开发银行对太平洋岛国援助的特点分析

亚洲开发银行对太平洋岛国的援助实质是一种社会交换的行为。国际援

助的社会交换理论认为，援助者通过援助行为鼓励受援助者的某种行为表现，而受援者常因其所表现出来的特定行为，继续获得援助者的援助报偿。一方面，对外援助者为实现自身的对外政策目标和利益，需要获得受援者的支持。另一方面，受援者的国内资源难以满足国内经济发展、社会福利等方面对资金和技术等的需求，对国际援助存在一定的期待。受援者为获取这种国际援助而向援助者提供其所需要的政治、经济等方面的支持。① 因此，在国际援助社会交换理论的视野下，亚洲开发银行对太平洋岛国的援助是在国际社会中的一种利益交换行为。首先，作为援助者，一方面，为了促进太平洋岛国地区的经济发展，改善该地区的贫困状况，亚洲开发银行重点援助了太平洋岛国地区的经济类基础设施领域，并重点援助了巴布亚新几内亚和斐济等对经济类基础设施需求较大的国家；另一方面，为了满足降低援助成本和实现自身盈利的需要，亚洲开发银行采取了以贷款援助为主的援助方式。其次，作为受援者，在地理环境方面，太平洋岛国分散在浩瀚的太平洋上，面对气候变化、海平面上升和飓风灾害等问题时，国家外部自然环境极具脆弱性；在经济发展方面，大多数太平洋岛国国内经济基础薄弱，经济产业结构单一，国家和人民收入水平不高，国内的资源难以满足国家经济发展、社会福利等方面的要求，因而渴望得到来自国际方面的援助。因此，为了获取亚洲开发银行的援助资金，太平洋岛国不得不在接受亚洲开发银行在政治和经济方面的各种要求。在整个援助过程中，援助者和受援者双方都能通过援助行为获得双方所希望的潜在利益，完成利益的交换，进而支撑整个援助过程在国际社会中持续发展。

与此同时，从横向比较来看，亚洲开发银行（营利性组织）与联合国发展计划署（非营利性组织）都是对太平洋岛国援助的重要国际非政府组织，两者在援助的目标、援助的重点领域和援助的机制方面存在什么异同呢？首先，在相似性方面，联合国发展计划署与亚洲开发银行对太平洋岛国援助都是围绕自身组织的目标开展援助的，将对外援助行为与自身战略目标紧密结合。其次，在差异性方面，联合国发展计划署与亚洲开发银行对太平洋岛国援助存在以下不同：第一，在援助目标方面，联合国发展计划署的援助目标是提高国家和政府为人民提供公共服务的能力，促进联合国千年发展目标的实现，提高人民生活水平及保护人权。因此，联合国发展计划署优先考虑通过完善太平洋岛国的国家民主政治机制，来帮助这些国家实现长期的

---

① 丁韶彬：《对外援助的社会交换论阐释》，载《国际政治研究》2007 年第 3 期，第 38 - 55 页。

经济和社会可持续发展。21 世纪初，随着联合国千年发展计划的提出，联合国发展计划署在太平洋岛国地区确立的重点援助领域是良治与人权、公平的社会保障以及公平的经济增长与减贫。与此同时，亚洲开发银行的目标是通过援助亚太地区发展中成员，消除贫困，促进亚太地区的经济和社会发展。亚洲开发银行更多的是直接通过资金和技术来援助该地区的交通等基础设施建设，以此来促进该地区国家经济和社会发展。第二，在援助的重点领域方面，联合国发展计划署援助资金主要流向了民主政治、人权和可持续发展等公共服务领域，而亚洲开发银行援助资金主要流向了交通运输等基础设施建设领域。以联合国发展计划署的最大援助国——巴布亚新几内亚为例，2004—2010 年，联合国发展计划署共向巴布亚新几内亚援助资金约 2600 万美元，其中民主政治和民主选举方面的援助资金高达 1227 万美元，占总支出额的 47.3%。① 进入 21 世纪以来，联合国发展计划署的发展援助框架和工作计划受国际发展援助思潮的影响，发展援助中对民主政治、人权等方面尤其关注。与此同时，截至 2014 年，亚洲开发银行对巴布亚新几内亚民主政治和民主选举方面的援助资金仅为 107.21 万美元，约占总支出额的 5%，而交通物流方面的援助资金为 1161.8 万美元，约占总支出额的 56%。② 第三，在援助的机制方面，联合国发展计划署针对太平洋岛国的实际情况设立了三个代表处实行分区管理，三个代表处依次为巴布亚新几内亚代表处、萨摩亚多国代表处和斐济多国代表处。其中，巴布亚新几内亚是联合国发展计划署援助资金分配最多的重点援助国，因此单独设立了一个代表处管理援助事务。萨摩亚多国代表处负责萨摩亚、纽埃、库克群岛和托克劳四国的援助事务。斐济多国代表处负责斐济、所罗门群岛等其余国家的援助。联合国发展计划署的各代表处需要参照联合国国别援助框架，按照援助国的情况确定援助方案，国别援助方案通常包含国家的国情分析、重点领域计划、项目资金分配、援助产出评估等内容。与此同时，亚洲开发银行通过南太平洋次区域办事处来独立处理援助太平洋岛国的相关事务。总之，亚洲开发银行作为太平洋岛国的重要非政府组织，其在援助的目标理念、援助的重点领域和援助的机制方面存在显著的特点。

---

① *UN Development Assistance Framework（UNDAF）for* 2013 – 2017，http：//www.fj.un-dp.org/，last accessed 24 march 2016.

② A series of the fact sheets，for example：Asian development bank and Papua New Guinea：fact sheet、Asian development bank and Cook Islands：fact sheet，http：//www.adb.org/ publications/，last accessed 24 march 2016.

结　论

　　总之，亚洲开发银行对太平洋岛国的援助，一方面与亚洲开发银行本身的任务和宗旨密切相关，另一方面也与亚洲开发银行的最大持股国家（美国和日本）的整体外交政策理念和地区战略高度切合。尽管亚洲开发银行对太平洋岛国的援助可能存在一定的问题，但是亚洲开发银行将来仍然是援助太平洋岛国主要的非国家行为体，对于太平洋岛国的政治、经济、教育卫生和社会的发展有重要的作用，特别是在经济基础设施建设领域影响十分巨大。基于历史和现实因素的考虑，亚洲开发银行还将继续对太平洋岛国提供经济援助。目前，亚洲开发银行对太平洋岛国的援助主要呈现如下特点：一是亚洲开发银行对太平洋岛国援助的资金以贷款为主，援助总量少；二是亚洲开发银行的援助国家多、援助领域广，但其援助资金主要集中在经济类基础设施建设领域，同时兼顾社会基础设施领域；三是亚洲开发银行在该地区援助的重点国家是巴布亚新几内亚和斐济等一些对基础设施建设需求较大的国家，并在对外援助过程中附加政治条件；四是亚洲开发银行在长期的对外援助中发展出一套完整和成熟的援助体系。通过理论分析和比较分析，研究发现，亚洲开发银行对太平洋岛国的援助实质是国际社会中的一种利益交换行为，亚洲开发银行与联合国发展计划署对太平洋岛国的援助行为在援助目标理念、援助的重点领域和援助的机制方面存在显著的差异。总之，亚洲开发银行对外援助一定程度上符合日美等西方发达资本主义国家的对外战略和利益，并在一些领域发挥着其他国家行为体所不能产生的作用。

中国企业在太平洋岛国投资的社会政治风险分析[*]

随着企业国际化程度加深，中国成为对外投资大国。但是，由于国际经营管理环境错综复杂，中国企业境外直接投资活动面临着许多不确定因素甚至风险，致使部分企业遭受不可挽回的损失。因此，如何防范企业境外投资的各种风险问题，不仅成为企业自身发展必须迫切解决的矛盾，也成为国家实施"一带一路"倡议的关键。

根据中国国家发展改革委、外交部、商务部于 2015 年 3 月 28 日联合发布的《推动共建丝绸之路经济带和 21 世纪海上丝绸之路的愿景与行动》文件精神，21 世纪海上丝绸之路重点方向是从中国沿海港口过南海到印度洋，延伸至欧洲，从中国沿海港口过南海到南太平洋。因而，开展对南太平洋地区投资环境的研究刻不容缓。

国内学术界对中国企业海外投资风险问题的综合研究，包括风险分类和风险防控体系的建构两个方面：第一，在海外投资风险分类方面，王辉耀、孙玉红、苗绿在《中国企业国际化的风险与防范》一文中认为，根据风险来源划分，企业国际化风险可以分为外部风险、内部风险与交易风险三大类。[①] 李英、于迪在《国际投资政治风险的防范与救济》一书中认为，从风险的性质划分，国际投资风险主要包括政治风险、商业风险和法律风险。[②]查道炯等在《中国境外投资环境与社会风险案例研究》一书中认为，中国企业的海外投资风险可以分为"传统风险"和"非传统风险"两大类。其中，"非传统风险"主要集中在环境、社会、冲突风险方面，涉及国家安全审查、贸易摩擦、外交、法律、战争、制度、少数民族、文化、宗教、地缘政治等因素。[③] 第二，在风险防控体系建构方面，王辉耀、孙玉红、苗绿在

---

[*] 原文登载于喻常森主编，王学东、常晨光副主编：《大洋洲蓝皮书：大洋洲发展报告（2015—2016）》，社会科学文献出版社 2016 年版。

[①] 王辉耀、孙玉红、苗绿：《中国企业国际化的风险与防范》，载王辉耀主编《企业国际化蓝皮书：中国企业全球化报告 2015》，社会科学文献出版社 2015 年版，第 204 页。

[②] 李英、于迪：《国际投资政治风险的防范与救济》，知识产权出版社 2014 年版，第 27 - 28 页。

[③] 查道炯、李福胜、蒋姮主编：《中国境外投资环境与社会风险案例研究》，北京大学出版社 2014 年版，第 18 页。

《中国企业国际化的风险与防范》一文中，将中国企业国际化外部风险体系分为 10 个大指标、26 个一级指标因子和 122 个二级指标，并据此制作出企业国际化风险等级严重性矩阵。① 林竹芳、李孟刚、季自力合著的《中国海外投资风险防控体系研究》一书中，在借鉴国际著名风险管理顾问费利克斯·克洛曼系统结构观点基础上，提出了海外投资风险模糊控制系统模型。②

本文将建立在国内外学术界已有研究成果和相关资料的基础上，选择我国学术界过去比较忽略的太平洋岛国作为研究重点。鉴于太平洋岛国的政治、社会和环境等领域的非传统风险问题相对突出，本文将致力于建构太平洋岛屿国家投资的非传统风险分析模型并提出相关建议。本文的结构包括三个部分：首先，分析太平洋岛国总体投资环境；其次，介绍中国在太平洋的投资历程和最新发展动向；最后，设计太平洋岛国投资的非传统风险分析框架。结论部分提出有效规避投资风险的若干建议。

一、太平洋岛国总体投资环境分析

（一）太平洋岛国基本情况

太平洋岛国有时被称为南太平洋岛国，属于大洋洲。目前，该地区共有 14 个独立国家。此外，还有 8 个属于英国、法国、美国和新西兰的海外领地。据说，整个太平洋岛屿国家和地区共有 25000 个大小岛屿和 1200 种语言。③ 按种族和文化的相似性，可以划分为美拉尼西亚（西南部区域群岛）、密克罗尼西亚（北部偏西区域群岛）和波利尼西亚（东南部区域群岛）三大部分。按照独立的时间先后，14 个太平洋岛国分别是萨摩亚（1962）④、瑙鲁（1968）、汤加（1970）、斐济（1970）、巴布亚新几内亚（1975）、所罗门群岛（1978）、图瓦卢（1978）、基里巴斯（1979）、马绍尔群岛（1979）、瓦努阿图（1980）、密克罗尼西亚（1986）、库克群岛（1989，目

---

① 王辉耀、孙玉红、苗绿：《中国企业国际化的风险与防范》，载《企业国际化蓝皮书：中国企业全球化报告2015》，社会科学文献出版社 2015 年版，第 210–217 页。

② 林竹芳、李孟刚、季自力：《中国海外投资风险防控体系研究》，经济科学出版社 2014 年版。

③ 汪诗明、王艳芬：《如何界定太平洋岛屿国家》，载《太平洋学报》2014 年第 11 期，第 1–7 页。

④ 原名西萨摩亚，1997 年更名为"萨摩亚独立国"。

前为非联合国会员国）、帕劳（1994）、纽埃（2006，目前为非联合国会员国）。其中，与中国建立外交关系的国家有斐济、萨摩亚、巴布亚新几内亚、瓦努阿图、密克罗尼西亚、库克群岛、汤加、纽埃等8个国家。①

太平洋岛国大部分是小国甚至是微型国家。其中，面积最大的是巴布亚新几内亚，陆地面积为462840平方公里。面积最小的是瑙鲁，陆地面积仅为24平方公里。但是，根据《联合国海洋法公约》所确立的群岛原则，这些国家各自均拥有200海里的专属经济区，极大地弥补了陆地面积过于狭小的缺陷。与此同时，这些国家国土面积狭小，资源、气候、交通、医疗等条件有限，人口相对稀少。在14个独立的太平洋岛国中，人口最多的是巴新，2014年人口总量为6552730。人口最少的国家是瑙鲁，2014年人口仅有10700人，是真正的小国寡民状态。而在纽埃，2014年的常住人口只有1311，另有1.2万人居住在新西兰。人口超过10万以上的国家依次是巴新、所罗门群岛、斐济、瓦努阿图、萨摩亚、基里巴斯、汤加和密克罗尼西亚。太平洋岛国总体经济发展比较落后，有的国家属于联合国划定的最不发达国家行列。有关太平洋岛国的基本情况，参见表1。

表1 太平洋岛国基本情况

国家	首都（首府）	领土（平方千米）	人口（2014）	GNI总量（亿美元，2013）
巴新	莫尔斯比港	462840	6552730	150
所罗门群岛	霍尼亚拉	28450	609883	8.98
斐济	苏瓦	18333	903207	39
瓦努阿图	维拉港	12190	266937	7.90
萨摩亚	阿皮亚	2934	196628	7.57
基里巴斯	塔拉瓦	811	104488	2.68
汤加	努库阿洛法	747	106440	4.73
密克罗尼西亚	帕利基尔	702	105681	3.39
帕劳	梅莱凯奥克	465	21186	2.29
纽埃	阿洛菲	260	13311	0.23（GDP 2012）

---

① 至本书出版前，所罗门群岛（2019年9月21日）、基里巴斯（2019年9月27日）已与中国建交。

续表1

国家	首都 （首府）	领土 （平方千米）	人口 （2014）	GNI 总量 （亿美元，2013）
库克群岛	阿瓦鲁阿	240	18900	2.80（GDP2012）
马绍尔群岛	马朱罗	191	70983	2.27
图瓦卢	富纳富提	26	10782	0.58
瑙鲁	亚伦	24	10700	0.39（GDP）

资料来源，中华人民共和国外交部：http://www.fmprc.gov.cn/web/gjhdq_676201/gj_676203/dyz_681240/。

亚洲开发银行：http://www.adb.org/publications/key-indicators-asia-and-pacific – 2015。

美国国际开发署：http://gbk.eads.usaidallnet.gov/。

造成太平洋岛国社会经济发展相对滞后的原因，主要是地理破碎性和文明的后发性。由于太平洋岛国远离欧亚大陆的文明中心地带，偏离中国传统海外贸易航线，失去了不少与现代文明交流的机会。18 世纪中期被西方殖民者重新"发现"的时候，这一地区基本上处于原始社会向奴隶社会过渡阶段，至今部落社会印记仍然十分明显。成为西方列强的殖民地以后，这些国家开始接受西方的宗教文化，步入文明社会轨道。20 世纪 60 年代以后，太平洋岛国开始摆脱西方殖民地地位而独立建国。但是，由于自身条件限制，发展水平较低，太平洋岛国的发展和建设任务仍然非常繁重。

（二）政治环境

太平洋岛国在独立建国以后，受到原来宗主国影响，基本上选择了西方议会制度或者君主立宪制度作为国家基本政治结构模式。作为议会制度重要支柱，大部分太平洋岛国初步组建自己的政党制度。政党"在现代化的政治系统中提供合法性和稳定性，与传统社会中的制度遗产则是反比关系"。[①]议会政治的基本特色是定期举行大选，多党轮流执政。但是，由于大部分岛国进入现代化进程较晚，政党政治发育并不完善。有些国家有选举之名，但无政党轮替之实（见表2）。

---

① 萨缪尔·亨廷顿：《政治发展与政治衰败》，转引自［美］尼考劳斯·扎哈里亚迪斯主编：《比较政治学：理论、案例与方法》，宁骚、欧阳景根等译，北京大学出版社2008 年版，第84 页。

表 2　太平洋岛国政治结构与政府领导人

国家	政治制度	现任国家领导人（截至 2016 年 6 月）	现任政府首脑	议长	执政党	主要反对党
巴新	一院制	迈克尔·奥吉奥（2011 年 2 月就任总督）	彼得·奥尼尔（2012 年 8 月当选）	西奥多·佐伦诺克（2012 年 8 月当选）	人民全国代表大会党、国民联盟党、联合资源党、人民进步党	巴布亚新几内亚党、美拉尼西亚自由党、巴新劳工党
所罗门群岛	一院制	弗兰克·卡布依（2009 年就任总督）	戈登·达西·利洛	艾伦·凯马凯扎	变革联盟	所罗门社会信用党、人民联盟党、所罗门工党
斐济	一院制	乔治·孔罗特（2015 年 11 月就任总统）	乔萨亚·沃伦盖·姆拜尼马拉马（2014 年 9 月当选总理）	吉科·卢维尼当选（2014 年 9 月当选）	斐济优先党	社会民主自由党、民族联盟党、斐济工党、人民民主党
瓦努阿图	一院制	鲍德温·朗斯代尔（2014 年 9 月就任总统）	萨托·基尔曼（2015 年 6 月当选总理）	博多罗·菲利普	人民进步党、绿党联邦、温和党联邦	瓦努阿库党、民族联合党、土地和正义党

续表2

国家	政治制度	现任国家领导人（截至 2016 年 6 月）	现任政府首脑	议长	执政党	主要反对党
萨摩亚	一院制	图伊阿图阿·图普阿·塔马塞塞·埃菲（2007 年 7 月就任总统，2012 年连任）	图伊拉埃帕·卢佩索里艾·萨伊莱莱·马利埃莱额奥伊（2011 年 3 月就职总理）	拉乌利·莱瓦蒂亚·波拉塔伊瓦奥（2011 年 3 月当选）	人权保护党	服务萨摩亚党
基里巴斯	一院制	塔内蒂·马马乌（2016 年 3 月 9 日当选总统）	—	托马斯·伊乌塔	托布万基里巴斯党	和平议事厅党、追求真理党
汤加	一院制	图普六世（2012 年 3 月继位）国王	阿基利西·波希瓦（2014 年 12 月当选首相）	图伊瓦卡诺（2014 年 11 月当选）	汤加"友谊之岛民主党"	人权和民主运动党、人民民主党、可持续建设国家党
密克罗尼西亚	一院制	彼得·克里斯琴（2015 年 5 月当选总统）	彼得·克里斯琴（2015 年 5 月当选总理）	韦斯利·西米纳（2015 年 3 月当选）	—	—
帕劳	两院制	汤米·雷蒙杰索（2013 年 1 月就任总统）	约翰逊·托里比翁总理	参议长塞特·安德烈斯 众议长马里奥·古利伯特	—	—

续表2

国家	政治制度	现任国家领导人（截至2016年6月）	现任政府首脑	议长	执政党	主要反对党
纽埃	一院制	杰里·迈特帕里（英国女王代表，新西兰总督）	托克·塔拉吉（2014年4月当选总理）	伊吉利斯·皮希吉亚（2014年4月当选）	纽埃人民党	—
库克阿图	一院制	汤姆·马斯特斯（2013年8月就职总督）	亨利·普那（2010年上任总理，2014年连任）	托乌·特拉维尔·阿里基	库克群岛党	库克民主党
马绍尔群岛	一院制	克里斯托弗·洛亚克（2013年1月当选总统）	克里斯托弗.洛亚克	唐纳德·卡佩勒（2011年11月当选）	联合民主党	东西方民主党
图瓦卢	一院制	巴库巴·伊塔莱利（2010年5月就任）	埃内尔·索波阿加（2013年8月就任）	奥蒂尼卢·陶西（2014年3月就任）	—	—
瑙鲁	一院制	巴伦·瓦卡（2013年6月当选总统）	—	路德维格·斯考蒂（2013年6月连任）	瑙鲁民主党	—

　　从表2可以看出，除帕劳外，其余所有13个太平洋岛国均采取一院制。而实行君主立宪制的国家，除汤加外，其余均为英联邦国家，如巴新、所罗门群岛、纽埃、库克群岛，这些国家名誉上尊崇英国女王为国家元首，设总督代行职责。

在军事和安全上，只有部分太平洋岛国拥有自己的国防军队和警察队伍，如斐济和巴新，在本地区属于实力最为强大的国家。斐济的军队由正规军和后备军组成，军队编制为45882人；其中，海军11200人，装备有45艘各类舰艇和巡逻船，空军18800人，装备作战飞机100多架。斐济先后派遣士兵和警察参与中东、科索沃、东帝汶、巴新、所罗门群岛和黎巴嫩等地的维和任务。巴新作为最大的岛国，国防军人数仅为2000人，主要依靠澳大利亚的帮助，与澳大利亚签有防务合作协议；澳每年向其提供约4000万澳元军援，并提供军事培训。至于美国的自由联系国密克罗尼西亚、马绍尔群岛和帕劳三国，国防安全事务全部委托美国。库克群岛和纽埃是新西兰的自由联系国，与新西兰签订了安全防务协定。如库克群岛不设军队，委托新西兰协助，全国只有110名警察，且不佩带枪支。

（三）经济环境

太平洋岛国均属于发展中国家，经济发展水平相对比较落后，有的甚至归入世界上最不发达的国家行列。如联合国《2014年最不发达国家报告》中，就有基里巴斯、所罗门群岛、图瓦卢、瓦努阿图等4个太平洋岛国属于最不发达国家行列。由于交通运输、通信、教育等基础设施不足，以及受劳动力、资源、资金和技术等条件限制，部分岛国经济增长乏力。根据最新数据，2014年GDP增长最快的国家是瑙鲁，为12.6%；其他依次为巴新8.53%，帕劳7.95%，斐济6.94%。其余岛国经济处于低增长或者负增长状态。（见表3）

在产业结构方面，太平洋岛国基本上属于资源开发和加工业为主。如巴新，由于资源丰富，农业、有色金属、石油和林业是巴新经济的支柱产业。农业可耕地面积占全国土地的5%，农业人口占全国人口的85%。其次是渔业，目前，巴新捕鱼区扩大至240万平方公里，渔业资源丰富，是南太平洋地区第三大渔区，盛产金枪鱼、对虾和龙虾。金枪鱼年潜在捕捞量30万吨，目前年捕捞量约20万吨，占世界捕捞量的10%及南太平洋地区的20%～30%。斐济是太平洋岛国中经济实力较强、经济发展较好的国家。渔业、森林资源丰富，有金、银、铜、铝土等矿藏，制糖业、旅游业是国民经济支柱。由于斐济处于太平洋岛国的枢纽位置，空运和水运较为发达。此外，发展海洋旅游业成为太平洋岛国经济新的增长点。如斐济的旅游收入是斐济最大的外汇收入来源。2014年旅游收入达14.04亿斐元，游客人数达69万人次，全国约有4万人在旅游部门工作，占就业人数的15%。旅游业是萨摩亚主要经济支柱之一和第二大外汇来源。汤加具有较有特色的历史文化传统和

表 3　2014 年太平洋岛国经济数据

国家	GDP 总量（百万美元）	GDP 年增长率（%）①	人均 GDP（美元）	对外贸易额（百万美元）②	财政收入（百万美元）③	年通胀率（%）④
巴布亚新几内亚	16929	8.53	2268.16	9670	11497.8	5.21
斐济	4532	6.94	5112.32	4623.8	2380.8	0.54
瓦努阿图	815	2.30	3147.96	375.9	18352.0	0.80
图瓦卢	38	1.99	3826.90	12.3	32.4	3.30
马绍尔群岛	187	−0.97	3529.75	210.7	102.9	1.30
所罗门群岛	1158	1.51	2024.19	964.4	3288.5	5.17
密克罗尼西亚	318	−3.40	3057.09	247	216.7	0.70
萨摩亚	800	1.20	4172.22	434.6	555.4	−0.41
基里巴斯	167	3.70	1509.52	100	188.9	2.60
瑙鲁	182	12.6	17857	190.2	57.8	5.00
库克群岛	311	−1.2	15003	129	160.9	1.60
帕劳	251	7.95	11879.68	186	108.6	4.00
汤加	434	2.14	4113.99	237.8	231.1	2.51
纽埃	2474	—	17000	12.65	—	—

数据来源：以上数据根据世界银行 World Development Indicators、联合国亚太经社委员会（ESCAP）Online Statistical Database、亚洲开发银行 Statistics and Databases 数据整理而成。

---

① GDP 总量、年 GDP 增长率及人均 GDP 数据均基于现价美元，瑙鲁的 GDP 年均增长率基于 2005 年不变价美元。

② 对外贸易额只限于商品的进出口贸易，不包括服务贸易。其中纽埃为 2011 年的数据。

③ 财政收入包括了接受捐赠所得。其中，巴布亚新几内亚、斐济、瓦努阿图、所罗门群岛、萨摩亚、汤加的财政收入用本币计算，图瓦卢、基里巴斯、瑙鲁用澳元计算，马绍尔群岛、密克罗尼西亚用美元计算，库克群岛用新西兰元计算。巴布亚新几内亚和斐济的财政收入为估计值，瑙鲁为 2010 年数据，基里巴斯为 2012 年数据，马绍尔群岛和库克群岛为 2013 年数据。

④ 年通胀率是基于消费价格指数所得。

旅游资源，旅游业是汤加政府力图大力发展的经济行业之一，被视为增加民众收入和解决就业的新的增长点。但由于开发能力有限，旅游业尚未实现快速发展。巴新旅游资源丰富，开发潜力较大，每年接待外国游客约 7 万人次。

大部分太平洋岛国经济发展水平处于较低状态，自身财政收入不足，主要依靠外来援助平衡财政赤字，如巴新 2014 年财政收入为 126.74 亿基那，2015 年政府预算总额为 161.99 亿基那。截至 2014 年，巴新外债为 37.20 亿基那。[①] 汤加 2015—2016 财年预计外援总额约 2.33 亿潘加（含国际现汇财政援助 6600 万潘加），约占汤加该年度预算的 50%，[②] 被世界银行列为"高风险"国家。

对多数太平洋岛国来说，实现自身的经济增长和可持续发展，仍然是岛国当前和今后的主要任务。而经济增长的具体目标是增加可持续的贸易（包括服务）和投资，提高基础设施发展的效率以及在公益设施的供给上进行协作，扩大私营部门的参与并使之为发展做出贡献。[③] 在经济可持续发展方面，主要任务是加强经济发展、社会发展和环境保护之间的整合和协调，逐步实现经济效益与社会效益、环境效益的统一。[④]

（四）社会文化环境

太平洋岛国分布在辽阔的太平洋中部和西南部，如前所述，其土著居民按照人种和文化属性，可以分为美拉尼西亚、密克罗尼西亚和波利尼西亚三个群体（参见表 4）。但是，这三大文化圈并不是天然分割的，它们之间又有一定的亲缘和交叉关系。同时，在三大文化圈内部，社会文化也存在一定的差别，尤其是在密克罗尼西亚和美拉尼西亚。

---

① 中华人民共和国外交部网站. 国家和国际组织. 巴布亚新几内亚，http://www.fmprc. gov. cn/web/gjhdq_676201/gj_676203/dyz_681240/1206_681266/1206x0_681268/。

② 中华人民共和国外交部网站. 国家和国际组织. 汤加. http://www.fmprc. gov. cn/web/gjhdq_676201/gj_676203/dyz_681240/1206_681790/1206x0_681792/。

③ Pacific Islands Forum Secretariat, *The Pacific Plan*: *For Strengthening Regional Cooperation and* Integration, 2007, p. 3.

④ 徐秀军：《地区主义与地区秩序：以南太平洋地区为例》，社会科学文献出版社 2013 年版，第 119 页。

表4　太平洋岛国（地区）种族与文化分布

种族文化区	国家和地区
美拉尼西亚	斐济、巴布亚新几内亚、所罗门群岛、瓦努阿图、新喀里多尼亚
密克罗尼西亚	密克罗尼西亚、基里巴斯、瑙鲁、帕劳、马绍尔群岛
波利尼西亚	美属萨摩亚、库克群岛、萨摩亚、汤加、纽埃、法属波利尼西亚、图瓦卢托克劳、瓦里斯和富图纳群岛

从人口结构来看，除了土著居民外，由于殖民地历史和现代移民迁徙，太平洋岛国拥有多样化的外来族群。在有的国家，外来族群所占比例较高。如斐济，根据2007年人口统计，总人口中斐济族人占56.8%，印度族人占37.5%，其他族群（包括罗图马人、华人、欧洲裔人和其他太平洋岛国人）占5.7%。目前，在斐济的华人华侨共有8000人。[①] 巴新人口按政治地理概念，又可分为巴布亚人和新几内亚人两大部分。巴布亚人是指巴新本土南部及东南部各省居民，约占全国人口35%；新几内亚人包括巴新本土北部和沿海各岛屿居民。

在语言上，由于岛国地区居民分散，整个太平洋岛国地区使用多达1000多种语言，平均六七千人就有一种语言。除法属海外领地使用法语外，大部分岛国的官方语言为英语。太平洋岛国在进入现代化社会以前，基本上属于原始社会向私有制社会过渡时期。许多国家呈现出二元社会结构，即在广大的农村和海岛地区，仍然盛行部落制度，而中心城市则拥有完全不同的现代社区文化。

由于自中世纪后期开始，除汤加外，太平洋岛国均成为西方殖民地，在宗教和文化上深受欧洲传统文化影响。在宗教上，太平洋岛国基本上属于基督教文化圈。如巴新95%的居民信仰基督教和罗马天主教，此外，路德教、联合教、传统拜物教也有一定影响。教会势力在当地影响很大。宗教对斐济社会文化生活也有着重要的影响，宗教信仰与族群相一致。其中，土著居民基本上信仰基督教（各个派别），约占总人口的53%；印度裔大部分信仰印

---

① 商务部国际贸易经济合作研究院、商务部投资促进事务局、中国驻斐济大使馆经济商务参赞处编：《对外投资合作国别（地区）指南·斐济》，2015年版，第7页。www.mofcom.gov.cn/dl/gbdqzn/upload/feiji.pdf.

度教（37.5%），其他印度裔人口则分别信仰伊斯兰教（8%）、锡克教
（0.7%）。①由于受到宗教信仰影响，绝大部分岛民心态平和，对人友好，幸
福感普遍较高。尽管物质生活并不丰富，自然条件也并不优越，但岛民们却
能尽情享受"太平洋方式"的慢节奏生活。

与此同时，如同世界其他国家和地区一样，随着社会的进步和阶级分化，
受全球化和外来文化的冲击，太平洋岛国地区的不同文化也正在经历着不断的
调适和融合过程。特别是在一些中心城市或者城乡结合部，伴随着社会转型和
失业人口的增加，社会治安问题比较严重，从而打破了往日的祥和与宁静。

二、中国对太平洋岛国投资关系的发展

进入 21 世纪以后，中国政府非常重视开展对南太平洋国家的经济外交，
力图通过对外援助、经济技术合作、双边自贸协定等途径，深入参与地区合
作进程。中国对太平洋岛屿国家的投资主要分布在资源开发、农业、基础设
施、海洋渔业、服务业等领域。随着这些国家纷纷制定"北向"政策，为
中国正在实施的 21 世纪海上丝绸之路倡议创造了较为有利的条件。

近年来，太平洋岛国已经成为中国企业"走出去"开展海外投资的热
点地区之一。② 根据《中国商务年鉴》统计，2005 年至 2014 年的 10 年间，
中国累计向太平洋岛国直接投资总量为 7.53 多亿美元。其中，投资目的地
主要是巴新（3.87 亿美元），其次是萨摩亚（2.25 亿美元）和斐济（1.32
亿美元）。（参见表 5）

表 5　中国对太平洋岛国直接投资流量统计（2005—2014 年）

单位：万美元

国家	2005 年	2006 年	2007 年	2008 年	2009 年	2010 年	2011 年	2012 年	2013 年	2014 年	小计
巴新	588	2862	19681	2997	480	533	1665	2569	4302	3037	38714
萨摩亚	—	—	12	—	63	9893	11773	4759	7793	3848	22531
斐济	25	465	249	797	240	557	1963	6832	5832	−3716	13244

① 具体详情请参阅吕桂霞编著：《列国志·斐济》，社会科学文献出版社 2015 年
版，第 18－21 页。

② 魏志江、叶浩豪、李瑞：《中国与太平洋岛国的关系：现状、意义与障碍》，载
魏明海主编、喻常森副主编：《大洋洲发展报告（2012—2013）》，社会科学文献出版社
2012 年版，第 232 页。

续表5

国家	2005 年	2006 年	2007 年	2008 年	2009 年	2010 年	2011 年	2012 年	2013 年	2014 年	小计
密克罗尼西亚	16	—	625	−16	—	—	−289	341	46	339	1062
瓦努阿图	—	—	—	—	—	—	79	293	—	−604	−232
库克群岛	—	—	—	—	—	—	—	12	17	−27	2
合计	629	3327	20543	3778	783	10983	15191	14806	2404	2877	75321

资料来源：中国商务年鉴编委会《中国商务年鉴》，中国商务出版社 2006—2015年版。

据中方统计，截至 2013 年 9 月，中国对太平洋岛国投资企业近 150 家，非金融类直接投资累计达 10 亿美元。[①] 到 2014 年，中国对太平洋建交岛国（不含纽埃）共计非金融类直接投资存量总数为 90170 万美元。按照投资大小依次排列为巴布亚新几内亚（46002 万美元）、萨摩亚（22308 万美元）、斐济（11998 万美元）、瓦努阿图（6981 万美元）、密克罗尼西亚（1162 万美元）、汤加（721 万美元）、库克群岛（7 万美元）。（参见表6）

表6　2014 年中国对太平洋岛国投资存量情况

单位：万美元

国家	金额
巴布亚新几内亚	46002
斐济	11998
库克群岛	7
密克罗尼西亚	1162
萨摩亚	22308
汤加	721
瓦努阿图	6981
合计	90170

资料来源：中国商务年鉴编委会《中国商务年鉴》，中国商务出版社 2015 年版，第211 页。

———————

① 《王超出席第二届中国—太平洋岛国经济发展合作论坛部长级会议》，http://www.mofcom.gov.cn/article/ae/ai/201311/20131100383952.shtml。

中国对太平洋岛国投资领域主要分布在资源开发、海洋渔业、房地产、服务业等。中国投资方主要为中央国有大中型企业、地方国有企业和民营企业。巴新是中国在太平洋岛国投资的一个主要目的地,中国已在巴新投资多达 20 亿美元,居我国在该地区投资之首。中国在太平洋岛国投资最大的项目是巴新的拉姆镍矿,该项目预计总投资 103 亿人民币(约合 14 亿美元),设计年产镍为 31150 吨,钴为 3300 吨,矿山开采时间 20 ～ 30 年。该项目由中冶集团主导投资,于 2006 年底开工建设,2012 年 12 月正式投产。[①] 其次是斐济,2013 年,共有 30 余家中资企业也在斐济拓展业务,涉及工程承包、渔业、农业、采矿、旅游、通信、制造、房地产等多个领域,累计投资额达 1.2 亿美元以上,为当地增加千余个就业岗位。其中,中铁一局、中铁五局、中水电、葛洲坝等工程企业在斐承揽并完成了若干桥梁、道路、疏浚、给排水、水电站等基础设施建设项目。中水远洋、上海远洋等十几家渔业企业以斐济为基地,在南太平洋海域进行金枪鱼捕捞作业。山东信发、天洁集团、苏州青旅、金世纪集团等企业也在斐济投资兴业。[②] 2014 年,中国成为斐济外资第一大来源国,约占当年斐济吸引外来投资额的 45%。[③]

在工程承包方面,中国企业积极参与各种类型的投标,获得可观的营业收入。据《中国商务年鉴》统计,从 2005 年到 2014 年的 10 年间,中国在大洋洲建交岛国累计工程承包合同金额高达 491103 万美元,而且增长势头强劲。按照合同金额大小排序,依次是巴新(394163 万美元)、斐济(55709 万美元)、汤加(20698 万美元)、瓦努阿图(7451 万美元)、萨摩亚(6890 万美元)、库克群岛(4563 万美元)、密克罗尼西亚(1628 万美元)(参见表 7)。

---

① Highland Spacific, *Ramu Fact Sheet*, February 2008, http://www.highlandspacific. com/pdf/Ramu_Nickel_Cobalt_Project.pdf.

② 蔡水曾:《中斐经贸合作现状及前景规划》,国际商报网,2013 年 11 月 6 日,http://www.ibspecial.org/sitetrees/gaoduan/1124.

③ 《中国驻斐济大使馆商务参赞蔡水曾参赞的话》,商务部国际贸易经济合作研究院、商务部投资促进事务局、中国驻斐济大使馆经济商务参赞处编:《对外投资合作国别(地区)指南·斐济》2015 年版。www.mofcom.gov.cn/dl/gbdqzn/upload/feiji.pdf。

表7 中国在太平洋岛国工程承包合同金额（2005—2014 年）

单位：万美元

国家	2005 年	2006 年	2007 年	2008 年	2009 年	2010 年	2011 年	2012 年	2013 年	2014 年	合计
巴新	67295	3140	—	—	74444	29752	33821	70230	45055	70426	394163
斐济	40	—	—	400	145	10914	1828	15345	14133	12904	55709
汤加	20	26	—	—	6894	4662	674	1879	4711	1832	20698
密克罗尼西亚	1042	160	168	—	—	—	—	—	—	258	1628
萨摩亚	572	—	675	149	25	3537	44	100	229	1559	6890
库克群岛	—	189	—	—	1121	2400	—	—	16	837	4563
瓦努阿图	53	71	71	—	3	927	—	402	537	5387	7451
合计	69022	3586	914	549	82632	52192	36367	87956	64681	93204	491103

资料来源：中国商务年鉴编委会《中国商务年鉴》，中国商务出版社 2006—2015 年版。

2014 年，我国在整个大洋洲地区（包括澳大利亚、新西兰以及所有太平洋岛国地区）工程承包新增合同份数 204 份，新签合同金额 199071 万美元，完成营业额 224761 万美元，派出 2256 人，年末在外人员 3885 人。[1]

而参与太平洋岛国工程承包的主要是中央和地方国有大中型企业。例如，2012 年以来，在巴新的工程招标中，中国海外工程有限责任公司、中国港湾工程责任有限公司从众多竞争者中胜出，中标高地公路项目、两个机场的新建及升级改造项目、莱城港潮汐码头工程项目等。中铁建工集团有限公司、江苏国际经济技术合作公司、中铁建设集团有限公司等企业也在当地积极参与基础设施建设，参与包括酒店、公寓、办公楼、污水处理工程等的建设。其中，2012 年 3 月 26 日，中国港湾在巴新签署了第一个项目巴新莱城港潮汐码头扩建工程，签约合同金额 7.34 亿基纳（折合 3.19 亿美元），并由此进入巴新市场。合同工期 30 个月，2012 年 5 月 8 日开工，2014 年 11 月 7 日完工。项目投入劳动力超过 1000 人（其中中方员工 357 人），投入绞

---

[1] 《中国商务年鉴》2015 年，第 230 页。

吸船、200 吨履带吊等大中型船机 61 台、套（共计超过 7000 万美元）。① 作为广东省著名的国有建筑企业，广东建工对外建设有限公司自 2005 年起在巴新开展对外承包工程，按照资金来源有以下几种类型：第一类是执行中国政府无偿援助的成套建设项目，包括位于东新不列颠省的援巴新沃达尔大学宿舍项目、位于莱城的援巴新莱城理工大学数学与计算机教学楼重建项目、位于首都的援巴新总督府办公人员住宅和总督接见大厅修缮项目。第二类是巴新政府资金项下的建设工程项目，包括位于巴新西部省的莫海德小学扩建项目、莫海德地区农村饮水打井项目、莫海德地区农村太阳能照明项目，位于东高地省的戈洛卡大学学生宿舍（一期）扩建项目。这些项目的资金来源为巴新政府财政拨款，由巴新招标委员会公开招标。第三类是中国政府优惠贷款项下的建设工程项目，如在建的戈洛卡大学学生宿舍（第 2～4 期）扩建项目，由中国进出口银行提供长期低息优惠贷款。该项目是中国政府在巴新实施的第一个优惠贷款项目，也是中国国家领导人 2009 年出访巴新取得的双边合作重大成果。项目于 2012 年 2 月开工建设，进展顺利，于 2014 年 5 月竣工。第四类是其他国家政府对巴新的援助项目。目前在建的戈洛卡大学产科学校项目，由澳大利亚政府出资无偿援助，新西兰公司负责设计，广东建工对外建设有限公司施工总承包。②

从过去十年来中国对太平洋岛国投资和工程承包总体情况来看，发展趋势比较平稳，投资空间相对较大。主要投资领域和潜力行业集中在工矿业和海洋渔业。与此同时，工程承包在很大程度上由于与中国对太平洋岛国的发展援助捆绑较紧，发展速度也比较快。但是，中国的大规模投资，也引起当地舆论和国际社会的担忧，关于中国对太平洋岛国投资的资源掠夺性质、破坏环境以及劳工条件恶劣等的报道也时有耳闻，这些在一定程度上损害了中国的形象，应引起足够注意。③

---

① 《中国港湾依托莱城码头项目造福巴新》，国际商报网，2013 年 11 月 6 日，http://www.ibspecial.org/sitetrees/fengcai/1121。

② 《广东建工对外建设有限公司在巴布亚新几内亚》，国际商报网，2013 年 11 月 6 日，http://www.ibspecial.org/sitetrees/fengcai/1120.

③ 参见：TarcisiusKabutaulaka, Feeding the Dragon, China and Natural Resource Development in Oceania, *Business Melanesia*, 2015, pp. 38–41. In Paul D'Arcy, Patrick Matbob, Linda Crowl（eds.）, *Asia-Pacific Partnerships in Resource Development*, Madang：DWU Press, 2014.

三、中国企业在太平洋岛国投资的社会政治风险分析框架

近年来，中国企业在国家"走出去"政策激励和推进 21 世纪海上丝绸之路建设倡议下，纷纷前往太平洋岛国寻找商机。太平洋岛国不仅拥有丰富的海洋资源和矿产资源，而且在基础设施建设、绿色农业旅游和环境保护、可持续发展领域上有大量的投资空间。从某种意义上，对中国企业来说，太平洋岛国可以说是世界上最后一片投资和经济合作的处女地。

但是，与中国近邻和世界上发达国家相比，大洋洲和太平洋岛国具有非常不同的政治、经济和社会文化投资环境。因此，为了帮助中国企业在南太平洋地区顺利开展经济活动，有必要深入分析该地区存在的各种风险，特别是政治风险、法律风险、社会风险、文化风险和环境风险等五大风险，提前做好相关预案，并在总结已有经验教训的基础上，进一步指导企业如何趋利避害，化危为机。

本文在参考相关学者的研究成果基础上，拟以 5 大风险领域为参照系数，尝试建构中国企业在太平洋岛国投资的非传统风险评估体系。其中，每项一级指标赋值最高为 20 分，每个一级指标下设若干二级指标，逐一根据东道国表现，从 0～10 进行赋值，5 项指标总分最高为 100 分。分值越高，风险越大。通过计算加总，列出风险严重性矩阵，从而推断得出中国企业投资太平洋岛国的风险程度排序。相关评估要素及权重参见表 8。

表 8　中国企业在太平洋岛国投资的社会政治风险评估体系

风险类别	一级指标	二级指标	分值
政治风险	政局稳定性	长期稳定	0
		周期性动荡	0～5
		政变可能	0～5
		国内外有强大的反对力量	0～10
	对华关系	双边政治关系稳定	0
		政治关系潜在不稳定	0～5
		已经签署双边投资保护协定	0
		没有签署投资保护协定	0～5
		与中国存在明显政治分歧	0～10

续表8

风险类别	一级指标	二级指标	分值
法律风险	法制健全程度	法律门类齐全	0
		法律门类不齐全、部门法存在冲突	0～5
	官员廉洁程度	官员廉洁自律	0
		贪污腐败严重	0～10
	土地权属	土地权属清晰	0
		土地权属不明确	0～5
社会风险	治安状况	治安状况总体良好	0
		治安状况不佳	0～10
	民族主义	民族主义温和	0
		激进民族主义	0～5
	恐怖主义	恐怖主义偶发	0
		恐怖主义多发	0～5
文化风险	宗教信仰	宗教信仰人口多，无教派冲突	0
		宗教信仰人口多，宗教禁忌多	0～10
	文化传统	文化包容性强，对中国友好	0
		文化包容性弱、与中国文化差异大	0～10
环境风险	自然灾害	自然灾害频发、强度大	0～10
		自然灾害偶发、强度小	0～5
	环境保护政策	环保法规健全	0
		民众环保意识强烈	0～5

（一）政治风险因素

政治风险因素包括政局稳定性和对华关系等 2 项一级指标。政局稳定包括长期稳定、周期性动荡、政变可能、国内外有强大的反对力量等 4 项二级指标。其中，大部分太平洋岛国政局相对比较稳定。例如，斐济在 2014 年全年大选后，政局稳定。2015 年 1 月，标准普尔和穆迪公司给斐济的主权债务评级为 B 和 B1，评价分别为"正面"与"稳定"。[①] 但是，由于大部分太平洋岛国采取西方民主制度，选举期间不排除周期性政治风波，从而触发短期政治动荡。巴新、汤加和所罗门群岛在选举期间曾经发生政治动荡。对此，中国投资者要保持应有的警惕。除个别国家外，大部分太平洋岛国的国内政治反对派并不强大。此外，对中国投资者来说，主要政治风险可能来自中国与太平洋岛国的外交关系方面。太平洋岛国地区尚有 6 个非建交国。这6 个国家均与台湾保持"邦交"关系，[②] 由于与中国大陆没有外交关系，没有签署双边投资保护协定，中国企业特别是国有企业前往投资可能存在一定困难。随着最近民进党在台湾地区二度执政，可能对中国与太平洋岛国关系带来变数。

（二）法律风险

法律风险包括法制健全程度、官员廉洁程度、土地权属。为了吸引外来投资，太平洋岛国制定了外来投资和保护法律和相关条例，给予投资者一定的政策优惠。但是，由于各方面的原因，执行的效率各不相同。太平洋岛国普遍存在政府治理不善，少数政府官员和公务人员存在权力寻租问题，官员廉洁程度不高。另外，中央政府与地方政府的权限划分不太明确，也在一定程度上制约了投资项目的落实。对外来投资者来说，最大的问题可能还是岛国土地制度的问题。在巴新，这个问题最为突出。据说，巴新 97% 的土地被各个部落占领，部落享有传统土地权，他们的世袭领地不会轻易地给外国投资者使用。只有 3% 土地归政府所有，可以用于基础设施和项目开发，外国投资者可以向政府租用土地，租期为 99 年。[③] 斐济 92% 的土地依法只能出租，不能买卖。汤加的土地归属权比较复杂，有的归政府所有，有的归贵族所有，有的归农场主和私人所有。

---

① 《中国驻斐济大使馆商务参赞蔡水曾参赞的话》，商务部国际贸易经济合作研究院、商务部投资促进事务局、中国驻斐济大使馆经济商务参赞处编：《对外投资合作国别（地区）指南·斐济》2015 年版。www.mofcom.gov.cn/dl/gbdqzn/upload/feiji.pdf。

② 本书出版前，所罗门群岛（2019 年 9 月 21 日），基里巴斯（2019 年 9 月 27 日）分别与中国建立和恢复外交关系，使台湾的所谓"邦交国"仅剩 4 个。

③ 商务部国际贸易经济合作研究院、商务部投资促进事务局、中国驻巴布亚新几尼亚大使馆经济商务参赞处编：《对外投资合作国别（地区）指南·巴布亚新几内亚》，2015 年版，第 44 页。www.mofcom.gov.cn/dl/gbdqzn/upload/png.pdf。

（三）社会风险

社会风险包括治安情况、民族主义情绪和恐怖主义活动情况。大多数太平洋岛国居民信奉基督教，与人为善，加之传统私有财产观念薄弱，竞争意识不强，几乎生活在与世无争状态。因而，治安状况普遍总体良好。但是，在少数大城市聚集了一批农村流民和失业阶级，他们受到现代化快速发展的影响，处于社会的边缘，这部分人往往对政府和有产阶级包括外来投资者和游客怀有不满情绪。这种情绪一旦因某种突发事件爆发，可能会对外来投资构成威胁，甚至不排除爆发大规模针对外国投资者和游客的群体性暴力事件的可能。历史上，汤加、所罗门群岛和巴新都发生过针对华人的排外活动。近年来，治安问题成为巴新最为突出的社会问题，不但在外岛有反政府武装活动，即使在首都莫尔兹比港和莱城都经常发生抢夺凶杀事件。据说，莫尔兹比港被西方媒体评论为"最不适宜人类居住的城市"和"世界五大谋杀之都"。[①] 除斐济外，大部分岛国族群关系比较单纯，基本上是以土著居民为主，民族关系比较和谐。

（四）文化因素

文化因素包括宗教信仰和文化传统。太平洋岛国尽管在大的类型上可以分为美拉尼西亚、密克罗尼西亚和波利尼西亚三大文化圈。但是，三者之间有很多相同之处，最大的共性就是"太平洋风格"——热情、开朗、善良、友好。基督教是岛国普遍信仰的宗教，此外，还有伊斯兰教、印度教和原始崇拜。不同教派之间基本上能够和平相处，未见发生教派冲突事件。尽管太平洋岛国与中国文化差异性较大，但是，只要我们尊重当地的风俗习惯，特别是了解当地禁忌，尊重当地的宗教信仰和民族自尊心，双方就能和平友好相处。但是，遇有选举或者其他突发事件，或者经过别有用心的煽动，华人有可能成为攻击对象。历史上，太平洋岛国曾经多次发生过类似排华事件，必须引起足够的警觉。为此，我们必须花大力气搞好与岛民的关系。

（五）环境风险

环境风险包括自然灾害发生的频度和居民的环保意识。太平洋岛国分散

---

① 商务部国际贸易经济合作研究院、商务部投资促进事务局、中国驻巴布亚新几内亚大使馆经济商务参赞处编：《对外投资合作国别（地区）指南·巴布亚新几内亚》，2015 年版，第 9 页。www. mofcom. gov. cn/dl/gbdqzn/upload/png. pdf。

在辽阔的西南太平洋海域，环境条件非常脆弱。气候变化所引起的台风、海啸、海平面上升等都会对岛国社会经济产生重大负面影响。它们是地球上受气候变化威胁最大的脆弱群体，这些国家的平均海平面一般较低，受气候变化影响显著，海岸侵蚀和极端气候灾害及由此引发的社会问题日益突出。海平面上升，甚至危及国家的生存和发展。一些低洼的小国如图瓦卢、瓦努阿图、基里巴斯将面临被海水淹没的危险。而位于赤道附件的国家，容易受到龙卷风、热带风暴、干旱、水灾、地震和火山爆发等自然灾害的破坏。气候变化还会对岛国的生物多样性造成严重威胁。① 近年来，在政府和一些非政府组织的强力推动下，制定了比较严格的环保法规，岛国居民的环保意识越来越强大。中国企业在投资岛国的时候，也曾遭遇过环境团体的抗议，导致项目进展受到严重影响。②

总之，中国企业在决定前往太平洋岛国投资兴业之前，必须对岛国的政治、法律、社会、文化和环境方面存在的种种问题和风险做深入细致的了解，做到知己知彼。

结论与启示

进入 21 世纪以来，中国企业大举向海外进军，取得了不菲的成绩，也积累了一定的经验教训。最大的问题的是，移植其他地方的经验，甚至国内的做法，不免会走一些弯路，甚至犯一些错误。太平洋岛国可能是中国企业海外投资的最后一块处女地，那里拥有中国经济发展需要的稀缺的资源，特别是能源和海洋资源。中国应该好好经营，树立"一盘棋"思想，为此，必须首先做好前期调研工作。根据本文对太平洋岛国投资环境和社会政治风险分析，可以得出以下初步结论：

第一，政治风险方面，14 个太平洋岛国政局基本稳定，建交岛国对华关系友好。但不排除在特定时候出现政治动荡的可能性，特别是在选举之年或者经济严重困难导致民众的不满情绪激增之时。

第二，法律风险方面，主要问题包括，尽管有的法律比较健全，但是也

① 姚帅：《对南太平洋岛国的气候变化援助：现状与未来》，载喻常森主编，常晨光、王学东副主编：《大洋洲蓝皮书：大洋洲发展报告 2013—2014》，社会科学文献出版社 2014 年版，第 276 页。

② Paul D'Arcy, Patrick Matbob, Linda Crowl, *Asia-Pacific Partnerships in Resource Development*, Madang：DWU Press, 2014, p. 56.

有部分国家法制环境相对欠缺，特别是执法的效率普遍偏低。如同其他发展中国家一样，贪污腐败现象比较普遍。在太平洋岛国投资常常遇到的困难是土地权属复杂，若处置不当，会影响投资效益。

第三，社会风险方面，大部分太平洋岛国族群关系融洽，尚未发生大的恐怖主义袭击事件，绝大部分国家社会治安条件良好。但是也有少数国家或地区公共治安状况不佳，甚至很差，针对华人群体的暴力事件时有发生。

第四，文化风险方面，尽管中国文化与岛国文化，特别是在宗教信仰方面差距较大，但是只要相互尊重，就不至于构成文化冲突。

第五，环境风险方面，这是太平洋岛国比较突出的一个问题，主要是因为岛国自然环境的特殊性和脆弱性。

鉴于上述分析，为了确保自身安全和投资收益，最大限度地规避投资风险，建议中国企业投资者可以重点做好以下方面工作：

首先，认真做好投资环境分析和各种预案。投资立项前，先派人深入太平洋岛国做实地考察。依靠中国驻在国使馆商务处，与中国商会、岛国业界进行广泛接触。在充分了解第一手材料后，再制定和修改投资预案。中国政府，特别是商务部和中国驻外使领馆，要善加引导和协调。

其次，充分遵守所在国的各项法律法规，尊重当地风俗习惯，并及时关注社会动向，在力所能及的情况下履行企业的社会责任，理解和支持岛国环境保护和绿色发展的合理关切。增加企业经营的透明度，尽量雇用当地人员，妥善处理各种劳资关系，使中国的投资既能拉动当地的就业、促进经济发展，也能够促使普通老百姓在外来投资中获得实际收益，做好民心相通工作。

最后，加强社会公关工作，特别是做好与当地政府官员、部落酋长、反对党领袖，非政府组织领导者和新闻媒体的公关工作，培养对华友好群体和社会精英，推动公共外交。

总之，对大部分中国企业来说，太平洋岛国既是神秘而美丽的海上乐园，又是最后一片投资处女地，只要善加经营，一定大有可为。

大洋洲研究综述

2012—2013 年大洋洲形势回顾与展望[*]

一、导　论

大洋洲（Oceania）意为大洋中的陆地，它是世界五大洲中陆地面积最小的一个洲。大洋洲一词的诞生可溯源至 1812 年，最初由丹麦地理学家马尔特·布龙（Malthe Conrad Bruun）提出。大洋洲的地理范围属于太平洋西南部，横跨赤道南北。西北与亚洲为邻，东北及东部与美洲大陆相对，南部与南极洲相望，西部濒临印度洋。

大洋洲国家在地理上分布颇为广阔，大多以海洋为界，基本上没有陆地邻国。从历史上看，16 世纪地理大发现以后，这些国家逐渐进入人们的视线，后来相继沦为西方国家的殖民地和托管地。进入 20 世纪以后，这些国家中的大部分相继独立建国，成为世界民族国家的重要成员。从发展层次看，有发达国家，但更多的是发展中国家和微型国家。

大洋洲地区最大的国家是澳大利亚，陆地面积为 768.2 万平方公里，人口为 2284 万（2012 年底）。面积最小的国家是库克群岛，陆地面积只有 240 平方公里。而人口最少的国家是纽埃，仅为 1511 人[②]。从经济发展水平看，澳大利亚最高。2012 年澳大利亚 GDP 总量为 1.5 万亿美元，世界排名第 13 位，人均 GDP 为 6 万多美元，世界排名第 5 位。GDP 总量最小的国家是纽埃，只有 1590 万美元。人均 GDP 最低的国家是巴新，只有 1900 美元。于此可见，经济发展的差异性、地理的破碎性和文明的后发性是大洋洲地区的最大特点。

---

　　[*] 原文登载于魏明海主编，喻常森副主编：《大洋洲蓝皮书：大洋洲发展报告（2012—2013）》，社会科学文献出版社 2013 年版。本文第一作者是魏明海，时任中山大学副校长，兼中山大学大洋洲研究中心主任。本书作者为第二作者。
　　[②] 另有约 2.5 万人居住在新西兰，约 4000 人居住在澳大利亚（2012 年底）。

二、大洋洲国家政局处于周期性的震荡与调整之中

大洋洲地区岛国过去大部分是英、法等西方国家的殖民地，独立以后，往往沿袭了宗主国的政治结构和文化联系。例如，普遍建立了在多党制基础上的议会民主制，包括一院制和两院制。

大洋洲国家中的原英属殖民地国家独立或者自治以后，几乎都留在了英联邦大家庭内，但与宗主国在宪政上的关系却不尽相同。它们有的仍然奉英女王为国家元首；有的则沿袭古老的政治传统，如国王制；有的则干脆选择选举自己的国家元首（实行总统制或元首制）。除了澳大利亚和新西兰属于较为成熟发达的资本主义政党议会制度外，其他大洋洲国家民主政治徒具形式而已。其中，"西南太平洋岛屿国家的政治灵魂就必然是传统的酋长制"。① 所以，政局不稳仍然是大洋洲多数岛屿国家的普遍现象。而导致政局动荡的原因除了选民对政府不信任外，也有部族关系紧张的原因。而经济发展的不充分及利益分配的不公正则是引起政局不稳定的最根本原因。由于这些国家的政局不稳和经济欠发达，部分大洋洲国家被列入或者濒临失败国家的行列。

2011 到 2012 年度，大洋洲国家不同程度地出现过政治变动甚至动荡。2012 年 1 月 26 日，巴新一座兵营发生兵变，一群数目不详的士兵面涂彩绘闯入位于巴新首都莫尔斯比港的国防部队总部默里军营，软禁了支持现任总理彼得·奥尼尔的阿格威准将。退役上校萨萨宣布自己领导了此次兵变，目的是要求去年 8 月被议会投票废黜的前任总理迈克尔·索马雷重新上任。兵变当中没有人员伤亡。随即，巴新爆发总理与副总理合法性之争，最终导致重新大选。2012 年 8 月 3 日，新成立的巴新议会举行了选举，作为唯一获得提名的总理候选人，奥尼尔当天在议会投票中以 94 票赞成、12 票反对的表决结果当选新一届政府总理。他随后在首都莫尔斯比港宣誓就职，组建新一届政府。选举落幕，这次选举的特点也呈现出来。巴新政治局势的平息并没有彻底改变其政治发展的基本特征。政党林立、政党忠诚度低、个人利益高于政党原则、议员更换频繁等问题都没有变化，依然存在着许多不利于实现政局长期稳定的因素。

2011 年，新西兰举行了政府换届选举。11 月 26 日，由现任总理约翰·

---

① 钱乘旦总主编，王宇博、汪诗明、朱建军著：《世界现代化历程·大洋洲卷》，江苏人民出版社 2012 年版，第 422 页。

基（John Key）领导的国家党在当天举行的议会选举中遥遥领先主要反对党工党，再次赢得政府组阁权。计票结果显示，国家党在大选中赢得48%的政党选票，而最大的在野党工党只赢得约27%的政党选票。工党领袖菲尔·戈夫（Phil Goff）当晚承认选举失败。12月14日，新西兰新一届政府在首都惠灵顿总督府宣誓就职，国家党领袖约翰·基连任政府总理。最终选举统计结果表明，在11月26日举行的议会选举中，国家党获得议会120个议席中的59个，因未过半数无法单独组阁；在同联合未来党、行动党和毛利党多轮磋商并达成协议后，国家党控制了议会中超过半数的64个席位。约翰·基在此前的12日宣布了新联合政府部长名单，28名部长中有24人来自国家党。

2012年，澳大利亚同样经历了政治动荡，主要表现为工党内部的权力斗争。2月22日，澳大利亚前总理、现任外长陆克文宣布辞职，称自己在没有总理吉拉德支持的情况下无法继续任职外长。此前有报道称，吉拉德准备免去他的外长职务，因此其最体面的做法就是辞职。2月27日，澳大利亚执政党工党举行党首投票选举。在102张总票数中，现任总理吉拉德获得了71票支持，陆克文仅仅获得31票。吉拉德仍然高票获得连任。此前，澳大利亚政坛因陆克文和吉拉德之间的工党领导权之争而一度陷入动荡局面，工党内部的斗争严重损害了政府的信誉。7月24日，《澳大利亚人报》当天发表的新闻民调结果表明，政府的首选支持率相比两星期之前下降了3个百分点，降到28%。在两党比较一项中，反对党联盟领先执政党工党8个百分点。10月9日，因涉嫌性骚扰男性下属，澳大利亚联邦议会众议长彼得·斯利珀宣布辞职，这也使得吉拉德领导的工党政府再次岌岌可危。澳大利亚反对党当天在议会提出要将斯利珀撤职的动议，但该动议最终以69票对70票一票之差未能通过。然而，斯利珀在数小时后宣布辞去议长职务。斯利珀是去年从反对党阵营转投工党的，并在总理吉拉德的力荐下出任众议院议长，这就使得吉拉德政府在众议院得以维持两个席位的优势。随着斯利珀宣布辞去议长职务，加上早前已有一名独立派议员决定不再支持吉拉德，吉拉德今后要在议会通过任何议案都将面对重重障碍，对吉拉德政府来说，斯利珀的辞职无疑是个沉重打击。

三、大洋洲经济发展呈现出较大差异性

从经济结构上看，太平洋岛国大多是单一经济，大部分生活消费品以及工业用品都需要从国外进口，粮食也不能自给。由于国家经济一直处于落后

欠发达状态，大多数岛国都面临财政拮据的问题，希望得到国际上的财政援助和经济支持，而外援主要来自美国、日本、澳大利亚、新西兰以及中国等。① 太平洋岛国长期以来资源管理水平低下，而且人口不断增加，这些岛国正日益面临着非常严重的经济和社会问题，主要表现在资源过量开采、缺乏足够力量保护经济专属区以及人口增长率高于经济发展速度等方面，这些问题也严重阻碍了岛国国家的长远发展。进入 21 世纪，面对国际局势日益严峻的挑战，这些太平洋岛国政府纷纷开始采取措施，一方面对内制定国家的经济发展战略，另一方面加强国家间政府的合作。

大洋洲各国经济发展水平差异明显。其中，澳大利亚和新西兰经济发达，属于后起的发达资本主义国家。其他岛国则多为农业国，经济比较落后。大洋洲各国畜牧业发达，是世界优质畜牧产品的供应地。大洋洲的工业主要集中在澳大利亚和新西兰，主要有采矿、钢铁、有色金属冶炼、机械制造、化学、建筑材料纺织等部门。由于部分大洋洲岛屿国家资源缺乏，国土狭小，经济发展落后，财政收入在很大程度上依赖外援。"产业结构不合理，人才匮乏，缺乏经济发展的机会和企业家生长的土壤，是太平洋岛国长期得不到发展的主要原因。"② 这些太平洋岛国获得独立后大多处于欠发达的落后状态，经济结构单一，财政拮据，国家间缺乏合作。长期以来，这些太平洋岛国都是处于世界政治经济舞台的边缘地带，被认为是"太平洋最偏僻的地区"③。

面对国际政治经济形势日益严峻的挑战，为了扭转经济落后的局面，太平洋岛国政府开始采取各项措施，发展多样化经济，制定切实可行的经济政策，改善投资环境以吸引外资。同时，虽然大部分太平洋岛国拥有丰富的自然资源，但是长期以来资源不能得到有效利用，还面临过度开采的问题，因此，岛国政府开始重视资源管理，制定有效利用资源的相关政策从而实现本地区资源的可持续开发。为了弥补资源和人才的不足，近年来，太平洋岛屿国家非常重视发展以旅游业为龙头的服务业。在各国国民收入中，旅游业所占比重越来越高，已成为国民经济的重要组成部分。

巴新是一个资源丰富的太平洋岛国，拥有大量矿产、石油、天然气、木材和渔业资源等。它以丰富的资源能源为基石，发展以矿产、石油和经济作物种植为支柱产业经济。但同时，其经济部门呈现出明显的二元结构特点，

---

① 刘樊德：《南太平洋岛国简介》，载《当代亚太》1995 年第 1 期，第 72 页。
② 程汉忠：《大洋洲开发计划》，中国水利水电出版社 2008 年版，第 47 页。
③ 郭春梅：《南太平洋的大国博弈》，载《世界知识》2012 年第 20 期，第 32 – 33 页。

以依赖自给自足的农业为中心的传统经济部门和以资源开发为中心的现代经济部门同时存在。根据 2012 年年中经济和财政报告，2011 年巴新经济增长速度约为 11%，2012 年预算案修订的经济增速预计为 9.9%。2011 年非矿产行业增速为 13.1%，预计 2012 年为 10.4%。但是根据 2012 年亚洲开发银行发布的《太平洋经济监测》称，未来几年将有可能是巴新比较艰难的时期。

自爆发全球金融危机以来，受出口疲软、消费下降以及投资损失等影响，新西兰经济增长羸弱。2011 年，得益于大宗商品价格上涨、亚洲新兴经济体复苏以及呈增长态势的国内需求，新西兰的经济表现明显好转，国内生产总值实际增长 1.4%，通货膨胀率为 4%。虽然克里斯特彻奇的接连两次地震短期内延缓了经济增长的步伐，但其经济基本面没有受到影响，预计新西兰经济中短期内仍将延续增长势头，出口主导型经济复苏正在进行。

澳大利亚统计局最新数据显示，2012 年第 4 季度，经济环比增长 0.6%，全年经济增长达 3.1%，为 2007 年以来最高水平。公共投资和出口是拉动澳经济增长的主要因素。至此，澳大利亚经济已连续 21 年保持增长。经济合作与发展组织（OECD）的澳大利亚状况报告称，与其他很多发达国家相比，澳大利亚抗冲击能力更强，当前货币与财政政策组合适于支撑经济复苏，澳大利亚处于应对风险的有利地位。根据 OECD 在 2013 年 2 月发布的半年度经济展望报告，澳大利亚 2013 年经济预料将增长 3.0%，2014 年预料将增长 3.2%。矿业出口，特别是对中国的出口，推动了经济增长，但出口占澳洲 GDP 之比仍仅为 20%，矿业投资和相关基础建设仅占 GDP 的 6%。与此同时，2012 年度，澳大利亚的对外贸易赤字呈现新高。2012 年 11 月澳大利亚货物和服务贸易赤字增至 26.4 亿澳元，超过赤字 23 亿美元的预期，且为连续第 11 个月增长。在全球经济发展放缓的大背景下，澳大利亚的综合经济实力仍然取得不错的排名。由于政府强制对重点企业推行征收每吨 23 澳元的碳排放税，导致企业利润下降，成本上升，影响了其国际竞争力。尽管如此，2012 年，在世界各国 GDP 排名中，澳大利亚联邦排名第 13，GDP 折合 14889.69 亿美元，人均 GDP 为 66984 美元，排名第 5。

四、大洋洲国家外交十分活跃

受到地理位置的影响，大洋洲地处南半球，与世界政治中心欧洲、美洲和东亚都有相当远的距离。历史上，由于大洋洲国家基本上是西方的殖民地和保护国，外交的主要对象是欧洲。第二次世界大战以后，美洲外交和亚洲外交逐渐取代过去的单纯欧洲外交成为大洋洲国家新的外交活动圈。部分大洋洲国家由于与亚太国家经济贸易关系日益密切，纷纷加入到亚太区域合作进程之中。

与此同时，南太平洋地区国家也开展了卓有成效的区域合作。目前，大洋洲地区最为成功的组织是太平洋岛国论坛，其前身为成立于1971年的南太平洋论坛，2000年改用现名。它是南太平洋国家政府间加强区域合作、协调对外政策的区域合作组织。该组织目前共有16个成员，分别是澳大利亚、新西兰、斐济、萨摩亚、汤加、巴新、基里巴斯、瓦努阿图、密克罗尼西亚、所罗门群岛、瑙鲁、图瓦卢、马绍尔群岛、帕劳、库克群岛和纽埃。由于斐济领导人姆拜尼·马拉马于2006年12月发动军事政变后没有在2009年5月1日的规定期限前公布举行全国大选的日期，因此，太平洋岛国论坛中止了斐济的参会资格，斐济也没有出席此次会议。当地时间2012年8月28—30日，第43届太平洋岛国论坛领导人会议在库克群岛拉罗汤加岛举行。15个岛国领导人汇聚一堂讨论地区经济贸易、海洋资源保护、气候变化、斐济局势等议题。会后发布的公报称，在为期3天的会议中，与会领导人围绕"大洋岛国——太平洋挑战"、海洋资源可持续发展等主要议题进行了深入讨论，并达成共识。并且，会议决定在2013的论坛领导人会议上对2005年制定的"太平洋计划"进行第二次审议，以评估论坛成员国10年发展规划的实施成效。

在大洋洲国家中，澳大利亚是最大的国家，也是国际影响力最强的国家。长期以来，澳大利亚外交政策奉行的是中等强国外交。从总体来说，影响澳大利亚外交政策的主要因素有三个：一是地缘政治与战略安全的利益；二是经济与贸易利益；三是国际成员的责任。与其他国家一样，澳大利亚外交政策的最高目标是捍卫国家主权独立，推进澳大利亚的经济与战略利益。① 具体对外政策上体现为"三大支柱"。其中，首要支柱依然是美澳同盟关系，因为它是澳大利亚外交和战略政策的"基石"。第二个支柱是联合国，联合国等多边机制是澳大利亚施展"富有创造力的中等强国"外交的重要舞台。第三个支柱是现任政府承诺，将与亚洲国家建立强韧而又紧密的合作关系。在这三大重点领域，澳大利亚2011—2012年度外交取得了不错的成绩。首先，在对美外交方面，吉拉德政府配合美国战略重心东移的行动并继续深化美澳同盟。为了纪念《澳新美安全条约》缔结60周年，2011年

---

① 沈永兴、张秋生、高国荣编著：《列国志·澳大利亚》，社会科学文献出版社2010年版，第391页。

11 月 16 日，美国总统奥巴马对澳大利亚进行了访问并在国会发表演讲。美澳两国领导人宣布，自 2012 年开始，美国海军陆战队成员驻扎在澳大利亚北部达尔文地区，第一批驻军人数为 250 人。到 2016 年时，驻军将增加至2500 人。此举标志着美澳同盟关系在"后反恐时代"又具有新的内涵。在以联合国为中心的多边外交方面，澳大利亚取得显著成绩。2012 年 10 月 19日，在联合国大会对安理会席位的票决中，澳大利亚赢得 140 票，与阿根廷、卢旺达、卢森堡与韩国一起取得联合国安理会非常任理事国席位，从2013 年 1 月 1 日期任期 2 年。此次当选是自 1986 年后，澳大利亚再次获得联合国安理会席位，也是澳大利亚第五次进入联合国安理会。为了获得联合国非常任理事国席位，澳大利亚近年来一直在不懈努力。在过去 4 年中，澳大利亚联邦政府除了拿出 30 亿澳元进行对外援助，还花费 2400 万澳元用于游说活动。澳大利亚外长鲍勃·卡尔自 2012 年 3 月就职以来，为争取各国对澳大利亚加入安理会的支持就走访了 26 个国家。在区域合作方面，2012年 10 月，澳政府发表《亚洲世纪中的澳大利亚》（*Australia in the Asian Century*）政策白皮书，开宗明义指出："亚洲世纪是澳大利亚的机遇。"随着全球权力重心逐渐转移到亚洲，"曾经天各一方造成的障碍正在被近在咫尺的前景所取代"。"澳大利亚占据天时地利——地处亚洲之域，时逢亚洲世纪"。① 为了进一步融入亚洲，白皮书指出，澳大利亚政府必须巩固公平社会和开放经济的基础，推动教育培训和企业创新，同时致力于维护区域安全与稳定，并推进区域内的文化交流。新版白皮书的发行，可以看成是澳大利亚进一步突出"重返亚洲"战略的重要文件。作为亚洲外交的重要组成部分，澳大利亚十分重视与中国的外交关系。目前，中国是澳大利亚最大的贸易伙伴，澳大利亚是中国第 7 大贸易伙伴，双边贸易额在 2012 年突破 1200亿美元。2012 年中澳建交 40 周年，两国都高调举行了一系列纪念活动。2012 年 12 月 14 日，澳大利亚艺术文化部部长西蒙·克林出席了在北京人民大会堂举行的纪念活动。与此同时，中国国务委员刘延东也率团对澳大利亚进行了友好访问，并与澳大利亚总理吉拉德一道共同出席了纪念中澳建交40 周年的活动

2012 年也是中国和新西兰建交 40 周年。在 2012 年初（2 月），新西兰政府首次正式发布《中国战略报告》，明确了未来 3 年发展对华关系的 5 大目标：保持和发展两国强有力的政治关系；将两国双边货物贸易额翻一番，

---

① Commonwealth of Australia, *Australia in the Asian Century*：*White Paper*（Canberra October 2012）．p. 1.

即 2015 年双边货物贸易额达 200 亿美元；增加服务贸易，实现 2015 年教育出口增加 20%，旅游业增长至少 60%，其他对华服务出口增加；提高双边投资水平，使之与不断增长的对华商业联系相适应；加强在高科技领域的合作以创造商机。① 同年 6 月，新西兰政府又建立了一个与上述"中国战略"相配套的高层组织机构——新西兰中国委员会。该委员会汇聚了来自新西兰商界、公共部门、学界和社群等各领域的精英，未来其将在与中国同级别的各界精英之间举行的高层次双边伙伴论坛中发挥领导作用。2012 年 9 月 5 日，"中国—新西兰建交 40 周年研讨会"在惠灵顿新议会大厦举行，新西兰总理约翰·基出席了开幕式并致辞。2012 年 12 月 10 日，中国国务委员刘延东访问新西兰并出席了两国建交纪念活动。

进入 21 世纪以来，中国不断加强与大洋洲国家关系。近年来，中国与太平洋岛国间政府高层往来频繁，政治互信不断深化，双方设立了"中国—太平洋岛国论坛""中国—太平洋岛国经济技术合作论坛"等对话沟通平台。中国和太平洋岛国都是发展中国家，在许多方面可以互相帮助和借鉴。作为"南南合作"的重要组成部分，中国积极帮助太平洋岛国的经济和社会发展。中国政府在太平洋岛国也广泛开展各种援助项目，包括了基础设施建设、农业、渔业、交通、通信、卫生、人员培训、可再生能源等方面，这些合作有助于增强太平洋岛国的人力资源和自我发展的能力。② 2012 年 8 月，中国外交部副部长崔天凯代表中国政府出席了在库克群岛拉罗汤加岛举行的第 24 届太平洋岛国论坛会后对话会。崔天凯在会上发言时表示，中方高度重视发展同太平洋岛国关系，积极开展同岛国友好交往，努力拓宽经贸等领域务实合作，支持各岛国平等参与国际事务。

小　结

总之，2012 年，大洋洲国家努力在变动中寻求稳定性，在差异中追求同一性。大洋洲国家政治上面临着传统与现代化的双重挑战。殖民地历史是大洋洲各国共同的最大公约数，也是各国现代民主化转型进程的起点。但是，各国特别是岛屿国家的现代化进程仍然有许多需要克服的障碍。其中，

① "Opening Doors to China: New Zealand's 2015 Vision", http://www.mfat.govt.nz/NZ-Inc/6-Opening-doors-to-China/3-NZ-Inc-China-strategy/index.php.
② 黄兴伟：《中国代表说中国政府重视同太平洋岛国关系》，载《人民日报》2008 年 8 月 23 日，第 3 版。

经济发展的不充足是各岛屿国家面临的最大困境之一。而对于澳大利亚和新西兰这两个发达国家来说，最大的挑战来源于与世界和地区国家之间的相互依赖关系所形成的联动和不确定性，特别是妥善处理政治上的西方国家身份与经济上的亚太共同体纽带之间的矛盾。为了摆脱全球政治的边缘地位，大洋洲国家正在通过区域合作，努力塑造自己的区域身份认同。

2015—2016 年度大洋洲地区发展形势回顾与展望 *

在 2015—2016 年度，受到全球化和区域化的影响，大洋洲国家经济发展按照发达国家和发展中国家两个轨道，呈现出低速运行态势。在过去的一年，虽然大洋洲不少国家经历了大选或者政府更替，但是国家政局发展总体仍然比较平稳有序。为了在差异中寻求共性，扩大共同利益，大洋洲国家进行了区域合作和一体化的尝试并获得部分成果。中国稳步推进"一带一路"倡议，特别是 21 世纪海上丝绸之路建设，给中国与大洋洲国家之间的贸易、投资和经济技术合作注入了生机，大洋洲国家纷纷对此做出积极反应。

一、大洋洲国家经济发展形势喜忧参半

大洋洲国家经济发展差异性十分明显。其中，澳大利亚和新西兰属于发达工业化国家，而太平洋岛国属于发展中国家，部分太平洋岛国属于最不发达国家之列。

从宏观经济指标来看，作为比较成熟的经济体，澳大利亚和新西兰两国 2014—2015 年度实际 GDP 增长率位于低速稳步态势。澳大利亚 2014 年度实际 GDP 增长率为 2.7%，而 2015 年为 2.5%，下降了 0.2 个百分点。新西兰 2014 年 GDP 实际增长率为 3.2%，2015 年度为 3.4%，同比提高了 0.2%。从消费价格来看，澳新两国均呈现下降趋势。其中，2014 年澳大利亚的消费价格指数为 2.5%，2015 年度为 1.5%，下降了 1 个百分点。2014 年新西兰消费价格指数为 1.2%，2015 年为 0.3%，同比下降 0.9%。在经常账户差额占 GDP 比例方面，2014 年度澳大利亚为 - 2.8%，2015 年度为 - 4.6%；2014 年度新西兰为 - 3.5%，2015 年度为 - 3%（参见表 1）。太平洋岛国宏观经济指数表现出很大不平衡，实际 GDP 增长更是呈现两极分化态势。其中，巴新、斐济、帕劳三国 2014 年实际 GDP 增长率分别为 8.5%、5.3%、4.2%，增速较快。其他国家增长率较低，大部分在 1% ~

---

　　* 原文登载于喻常森主编，王学东、常晨光副主编：《大洋洲蓝皮书：大洋洲发展报告（2015—2016）》，社会科学文献出版社 2016 年版。本文第二作者是费晟，中山大学历史系副教授，中山大学大洋洲研究中心主任助理。

2.5% 之间低位徘徊，有的甚至出现负增长（如密克罗尼西亚为 -3.4%）。2015 年度，实际 GDP 增长率较快的国家分别是帕劳（9.4%）、巴新（9%）、斐济（4.3%）和基里巴斯（4.2%），其他国家位于 -0.8% 到 3.3% 之间。其中，瓦努阿图（-0.8%）和密克罗尼西亚（-0.2%）仍然处于负增长之列。在居民消费指数方面，2014 年度巴新（5.3%）和所罗门群岛（5.2%）比较高。2015 年度，瓦努阿图（3.3%）和图瓦卢（3.3%）相对较高。在经常账户差额方面，除少数国家外，绝大多数岛国均为负增长，说明这些国家的财政收支情况相当不平衡。2014 年和 2015 度，经常项目差额/GDP 占比最高的国家是基里巴斯，分别为 24.0% 和 24.7%。占比最低的国家是图瓦卢，2014 年和 2015 年分别为 -26.3% 和 -26.7%（参见表 1）。

表 1　2014—2016 年大洋洲国家宏观经济指数

单位:%

国家	GDP 实际增长率			消费价格指数			经常账户差额/GDP		
	2014 年	2015 年	2016 年	2014 年	2015 年	2016 年	2014 年	2015 年	2016 年
澳大利亚	2.7	2.5	2.5	2.5	1.5	2.1	-2.8	-4.6	-3.6
新西兰	3.2	3.4	2	1.2	0.3	1.5	-3.5	-3	-3.7
斐济	5.3	4.3	2.5	0.5	2.8	3.3	-7.2	-5.4	-7.9
基里巴斯	2.4	4.2	2.7	2.1	1.4	0.3	24.0	45.7	18.7
马绍尔群岛	1.0	1.6	1.8	1.1	-4.0	-1.3	-7.3	-0.8	2.7
密克罗尼西亚	-3.4	-0.2	1.1	0.6	-1.0	1.9	6.8	1.0	-0.1
帕劳	4.2	9.4	2	4.0	2.2	2.5	-11.8	-0.5	0.2
巴新	8.5	9.0	3.1	5.3	6.0	6.0	-4.2	2.8	0.8
萨摩亚	1.2	1.7	1.2	0.4	0.9	1.2	-7.6	-4.0	-4.1
所罗门群岛	2.0	3.3	3.0	5.2	-0.4	2.1	-4.3	-2.6	-4.5
汤加	2.0	2.6	2.8	1.2	-0.1	-0.3	-8.5	-7.7	-6.6
图瓦卢	2.2	2.6	3.9	1.1	3.3	3.0	-26.3	-26.7	-57.7
瓦努阿图	2.3	-0.8	4.5	1.0	3.3	2.5	0.5	-10.1	-15.6

资料来源：①IMF, *World Economic Outlook*, *Uneven Growth*, *Short and Long Term Factors*, April 2015 p. 55；②IMF, *World Economic Outlook*, *Too Slow for Too Long*, April 2016, p. 37, 172, 177, 187.

从国别经济发展情况来看，长期以来，澳大利亚经济结构呈现哑铃式特点，即农牧业和服务业比较发达，工业（主要是制造业）在国民经济中所占的比重相对较低。澳大利亚的经济增长，主要受农牧业和矿产品出口拉动。2015年度，全球大宗商品需求疲软导致其价格持续走低，澳大利亚的主要出口对象中国经济出现放缓趋势，矿产资源出口价格下降，出口量大幅萎缩，直接导致澳联邦政府和各级地方政府财政收入和国民薪资大幅减少，澳大利亚"矿业繁荣"景象不复如前。同时，由于澳元对美元汇率的大幅下跌，澳国内生产总值从2012年矿业繁荣峰值的1.56万亿美元跌至2015年的1.24万亿美元，人均国内生产总值则从当时的6.8万美元猛降至5.1万美元。为了扭转经济过度依赖资源出口拉动所造成的对外依赖程度过高的短板，澳大利亚联盟党特恩布尔政府提出启动国家科技创新计划，准备在未来的4年内投入巨资以推动国家科技创新，并以此激发经济活力，引领经济转型，塑造一个"现代且充满活力的21世纪经济"。[1]

新西兰的经济结构与澳大利亚十分相似，也是依靠资源出口和服务业作为国家经济发展的两大支柱。2015年，新西兰的实际GDP增长率为3.4%，高于澳大利亚整整1个百分点。为了进一步推动外向型经济的发展，2015年3月，新西兰与韩国签署了自贸协定，这为乳制品和牛肉进入韩国市场打开了关税减免通道。与此同时，新西兰宣布加入中国发起的亚洲基础设施投资银行，为新西兰企业寻找新的商机。2015年10月，新西兰与美国、加拿大、澳大利亚等11个太平洋周边国家达成了《跨太平洋伙伴关系协议》（TPP）。这一协定的达成标志着新西兰基本实现了25年来一直谋求与美国和日本达成自由贸易协定的目标，也成为新西兰所签署的有史以来规模最大的经济合作协定。但是，民间对TPP的怀疑和反对声音也很突出。

2015年度，太平洋岛国经济发展呈现出极度不平衡的特点。从经济增速来看，主要得益于原料出口和外来援助的拉动，部分国家经济增速较快，例如帕劳为9.4%，巴新为9%。但是，大部分太平洋岛国均位于低速增长或者负增长。例如瓦努阿图2015年度实际GDP增长率为-0.8%，密克罗尼西亚为-0.2%。这两国经济的负增长主要是由于遭受到风灾等气候变化因素所致。为了摆脱经济发展困境，除国际社会加大对太平洋岛国的经济援

---

[1] Eliza Borrello and Francis Keany, *Innovation Statement: PM Malcolm Turnbull Calls for "Ideas Boom" as He Unveils $1b Vision for Australia's Future*, Australian Broadcasting Company (ABC), 8 December 2015, viewed 7 April 2016, http://www.abc.net.au/news/2015-12-07/pm-malcolm-turnbull-unveils-$1-billion-innovation-program/7006952.

助外，岛国也在借助自身优势，发展旅游业、渔业等传统产业，以及开展深度区域合作。

二、澳大利亚联盟党政府"换马"后趋于稳定

由于工党的分裂，澳大利亚自由—国家党联盟赢得了 2013 年大选，托尼·阿伯特（Tony Abbot）当选澳大利亚第 28 任总理。但是，好景不长，由于政绩不佳，2015 年，工党内斗历史在联盟党上演，阿伯特失去了党魁地位，被迫让位于自由党前领袖、商人出身的政治家马尔科姆·特恩布尔（Malcolm Turnbull）。2016 年 7 月，澳大利亚举行联邦大选，现总理、自由党领袖特恩布尔宣布联盟党赢得选举胜利，并重组政府。由于联盟党实现了连任，澳大利亚政局趋于稳定。

特恩布尔自上任以来，实行了一系列安抚民心的政策措施。例如，他上台伊始即宣布要重新思考澳民众最为关心的财政、社会福利改革和经济发展的思路与路径问题。承诺决不让税收改革成为"劫贫济富"的工具，而社会福利改革的目标也并非仅仅是削减政府赤字，而是要建立一个令所有国民都有"安全感"的社会保障体系。他还明确表示推迟执行阿伯特政府制定的削减教育经费的方案，宣布新政府将加大科技研发投入，支持经济创新，为澳经济发展开辟一条新的路径。据称，特恩布尔以上的种种举措受到社会各界的广泛好评，对于新政府民意支持率的攀升起到了良好的作用。

在外交政策方面，澳大利亚特恩布尔联盟党政府试图将传统的亲美政策变为试图在中美之间寻求某种平衡关系。自"二战"结束以后，澳大利亚与美国建立了安全联盟关系，并参与美国发起的历次海外征战，成为仅次于英国的美国铁杆盟友。在亚太地区，作为美国同盟网络的重要一环，与日本遥相呼应，构成美国亚太安全战略的南北双锚。进入 21 世纪以后，澳美同盟完成了从联合反恐到应对中国崛起的重新定义。为了配合美国实施的"亚太再平衡"战略，澳大利亚又在其 2016 年新版国防白皮书中，再次确认"与（美国）维持强大和深层次的同盟关系，是澳大利亚安全和防卫计划的核心"，① 并宣誓澳大利亚将以实际行动维护美国在印度洋—太平洋地区的优势和主导地位。在美国重返亚太战略日益深化，对澳既施压又拉拢之下，中澳关系呈现出经济上不断融合而在区域安全上分歧不断扩大的趋势。但

---

① Australian Government Department of Defence, 2016 *Defence White Paper*, Commonwealth of Australian 2016, p. 121.

是，中澳经济密切的相互依赖关系，严重制约了澳大利亚的亲美外交政策的推行。

三、新西兰深化福利国家建设

新西兰各项社会事务发展保持长期稳定。新西兰社会素以高福利体制闻名于世，在 2015—2016 年度，该国福利国家建设事业又取得了新的成果。主要原因在于新西兰经济仍然逆势增长，政府预算稳中有升，而国家党在上年度大选再次获胜后，施政的连续性与积极性也得到了保证。2015 年度，尽管全球乳制品价格下滑以及中国经济活力有所减弱，但新西兰经济实际增长率仍然达到 3.4%，超过政府对 2015—2019 年平均增长率 2.8% 的预期。2015 年新西兰人年均工资已经突破 5.7 万新元，创历史新高。在不增税的情况下，新西兰实现了财政盈余 4.14 亿新元，重返财政盈余。

从社会发展战略上看，2015 年新西兰政府将提高社会服务与保持经济增长计划绑定，提出了新的顶层设计方案，即"新西兰 30 年基建规划"（Thirty Year New Zealand Infrastructure Plan）。这个规划包括 145 项具体措施，对交通、电信、能源、水利等基础设施建设做出了安排。一方面将加快基础社会服务水平，提高国民衣食住行方便度，另一方面也创造新的就业机会，而投资主要由各级政府承担。

具体来看，新西兰政府就改善具体人群的社会福利方面也落实了新的政策。新西兰政府决定从 2015 年下半年起，4 年内将向全民退还 1.76 亿新元的财政盈余。国家党政府编列了 108 亿新元用于中小学教育及早期幼儿教育。同时也编列了 159 亿新元用于公共医疗卫生服务，这两项预算均创造历史新高。更重要的是，新西兰政府还拨款 7.9 亿新元用于精准扶贫，主要目的是改善贫困家庭儿童的生活待遇。2015 年，新西兰提高了贫困家庭救济金水平，救济金额水平明显增加，最高为每周 25 新元，使新西兰 16 万个最低收入家庭受惠。对有儿童的家庭补助还包括医疗方面，从 4 月 1 日起国家党政府把带薪产假延长至 16 周，将父母税收抵免从每周 150 新元增加到 220 新元，并把抵免周期从 8 周延至 10 周。从 7 月 1 日起，13 岁以下新西兰儿童可在家庭医生处免费就诊和得到处方。

新西兰这些社会福利政策除了有拉动就业、增加政府现代化服务水平以及改善贫富差距的目的外，显然还有鼓励生育的目的。新西兰人口稀少问题一直是国家发展的瓶颈之一，除了吸引移民外，主要是提倡国民增加生育。值得注意的是，新西兰的移民政策也进行了相对配套调整，尤其是对愿意前往奥克兰之外地区创业的移民，雇主担保技术移民加分由 10 分调整为 30 分，创业移民加分由 20 分转为 40 分，这是前所未有的幅度。

四、太平洋岛国政治发展经受系列考验

2015 年度，太平洋岛国的政治发展经受了一系列考验，受这些微型国家的国情使然，部分突发事件对相关国家国计民生都造成了影响。首先，岛国在面对大选的考验时完美过关。该年度有多个太平洋岛国举行了大选，而所有的选举都进行得较为顺利，政权交替未引发激烈的冲突，这表明太平洋岛国的民主化建设有进一步成长与成熟。这些国家包括密克罗尼西亚、图瓦卢、库克群岛、马绍尔群岛、基里巴斯与斐济。库克群岛尤其值得一提，因为该国于 2014 年底开始进行议会选举，后又在 2015 年进行了两场补选，结果最终于 2015 年 4 月 1 日才最终结束，库克群岛党以微弱优势成为议会多数党。库克群岛还在 2015 年 6 月提出申请加入联合国，并与新西兰总理约翰·基商谈相关事宜，因为这涉及库克群岛与新西兰宪法关系的改变，此前库克群岛一直由新西兰代管对外事务与国防。库克群岛这一决定势必影响其与新西兰的关系，并可能影响新西兰与其他岛国的关系。

虽然大选顺利，但是岛国内部政治问题仍然比较严重。比如密克罗尼西亚联邦的议会选举遭到国内楚克州分离主义运动的冲击。楚克政治地位委员会在 2014 年曾要求在 2015 年 3 月密克罗尼西亚联邦议会选举期间，同时在楚克州进行全民公投，决定是否将楚克州从密克罗尼西亚联邦分离出去。为抵制楚克州的分离主义活动，密克罗尼西亚联邦总统莫里在 2015 年年初成立了专门的"国家统一工作小组"，深入楚克州及海外选区以抵制分离主义活动，最终公投被无限期搁置。此外，政治腐败问题依然困扰着太平洋岛国。所罗门群岛总理梅纳西·索加瓦雷在 2015 年新年致辞中表示将建立反腐独立委员会以遏制本国腐败，但实际效果并不明显。而最耸人听闻的腐败案件发生在瓦努阿图：2015 年 10 月，瓦努阿图最高法院判定副总理莫阿纳·卡凯塞斯、议长马塞利诺·皮皮特及 12 名议员犯有行贿罪和受贿罪。6 月份案发时，总理乔·纳图曼被迫下台，注定了此次政坛动荡。一个后果是，该国年轻议员迅速补位崛起，国家权力中枢的年龄结构发生巨变。

2015 年度的事实表明，太平洋岛国的政党政治还很不成熟，未来的动乱隐患仍然不可低估。许多政党显然是为了参加选举而专门组建的，在日常政治中要么如瓦努阿图等出现党派林立的乱象，要么干脆如图瓦卢与密克罗尼西亚联邦等并无任何稳定政党存在。这对域外国家开展对岛国外交时选择

接触对象造成了非常大的困难，需要紧密跟踪其政坛实时变化动态。

五、太平洋岛国区域合作利弊共生

就区域国际关系而言，太平洋岛国积极展开多边与双边外交，成绩非常突出。总体看来，这在客观上受惠于亚太地区大国的外交竞争，尤其是中国、日本与印度的竞争。2015 年 5 月第 7 届日本与太平洋岛国峰会在日本福岛召开。会议由日本首相安倍晋三主持，14 个太平洋岛国政府首脑与澳大利亚外长及新西兰内阁部长级官员出席了此次峰会。会议通过了《福岛磐城宣言》。日本承诺 3 年内将向太平洋岛国提供不少于 550 亿日元援助，并向巴布亚新几内亚、萨摩亚、帕劳、所罗门群岛等国提供基础设施建设贷款。《福岛磐城宣言》主张根据国际法原则维持海洋秩序，强调太平洋岛国与日本"长期紧密的协作关系"。日本显然希望通过岛国来抗衡中国在亚太地区影响力的全面抬升。自 2014 年印度总理莫迪访问太平洋岛国以后，太平洋岛国与印度的关系进一步加强。2015 年 8 月 21 日，14 个太平洋岛国的领导人参加了在印度斋普尔举行第二届印度—太平洋岛国论坛。印度总理莫迪在论坛发言中强调了援助和贸易对于发展印度与太平洋岛国双边关系的重要性，并表示要加大援助。除此之外，韩国第三届韩国—太平洋岛国高官会也于 2015 年 10 月 6 日在首尔召开。此外，韩国还专门强化了与斐济在医疗卫生、旅游及气候变迁方面的合作。

除了与亚洲国家的合作，对美国加强合作也是岛国在澳大利亚及新西兰这两个地区强国之外的选择。2015 年 8 月，太平洋岛国论坛秘书处与美国国务院共同组织了"太平洋岛国与美国贸易、投资与私营经济发展研讨会"。美国代表团由主管经济和商业事务的副助理国务卿唐伟康带队，双方政界与民间精英共计 100 人参与此次研讨。美国表示将为太平洋岛国的私人企业进入美国市场提供额外的机会。2015 年 3 月，瑙鲁协定成员国在密克罗尼西亚联邦举行正式会议，决定把相关海域实现渔业经济可持续发展作为决策的指导性原则。随后的 8 月，太平洋岛国论坛渔业局与美国国务院签署了 2016 年度金枪鱼捕捞协议，同意美国企业在瑙鲁协定成员国水域开展累计 5700 天数的捕捞作业。但在 2015 年 11 月，美国以金枪鱼价格下跌与生产成本上升为由要求重新修改协议，减少 2000 天作业时间。显然，美国试图对太平洋岛国加强经济影响，但是由于实际成本问题，明显力不从心。

值得注意的是，太平洋岛国论坛和太平洋发展论坛作为该区域两个最大的合作框架，2015 年度各自取得了一定的成绩。9 月 7 日至 11 日，第 46 届太平洋岛国论坛在巴新召开。参加论坛的各国领导人将继续就气候变化、全球变暖、海平面上升、地区治理等共同关心的问题进行协调与合作，并对太平洋岛国的地区事务进行研讨，加强本地区的联系。9月1日至3日，太平洋岛国发展论坛第三次峰会在斐济苏瓦召开，主题是"构建具有气候韧性的绿色蓝色太平洋经济"。与会领导人讨论了太平洋岛国应对气候变化宣言，以便在年底的联合国气候大会召开前协调立场、统一声音。峰会后发表了《气候变化苏瓦宣言》，呼吁世界各国加速削减温室气体排放，共同应对气候变化。此外，美拉尼西亚先锋集团在2015年11月完成新的自由贸易协定法律文本谈判。该协定涵盖服务贸易，并新增劳动力流动、投资、电子商务与电信等章节。一经各成员国签署和生效之后，将进一步加深美拉尼西亚区域经济一体化进程。

过去一年中，太平洋岛国在纷繁的外来援助选择方面，采取了来者不拒的态度，普遍采用以政治资源换取经济资源的战略，同时也通过出卖资源开发权换取直接资金流。这些收入有利于改善民生。但是，这种过分依赖域外合作的态势也具有负面后果：一方面它可能进一步放弃自力更生的国家发展建设观，过分依附外部社会；另一方面可能将越来越深地卷入涉及大国事务的表态当中，在外交上可能再次走向"唯利是图"。岛国区域内合作在过去一年不甚抢眼，这种情况如果长期出现，则意味着整个南太平洋岛国区域一体化的努力可能出现分化和碎化的倾向。

六、大洋洲对中国"一带一路"倡议做出积极反应

大洋洲—南太平洋地区在中国"一带一路"倡议筹划中，具有十分重要的地位。大洋洲国家位于浩瀚的太平洋中部和西南部地区，是中国通往南美洲、南极洲海空航线的必经之所。在大洋洲国家中，澳大利亚和新西兰属于发达经济体，它们是中国重要的经济合作贸易伙伴。太平洋岛国均属于发展中国家，中国与这些国家的贸易、投资和援助关系十分密切，是我国拓展南南合作的重点示范区域。根据国务院统一部署，大洋洲—南太平洋地区为我国推动21世纪海上丝绸之路共建计划的重点方向。[①] 大洋洲国家对此纷纷做出积极的反应。

澳大利亚是中国在大洋洲地区最重要的经济合作伙伴，两国在双边贸

---

① 国家发改委、外交部、商务部：《推动共建丝绸之路经济带和21世纪海上丝绸之路的愿景与行动》，人民出版社2015年版，第5页。

易、双向投资和经济技术合作方面具有巨大的潜力。中澳自贸协定经过长达10年之久的谈判，终于在2015年缔约生效。由于该协定是一个涵盖货物贸易、服务贸易、投资、环保和贸易规则等领域的高品质自贸协定，从而为两国实现高品质的经济互补提供了法律保障，也为亚太地区高质量的经贸安排提供了良好的示范。澳大利亚总理特恩布尔高度评价该协定，指出："中澳自贸协定为澳未来的经济繁荣奠定了基础，是关乎澳大利亚未来繁荣的重要基石之一。"[1] 2015年中澳双边贸易额为1072.1亿美元，澳大利亚与中国的贸易顺差147.4亿美元。[2] 中国继续保持为澳大利亚第一大贸易伙伴、第一大出口目的地和第一大进口来源地。为了利用中国的投资，澳大利亚联盟党阿伯特政府于2015年6月发布了《我们的北部，我们的未来——开发北澳》白皮书，正式提出"北部大开发"的战略构想，描绘了包括西澳大利亚州北部、北领地和昆士兰州在内的北澳大开发的愿景和蓝图。[3] 根据白皮书的构想，联邦政府将在北澳地区投资60多亿澳元，用以强化道路和供水、供电等基础设施建设，同时着力破除商业壁垒，便利投资，以便在未来的20年内将北澳地区打造成对全国具有强大经济辐射力的重要增长极。为了吸引外来投资，并试图影响未来地区政治经济格局，澳大利亚在2015年3月29日宣布加入中国发起的亚洲基础设施投资银行，成为该机构的创始会员国。"从澳大利亚自身来看，加入亚投行的经济利益巨大，将帮助其实现'亚洲世纪'的目标……澳大利亚如果作为亚投行的创始成员国，澳大利亚企业界则将有更多机会参与亚投行所投资的项目中，进而拉动其资源业和服务业的增长。"[4] 但是，在澳大利亚国内，出于国家利益和意识形态考虑，澳大利亚政府对中国国有企业在澳大利亚的投资尤其敏感，对中国国有企业的投资项目，在进行审批过程中都带有不同程度的政治色彩。中国在澳大利亚的直接投资不仅给澳大利亚带来了极大的经济利益，在就业方面也为澳大利亚做

① Malcolm Turnbull, *CHAFTA and Rebalancing of Chinese & Australian economies*: *Speech to Australia-China Business Forum*, 6 August 2015, viewed 7 April 2016, http://www. malcolmturnbull. com. au/media/China-Business-Week.

② 商务部综合司、商务部国际经济合作研究院：《国别贸易报告》2016年第1期，http://countryreport. mofcom. gov. cn/record/view110209. asp?news_ id =47740

③ Australian Government, *Our North*, *Our Future*: *White Paper on Developing Northern Australia*, Australian Federal Government 2015: Canberra.

④ 王毅、李福建：《从亚投行事件看澳大利亚在中美之间的外交政策取向》，载喻常森主编，王学东、常晨光副主编：《大洋洲蓝皮书——大洋洲发展报告（2014—2015年）》，社会科学文献出版社2015年版，第157页。

出了巨大贡献，迫使澳大利亚不得不正视加强与中国的互利合作。

新西兰欢迎中国政府提出的"一带一路"计划，并希望利用"一带一路"倡议以及亚投行机制进一步发展新中友好关系，为两国在经贸、政治、文化、科技、教育、旅游等方面的全方位双赢合作开拓更广阔的空间。自2008年中新签署自贸协定以来，两国的经贸关系发展迅速，对中国出口的快速增长已经成为新西兰贸易平衡状况改善的重要原因。中新经贸关系目前处于历史上最好的时期。据中国海关统计，2014年中新双边贸易额达到142.5亿美元，同比增长15.2%。中国继续保持新西兰第一大贸易伙伴地位。截至2014年，中国对新西兰直接投资存量为9.62亿美元。[①] 2015年，新西兰正式加入亚洲基础设施投资银行（亚投行）并成为创始成员国之一。新西兰是第一个参加创建亚投行谈判的西方发达国家，同时它还成为第一个给亚投行注资的会员国，并承诺将于今后5年内向亚投行注资1.25亿新元。2015年9月23日，第二届"中国—新西兰伙伴关系论坛"在北京举行，双方共有120名高级代表与会。目前，新西兰正在致力于推动打造与中国签署自贸区升级版，以便进一步拉动双边投资和服务业关系的提升。

太平洋岛国欢迎中国的和平崛起，对中国提出的"一带一路"倡议做出了积极反应。面对中国经济的高速发展，以及近年来中国加大对太平洋岛国的经济外交力度，太平洋岛国纷纷采取"北向"政策加以回应。2014年11月，中国国家主席习近平对斐济的访问，使太平洋岛国刮起"中国风"。由于地理原因，太平洋岛国远离主要市场，任何能促进空中、海上及通信联系的机会都弥足珍贵。太平洋岛国地区有中国经济发展需要的能源、海洋资源和旅游市场，克服距离的挑战将会为双方带来益处。为此，正如太平洋岛国贸易与投资专员署驻华贸易专员大卫·莫里斯（David Morris）所指出的那样："太平洋岛国欢迎中国崛起，中国也正为本地区和平与安全以及可持续发展作出贡献。一方面，太平洋地区国家欢迎中国为自身经济发展提供支持，包括基础设施建设、医疗、农业培训和在华留学等。前往中国留学的太平洋地区学生将成为促进太平洋岛国可持续发展的领导者。另一方面，中国提倡构筑的新型大国关系对解决本地区的突出问题很有帮助。气候变化是关系到太平洋国家生存的根本性问题。若海平面持续快速上升，太平洋地区的许多岛国将不复存在。然而，气候变化是一个全球性议题。如果中美等碳排

---

① 商务部国际贸易经济合作研究院、商务部投资促进事务局、中国驻新西兰大使馆经济商务参赞处：《对外投资合作国别（地区）指南——新西兰（2015年版）》，第23页。www.mofcom.gov.cn/dl/gbdqzn/upload/nz.pdf.

放大国没有就气候变化达成一致，其他国家很难有动力采取有效措施。"①
2015 年，中国以对外援助为杠杆，继续拉动双方的贸易、经济技术合作发
展，中国援助太平洋岛国的一些大型项目在逐步落实之中。中国对太平洋岛
国的援助包括计划内和计划外资金。如 2015 年 3 月 18 日，中国政府宣布向
瓦努阿图政府提供价值 3000 万元人民币的紧急物资援助，用于该国应对台
风的救灾。援助物资总计 185 吨，包括帐篷、帆布、发电机、食品等，采用
包机运输方式，于 3 月 21 日至 4 月 2 日分 5 架次运至灾区。12 月 21 日，中
国政府向密克罗尼西亚联邦政府无偿援助医疗设备交接仪式在密联邦波纳佩
州立医院举行。中方向密方无偿提供此批医疗设备，其中包括呼吸机、麻醉
机、监护仪、手术器械、轮椅车等。

　　总之，2015—2016 年度，大洋洲国家总体政局较为平稳，虽然不少国
家经历了大选和政权交接，但并未出现政治动荡。经济上发展和挫折并存，
经济低速缓慢发展，并呈现明显的差异性。大洋洲国家区域合作在各个层次
探索中前行，并围绕可持续发展这一核心主题进行。2015 年，中国与大洋
洲国家关系发展较为平稳，大洋洲各国对中国提出的"一带一路"倡议计
划均抱有积极的态度，希望搭乘中国经济发展的高速列车。

---

① 大卫·莫里斯：《大卫·莫里斯：太平洋岛国真诚欢迎中国崛起》，环球网，
2015 年 10 月 15 日，http://opinion.huanqiu.com/opinion_world/2015 – 10/7763419.html.

2016—2017 年度大洋洲地区发展形势回顾与展望 *

2016—2017 年度，大洋洲国家经济发展最大的特点仍然是澳大利亚、新西兰及太平洋岛国之间呈现差异性发展态势。其中，澳大利亚和新西兰作为发达工业化国家，其经济结构均呈现哑铃式状态，资源型产品和服务业成为出口增长和拉动就业的主要部门。太平洋岛国经济增长表现具有相当大的不平衡性，经济增长受到外来投资、援助和突发自然灾害等因素的影响。在政局方面，澳大利亚和新西兰都受到执政党内部"换马"的影响，但仍然保持稳定势头。太平洋岛国政局基本稳定，现代化进程伴随着各种矛盾。大洋洲区域合作在不同的层次上推进，但是总体一体化程度仍然有待加强。

一、大洋洲国家宏观经济发展呈现低速增长

大洋洲国家经济发展水平可以划分两个明显不同的层次，澳大利亚和新西兰属于发达工业化国家，而太平洋岛国属于发展中经济体。

从宏观经济指标来看，澳大利亚和新西兰经济发展比较平稳。2016 年度，澳大利亚的实际 GDP 增长率为 2.5%，与 2015 年（2.4%）基本持平，属于低速增长，低于世界平均水平（3.1%），高于发达工业化国家平均水平（1.7%）。① 新西兰 2016 年度实际 GDP 增长率（4.0%）较 2015 年度（3.4%）增长了 0.6%，不仅高于发达经济体平均水平，也略高于世界平均水平。从消费价格指数来看，澳新两国基本处于稳定水平。从经常账目差额占 GDP 比重看，澳新两国均有所好转。其中，2016 年度，澳大利亚为 −2.6%，比上一年的 −4.6%，降低了 2 个百分点。新西兰的降幅略低于澳大利亚，2016 年为 −2.7%，而 2015 年为 −3%。太平洋岛国经济发展表现极其不平衡。在实际 GDP 增长方面，2016 年经济增长率最高的国家是瑙鲁，其增长率达到 10.4%，是 2015 年（2.8%）的三倍多。经济增长率最低的国家是帕劳，2016 年的 GDP 增长率只有 0.1%。从消费价格指数看，太平

---

* 原文登载于喻常森主编，王学东、常晨光副主编：《大洋洲蓝皮书：大洋洲发展报告（2016—2017）》，社会科学文献出版社 2017 年版。

① IMF, *World Economic Outlook*, April 2017, p. 227.

洋岛国2016年度与2015年度差别不大。从经常项目账户来看，不同的国家表现相差很大。其中，盈余比例最高的是巴新（15.9%），其次是马绍尔群岛（10.8%）、密克罗尼西亚（8.2%）和基里巴斯（5.0%）。其余大部分岛国是逆差，其中逆差额度最大的国家是瓦努阿图（－12.1%），其次是帕劳（－6.3%）和萨摩亚（－6.1%）（参见表1）。

表1 2015—2017年大洋洲国家宏观经济指数

单位：%

国家	GDP 实际增长率			消费价格指数			经常账户差额/GDP		
	2015 年	2016 年	2017 年	2015 年	2016 年	2017 年	2015 年	2016 年	2017 年
澳大利亚	2.4	2.5	3.1	1.5	1.3	2.0	－4.6	－2.6	－2.8
新西兰	3.4	4.0	3.1	0.3	0.6	1.5	－3.0	－2.7	－2.5
斐济	3.6	2.0	3.7	1.4	3.9	4.0	－1.5	－3.0	－5.8
基里巴斯	3.5	3.2	2.8	0.6	1.9	2.2	43.2	5.0	－5.7
马绍尔群岛	1.4	1.8	1.8	－2.2	0.9	1.1	17.9	13.6	10.8
密克罗尼西亚	3.7	2.0	2.0	－0.2	1.3	2.6	8.6	8.2	6.7
瑙鲁	2.8	10.4	4.0	9.8	8.2	6.0	－9.5	1.7	0.5
帕劳	9.3	0.1	5.0	0.9	－1.0	2.0	－3.4	－6.3	－7.8
巴新	6.6	2.5	3.0	6.0	6.9	7.5	19.6	15.3	15.9
萨摩亚	1.6	6.6	2.1	1.9	0.1	1.8	－3.0	－6.1	－6.1
所罗门群岛	1.8	3.2	2.0	－0.6	0.4	2.5	－2.7	－1.7	－4.0
汤加	3.6	3.5	3.9	－0.3	1.4	3.7	－7.2	－2.1	－7.8
图瓦卢	2.6	4.0	2.3	3.2	3.5	2.9	7.6	－4.4	－5.4
瓦努阿图	－0.8	4.0	4.5	2.5	2.2	2.6	－9.2	－12.1	－14.9

资料来源：1. IMF, *World Economic Outlook*, *Too Slow for Too Long*, April 2016, p.37, 172, 177, 187; 2. IMF, *World Economic Outlook*, April 2017, p.47, p.202, p.207, p.217

从国别经济发展来看，澳大利亚和新西兰具有一定的相似性，它们都是资源型的发达国家。其中，澳大利亚经济结构呈现哑铃型特征，即第一产业农牧业和第三产业服务业发达，第二产业制造业占国民生产总值中的比例偏低。2016—2017 年度，澳大利亚经济增长势头逐渐恢复。2016 年为 2.5%，预计 2017 年将达到 3.1%。澳大利亚经济增长势头的恢复取决于多重因素，既有澳大利亚国内投资，特别是军事开支增长的拉动，也有国际大宗商品价格止跌回升的作用。全球大宗商品的需求回升，导致澳大利亚铁矿石的价格在 2016 年初有了较大的回升，这对澳大利亚以矿业为主的经济恢复发挥了较大的作用。2016 年国际大宗商品价格的止跌回升使澳大利亚的国际收支经常项目赤字由 2015 年的近 500 亿美元减少至 440 亿美元。①

2016 年度，新西兰的总体经济形势好于澳大利亚，经济增长率达到 4.0% 的水平，大大高于发达工业化国家水平，也高于世界平均水平。新西兰领先的出口商品是乳制品，而全球乳制品价格回升幅度高于预期。盈余将用于偿还债务，这将使公共财政状况更好。旅游业是新西兰经济的重要支柱产业之一。2016 年，海外游客在本地消费总额达 143 亿新元，占当年新西兰货物与服务出口总额的 20% 以上。作为以贸易立国的"小型开放经济体"，新西兰高度依赖国际市场。它坚持通过双边和区域贸易协定，改善当地公司进入国际市场的途径，促进出口。2016 年以来，具体推动的主要有 TPP、PACER-PLUS，以及与中国的升级自贸协定谈判。

太平洋岛国在 2016 年度的经济发展表现仍然是参差不齐。从 GDP 增长率来看，瑙鲁达到 10.8%，遥遥领先于其他国家。紧随其后的是萨摩亚，2016 年度 GDP 增长率为 6.6%。帕劳 2016 年 GDP 增长率为 0.1%，大大低于 2015 年的 9.3%。而巴新 2016 年度的 GDP 增长率为 2.5%，与 2015 年 6.6% 相比，下降幅度较大。这些数字说明，太平洋岛国经济发展具有不稳定性，受到外来投资、援助变化和自然灾害等多重因素影响较大。同时，太平洋岛国经济规模偏小，经济结构比较单一，受国际市场波动影响也很大。

二、澳大利亚大选后特恩布尔政府出台多项维稳政策

2015 年 12 月底，国家党—自由党联盟总理阿伯特因民望极低而遭到党内逼宫，被迫下台。2016 年 7 月 2 日，澳大利亚举行联邦议会选举，改选全部 150 个众议院议席和 76 个参议院议席。18 日，众议院选举结果得以确定，特恩布尔领导的自由党—国家党联盟获得众议院半数以上，即 76 个席位，以微弱多数赢得选举，得以继续执政。新政府自执政以来，实施了诸多新

① Department of Foreign Affairs and Trade（Australia），"Fact Sheets of Australia"，A-pril 2016，https：//dfat. gov. au/trade/resources/Documents/aust. pdf.

政，得到了民众的拥护，赢得民心。主要措施包括：

第一，推进社会福利体制改革。特恩布尔上台后曾放缓备受争议的财政和社会福利改革，宣布新政府一定会拿出令社会各阶层满意的改革新方案，并承诺绝不让税收改革成为"劫贫济富"的工具。第二，推动科技创新。特恩布尔上台后，一直在各种场合大力宣扬其科技创新和经济创新的理念，宣布要带领澳大利亚人民构建以创新为主导的新型社会。为此，特恩布尔宣布政府将加大科技研发投入，引导和支持经济与科技创新，为澳大利亚经济发展转型开辟路径。特恩布尔曾专门发布一份引领国家经济转型的重要文件——《国家创新与科学日程》，并雄心勃勃地提出了推动经济发展转型的21条具体措施，获得了工商界人士的广泛认同与支持。第三，加大基础设施建设力度。特恩布尔总理上台伊始即向澳大利亚工商界人士和普通民众展示出其推动经济发展和解决失业率居高不下问题的决心，赢得了工商界人士和普通民众的欢迎。众所期待的新预算也似乎有意将大量资金投向支持澳大利亚的制造业发展和改善公路、铁路和港口等基础设施等领域。

除了内政外，澳大利亚特恩布尔政府还在国防和外交政策方面宣布了一些新举措。2016年澳大利亚颁布了新版《国防白皮书》。白皮书强调，为了应对亚太地区新形势下的安全态势和承担澳大利亚作为中等强国的安全责任，澳大利亚政府决定大幅度增加国防开支，将其从2013年占国民生产总值的1.5%提高到2%。① 特恩布尔政府还宣布从2016年到2026年，澳大利亚国防总预算将进一步调高至4470亿澳元。新增加的军费除了扩充军队人数和加强与美国的联合训练以外，主要用于为澳大利亚军队购买新的武器装备。其中最引人注目的一项就是花费500亿美元购买12艘新式潜艇（先是准备向日本采购，后改为从法国引进），这一合同被称为澳大利亚历史上最大的国防军事采购合同。除了《国防白皮书》，澳大利亚此次还发布了《综合投资计划》和《国防工业政策声明》。其中，《综合投资计划》实施期为10年，涵盖了新型武器、基础设施和国防科技在内的所有与国防军事相关的投资计划。《国防工业政策声明》旨在加强澳大利亚国防部与制造业界的联系。特恩布尔政府宣布未来10年将投入16亿美元用于提升澳大利亚军事工业的技术水平，提高其军事制造能力和军事武器装备的出口能力。在外交政策方面，特恩布尔特别强调，为了澳大利亚的未来，澳大利亚必须在经济上全面融入亚洲，务必搭上亚洲，特别是中国经济发展的快车。在军事和安

---

① Defense Department, *Defense White Paper*, 2016, http://www.defence.gov.au/White-Paper/.

全方面，一定要紧紧追随美国的步伐，强化美澳军事同盟，继续将美澳同盟作为澳大利亚对外政策的基石。在对华关系上，特恩布尔政府基本上延续了霍华德总理在 21 世纪初开创的在中美两大国间寻求平衡的外交策略，实行政经分离，对中国"两面下注"。

展望 2017 年，澳大利亚内政外交都面临着一些不稳定因素。国内方面，执政联盟党内部，以及执政党与在野党之间的争斗有可能引发政局的波动。在外交方面，美国特朗普上台以后，推倒了前任的政策，特别是美国宣布退出 TPP 和暂停实施亚太再平衡战略，必将对地区格局包括与盟国关系造成重大影响。澳大利亚面对这种政策断裂如何做出相应政策调整，必将对其地区的外交形成连锁反应。

三、新西兰进入后约翰·基时代

2016 年对新西兰来说是重大政治变革的一年。从国际上看，从英国脱欧公投到美国的特朗普当选，冲击不断涌现。从内部政局来说，爆出最大的冷门是执政长达 8 年之久的国家党党首约翰·基总理在年终宣布辞职，时任国家党副党首的财政部长比尔·英格里希接替约翰·基担任新西兰总理。约翰·基连续三届任职，很受民众支持。在他的主政下，新西兰对内深化了福利国家的各项改革；对外实行自由贸易政策，加强与澳大利亚、美国、英国和中国的联系。

尽管面临内外挑战，新西兰执政国家党仍然享有较高的支持率。据民意调查显示，国家党的支持率高于主要反对党工党 12 个百分点。大部分新西兰选民仍然看好国家党的执政路线。约翰·基辞职，给了新总理重新洗牌内阁和重新审查政策立场的机会。比尔·英格利希领导下的国家很可能会更加注重推行务实改革政策。长期以来，新西兰政治环境稳定，政治进程完善透明。尽管大选频繁，且混合比例代表制（MMP）使得少数政府可能出现，但新西兰政府的总体变化是平稳的。尽管国家党经历了内部变动，新总理也没有约翰·基的个人威望，但是，国家党的施政是相当成功的，这主要反映在经济强劲增长、财政盈余、创记录的移民流入，以及失业率下降等方面。

从经济方面看，新西兰经济表现稳健。2016 年度，实际 GDP 增长率为 4.0%，大大高于澳大利亚，在大洋洲地区也算较高的增长。预计未来五年的年均增长率仍然可以高于 3%。财政实现转亏为盈，政府债务下降。预计新西兰未来几年的经济将会蓬勃发展，但高度不均衡。农村经济由于受到较低的乳制品价格影响，收入有所降低。最近的事态发展表明，影响经济的力量对比正在变得更加积极：全球奶制品拍卖价格已经触底，乳制品价格开始部分复苏，这对新西兰无疑是利好消息。虽然基督城的地震重建热潮似乎已经达到高峰，但新西兰其他地区，特别是奥克兰，仍将继续扩大对住房和相关基础设施的投资，以满足十多年来的人口快速增长的需求。

从外交方面看，英国脱欧、美国退出 TPP，以及中国经济增长放缓等因素都将给新西兰外交造成困难。美国退出以后，新西兰仍然力推 TPP，2016年 5 月 12 日，新西兰议会对 TPP 法案以 62 票对 59 票通过一读。为了弥补美国退出造成的困境，新西兰明确表示欢迎中国加入 TPP。

四、太平洋岛国政局总体平稳，现代化进程伴随着矛盾

2016 年，太平洋岛国的大选虽经历一些波折，但总体而言形势稳定。这年里，多个国家，如马绍尔群岛、基里巴斯、瓦努阿图、萨摩亚、瑙鲁、帕劳等举行了大选。太平洋岛国近年来对如何提升大选比较重视，政治选举模式逐渐完善。

由于受到历史传统和现实政治发展、利益分割等多重因素影响，太平洋岛国在迈向现代化和非殖民地化过程中，矛盾伴随着发展进程。巴新布干维尔自治运动就是一个突出事例。2016 年 5 月，布干维尔自治区主席莫米斯与巴新总统奥尼尔会谈，双方暂定布干维尔独立公投日为 2019 年 6 月 15日。巴新总统奥尼尔呼吁各派力量全面上缴和销毁武器，为未来公投营造一个和平公正的环境。新喀里多尼亚政治紧张态势依然持续。根据《努美阿协议》，2018 年新喀里多尼亚将进行独立公投，这又加剧了这一紧张态势。2016 年 4 月 22 日，诺福克各团体向联合国非殖民化特别委员会递交请愿书，申请将诺福克岛列进联合国非自治领土名单。2016 年 7 月 1 日，澳大利亚诺福克岛被取消海外领地地位，其原有机构多被撤销，建立起市政局，诺福克岛自即日起成为澳大利亚首都堪培拉的特殊辖区。

五、大洋洲区域合作多层次并进

相对亚太地区而言，大洋洲是一个次区域。太平洋区域主义特指大洋洲地区国家（及地区）区域化和一体化进程及各项制度。

太平洋区域合作模式亦称为"太平洋方式"。"太平洋方式"成为理解南太平洋地区人民生活交往和国家对外行为的钥匙，同时也是理解南太平洋岛国合作进程与状态的基本线索。"太平洋方式"包含了五大核心要素概

念，即：第一，用和平方式解决争端；第二，平等；第三，协商一致；第四，泛太平洋精神；第五，渐进主义。① 最后两条尤其能够反映大洋洲区域合作的精髓。其一，"渐进主义"包含在"慢条斯理"的太平洋生活方式和岛国文化之中。"慢条斯理"的生活方式逐渐渗入到区域合作的方方面面，成为一种鲜明的制度文化。其二，"泛太平洋精神"舒缓了地区化与外部压力之间的矛盾。太平洋区域合作进程中，一条贯彻始终的主要线索，是岛国政治家们寻求地区自治的各种努力，与外部力量（包括澳大利亚、新西兰和欧洲宗主国的传统力量，以及新兴的力量——美国、日本、中国）试图发挥更大影响力之间的张力。大洋洲区域合作还有一条比较鲜明的特色，就是多层次、多轨道并进。

目前，在地区层次，大洋洲区域合作的主要官方机制有太平洋岛国论坛、太平洋岛国发展论坛和太平洋共同体。次区域层次的合作机制有美拉尼西亚先锋集团，功能性组织有南太平洋金枪鱼委员会、太平洋地区环境规划署、南太平洋旅游组织等。

太平洋岛国论坛原名"南太平洋论坛"，1971 年 8 月 5 日在新西兰首都惠灵顿成立；2000 年 10 月，"南太平洋论坛"正式改称为"太平洋岛国论坛"。论坛的宗旨为加强论坛成员间在贸易、经济发展、航空、海运、电信、能源、旅游、教育等领域及其他共同关心问题上的合作和协调。论坛加强了在政治、安全等领域的对外政策协调与区域合作。② 论坛成员包括大洋洲地区的 16 个独立国家和 17 个对话伙伴国。论坛的主要合作领域包括贸易自由化、应对气候变化、环境与可持续发展、公共治理、打击跨国犯罪、基础设施互联互通等。2016 年 9 月 7—11 日，第 47 届太平洋岛国论坛领导人会议在密克罗尼西亚联邦首都波纳佩举行。16 个国成员国领导人参加本届论坛，并就气候变化、地区治理等议题进行讨论和达成相关共识。鉴于自然环境的脆弱性，太平洋岛国率先启动 2015 年达成的全球遏制气候变迁协议《巴黎协定》。除了官方之间的合作外，太平洋岛国论坛日益注重加强与民间的关系，太平洋岛国论坛秘书处发起一项新的论坛与民间社会组织参与战略（PIFS-CSO Engagement Strategy），重申论坛与民间社会组织对话的重要性。

太平洋岛国发展论坛成立于 2013 年，论坛创始成员为 14 个太平洋岛

---

① 徐秀军著：《地区主义与地区秩序——以南太平洋地区为例》，社会科学文献出版社 2013 年版，第 132 – 136 页。

② http://www.forumsec.org/.

国。太平洋岛国发展论坛是太平洋岛屿发展中国家谋求自治的尝试。太平洋岛国发展论坛的宗旨是致力于通过区域和国家的框架，专门针对太平洋岛屿发展中国家和地区以及人民的可持续和包容性发展；加速实现可持续性的三大支柱（环境、社会和经济）协调发展，以实现经济增长与社会需求和环境可持续性之间的平衡；促进采取相关手段，如绿色经济、适应性领导和真正的伙伴关系，展开建设性的对话，同时促进制定一项包容各方的变革议程，以解决不可持续发展做法的根源。① 2016 年 9 月 2 日，太平洋岛国发展论坛第三次峰会在斐济举行。20 多个国家和地区的国家元首、政府首脑和高级官员齐聚斐济首都苏瓦，共同探讨太平洋岛国应对气候变化的绿色发展之路等议题，并通过《太平洋岛国发展论坛宪章》。根据这一宪章，太平洋岛国发展论坛将正式成为国际组织，并且将成立专项基金，资助太平洋岛国经济发展。

美拉尼西亚先锋集团是由大洋洲的美拉尼西亚地区四个国家（斐济、巴布亚新几内亚、所罗门群岛、瓦努阿图）组成的次区域组织，成立于1986年。2007 年签署协议，成为一个具有国际法意义的国际组织，总部设于瓦努阿图首都维拉港。主要目的是推动地区经济发展，建立政治框架处理地区事务，协调在地区事务上的立场。2016 年 5 月 26 日，第 5 届美拉尼西亚先锋集团（先锋集团）贸易部长会议在瓦努阿图首都维拉港召开，会议通过了新的集团自由贸易协定和私营部门发展战略。新的先锋集团贸易协定除包括货物贸易外，还新增加了服务贸易、劳工流动和跨境投资等内容。新协定经各成员国法律部门核准后，将提交首脑签署并履行国内审批程序。新的先锋集团自贸协定将于 2017 年 1 月 1 日生效，届时，美拉尼西亚先锋集团次区域自由贸易区将正式建立。

总之，2016—2017 年度，太平洋国家经济发展呈现出明显不同的层次。从宏观经济指标来看，澳大利亚和新西兰作为发达国家经济发展比较平稳，太平洋岛国经济发展参差不齐。从政局来看，澳大利亚经历了联邦大选，特恩布尔领导的自由党—国家党联盟政府赢得大选，继续执政，采取了许多新政。新西兰政局进入后约翰·基时代。太平洋岛国在该年度的大选经历了一些波折，但总体局势较为稳定。2016—2017 年度，大洋洲区域合作呈现多层并进趋势，区域合作取得了一些新的成果。

---

① http://pacificidf.org/strategic-profile/.

2017—2018 年度大洋洲地区发展形势回顾与展望[*]

2017—2018 年度，大洋洲国家经济发展呈现不平衡的趋势。其中，最大的特点仍然是澳大利亚、新西兰及太平洋岛国之间呈现差异性发展态势。其中，澳大利亚和新西兰作为发达工业化国家，资源型产品和服务业成为出口增长和拉动就业的主要部门。太平洋岛国经济增长表现相当大的不平衡性，经济增长受到外来投资、援助和突发自然灾害等因素的影响。在政局方面，澳大利亚特恩布尔政府内阁成员经历了改组，联盟党政府总体呈平稳发展态势。新西兰执政党虽经历内部"换马"，仍然保持稳定势头。太平洋岛国政局基本稳定，现代化进程伴随着各种矛盾。大洋洲区域合作在不同的层次上推进，但是总体一体化程度仍然较低。

一、大洋洲国家宏观经济低速发展

大洋洲国家经济发展水平可以划分两个明显不同的层次，澳大利亚和新西兰属于发达工业化国家，而太平洋岛国属于发展中经济体。

从宏观经济指标来看，澳大利亚和新西兰经济呈现低速发展态势。2017年，澳大利亚 GDP 实际增长率仅为 2.3%，低于 2016 年 2.6% 的水平，更低于预期的 3%。2017 年新西兰 GDP 实际增长率为 3.0%，低于 2016 年的 4.2% 的水平。2017 年，太平洋岛国宏观经济发展参差不齐，总体上呈现低速增长。其中，瓦努阿图为 4.2%，高于 2016 年 3.5% 的水平；瑙鲁为 4.0%，低于 2016 年的 10.4% 的水平。经济增长最低的国家为帕劳，仅为 −1.0%；其次是马绍尔群岛，为 1.9%。从消费价格指数来看，2017 年与 2016 年差别不大。从经常账户差额占 GDP 比例来看，不少国家呈现负数，其中，澳大利亚为 −2.3%，新西兰为 −2.6%，图瓦卢为 −19.2%，帕劳为 −13.6%，汤加为 −10.9%。贸易盈余最高的是巴新，为 16.8%，其次是基里巴斯，为 9.0%（参见表1）。

---

* 原文登载于喻常森主编，王学东、常晨光副主编：《大洋洲蓝皮书：大洋洲发展报告（2017—2018）》，社会科学文献出版社 2018 年版。

表1 2016—2018 年大洋洲国家宏观经济指数

单位:%

国家	GDP 实际增长率			消费价格指数			经常账户差额/GDP		
	2018 年	2016 年	2017 年	2018 年	2016 年	2017 年	2018 年	2016 年	2017 年
澳大利亚	2.6	2.3	3.0	1.3	2.0	2.2	−3.1	−2.3	−1.9
新西兰	4.2	3.0	2.9	0.6	1.9	1.7	−2.3	−2.6	−2.7
斐济	0.4	3.8	3.5	3.9	3.4	3.3	−5.0	−4.5	−5.2
基里巴斯	1.1	3.1	2.3	1.9	2.2	2.5	19.4	9.0	17.0
马绍尔群岛	2.0	1.9	1.8	−1.5	0.7	1.1	8.5	5.5	4.5
密克罗尼西亚	2.9	2.0	1.4	0.5	0.5	2.0	3.3	3.6	3.2
瑙鲁	10.4	4.0	−3.0	8.2	5.1	2.0	1.7	0.7	−0.7
帕劳	0.5	−1.0	1.0	−1.0	−1.0	2.0	−10.4	−13.6	−13.4
巴新	2.4	2.5	2.9	6.7	5.2	2.9	16.7	16.8	20.2
萨摩亚	7.1	2.4	2.5	0.5	−0.4	1.3	−4.2	−1.3	−1.8
所罗门群岛	3.5	3.2	3.0	4.0	6.5	4.8	−3.9	−4.4	−5.0
汤加	3.1	3.1	3.2	2.6	8.0	3.0	−12.7	−10.9	−12.1
图瓦卢	3.0	3.2	3.5	3.5	2.4	2.7	−32.0	−19.2	−20.5
瓦努阿图	3.5	4.2	3.8	0.1	3.8	4.8	−4.1	−9.0	−9.2

资料来源: IMF, *World Economic Outlook*, April 2018。

从国别经济发展形势分析,澳大利亚和新西兰具有一定的相似性,它们都是资源型的发达国家。2017 年,澳大利亚经济增长减速是多方面因素的综合结果,既有澳大利亚国内消费能力持续低迷的因素,也有国际投资减少等因素。澳大利亚出口商品与服务的构成充分说明澳大利亚的经济仍然严重依赖矿物出口。澳大利亚经济形势随着国际大宗商品价格的回升出现了增长的势头,在一定程度上减轻了澳大利亚政府和民众对经济下行和失业率上升的担忧。澳大利亚经济中的中国因素越来越明显,并对澳大利亚的经济增长和持续繁荣发挥了重要作用。据统计,2017 年,澳大利亚出口商品的33.2% 输往中国,较 2016 年增长了 21.8%。

2017 年,新西兰的经济形势好于澳大利亚,但是经济增长略低于 2016

年水平。作为以贸易立国的"小型开放经济体",新西兰高度依赖国际市场。它坚持通过双边和区域贸易协定,改善当地公司进入国际市场的途径,促进出口。

2017年,太平洋岛国经济形势总体上比2016年差,经济发展水平呈现极大的差异性。表1的数据说明,太平洋岛国经济发展不稳定,受到外来投资、援助变化和自然灾害等多重因素影响较大。同时,太平洋岛国经济规模偏小,经济结构比较单一,受国际市场波动影响也很大。

二、澳大利亚政局出现总体右倾化趋势

受到澳大利亚民意日益右转和民粹主义抬头的影响,澳大利亚政局也出现右倾化趋势。鉴于执政联盟党和在野工党在议会中均无绝对优势,因此两党在2017年均采取了较为温和的国内政策,竞相向右翼小党、右翼和民粹主义势力妥协,希望获得他们的支持,以掌握议会的主导权,并试图积蓄力量为2018年的议会补选和2019年的大选做准备。

由于执政的自由党—国家党联盟和最大的反对党工党在议会中的议席相差不多,因此双方都千方百计地从对方议员的身份上寻找破绽,希望以此逼迫对方议员辞职,从而削弱对方在议会中的力量。其中,双重国籍议员成为重点打击对象。澳大利亚最高法院宣布,根据有关人士举报,将对多名具有"双重国籍"问题的国会议员的资格进行调查和审判,一旦发现议员的确拥有"双重国籍",他们将被剥夺议员身份。作为移民大国,澳大利亚相当多的公民拥有双重国籍。这次"双重国籍"问题,矛头直指特恩布尔政府的副总理、国家党党首乔伊斯。目前执政的自由党—国家党联盟在众议院150个席位中仅获得76席,是近年来在议会中力量最为薄弱的一届政府。一旦乔伊斯被剥夺议员身份,澳大利亚现有政治格局极有可能被打破,并极有可能直接导致特恩布尔总理下台。

在外交方面,作为澳大利亚外交的基石,维持并强化与美国的同盟关系仍然是澳大利亚外交的重点。为了维护美国在全球,特别是在印太地区的霸权体系与秩序的稳固与和长久,并由此获得利益,澳大利亚支持美国构建"印太战略",并在其中起到积极的引导和推动作用。澳大利亚政府还先于特朗普强调"印太地缘概念"。鉴于澳大利亚濒临印度洋和太平洋两大洋的独特的地理位置,澳大利亚寻求建构"印度洋—太平洋"新的地缘概念,配合美国在两洋的军事与安全部署,确保美国牢牢地掌控印度洋至太平洋的海上航线。为此,美、澳、日、印在亚太地区实现军事联动的同时,还将这

一势头进一步扩大到印度洋，呈现出印（印度洋）太（太平洋）合流的态势。在与中国关系方面，澳大利亚奉行"经政分离"的策略，即：在经济上强调澳大利亚必须着眼未来，全面融入亚洲，特别是要搭上中国经济发展的快车，从而在西方发达国家经济体经济形势普遍不佳的情形下，为澳大利亚谋取经济利益；政治上，继续作为美国和西方国家一员的身份表达对中国崛起的关切。在中澳双边经贸关系不断加速发展之际，中澳两国在政治上的分歧也展现出加速扩大之势。在 2017 年 11 月公布的《外交政策白皮书》中，澳大利亚呼吁中国遵守国际规则和地区秩序，暗示中国的崛起对美国为霸主的地区秩序构成了挑战。

三、新西兰大选后内政外交政策调整

2017 年 10 月，新西兰举行了大选，国家党获得 56 个议席，工党获得 46 个议席，优先党和绿党分别获得 9 个和 8 个议席。最终工党与优先党和绿党形成执政联盟，工党党魁杰辛达·阿德恩成为新任总理。联合政府对新西兰内政外交政策进行了调整。

对内政策方面，政府确立了五个优先领域，包括：重建关键的公共服务；促进经济发展和促进地区发展；解决贫困儿童问题；解决住房问题和无住房人员问题；增强对自然资源的保护。此外，在文化教育方面，加强了教育的发展和文化认同感的建设。

在对外政策上，收紧移民政策，强调对太平洋事务的发声，旨在保护新西兰的国家独立与利益。同时，在全球层面，提出基于规则的国际体系观、太平洋重置战略，以应对联合政府所谓的战略焦虑，但在国际热点问题上的自由主义立场未发生本质变化。

新西兰在内政外交政策上的转变凸显了新西兰对日益复杂的太平洋局势的担忧，这一转变也基本确定了新西兰在中美关系上的选择——在维持新西兰独立自主的外交体系前提下，在战略上继续与美国合作，而在与中国合作的同时保持警惕。这种趋势可能将在未来的中美新三国关系中成为一种常态。

四、太平洋岛国政局总体稳定

2017 年，巴布亚新几内亚、纽埃、所罗门群岛、汤加等共 4 个太平洋岛国进行了大选，其中巴布亚新几内亚总理奥尼尔、汤加首相波希瓦、纽埃总理塔拉吉实现连任。完成大选的各太平洋岛国的领导人大多连任，在一定程度上保持了国内政策的连续性与稳定性。其他各岛国和地区政局大致稳定。

在区域局势方面，热点问题得到有效控制。2017 年 6 月，在所罗门群岛驻扎 14 年之久的驻所罗门群岛地区援助团完成使命，开始撤离，这也表明所罗门群岛局势稳定。作为地区热点的巴新布干维尔自治省与新喀里多尼亚并未出现骚乱。布干维尔自治省初步定于 2019 年举行独立公投，而新喀里多尼亚则定于 2018 年 11 月之前实施公投，两地都在有条不紊地为未来的公投做准备。

在国际社会的支持与援助下，2017 年，太平洋岛国积极谋求经济和社会协调发展，致力于改善民生。虽然取得一定的成就，但大多数太平洋岛国由于经济发展形势严峻，社会形势改善仍面临较大压力，不少社会问题亟待解决。除了众所瞩目的关乎岛国生死存亡的气候变化问题外，其他的一些社会问题值得关注。

太平洋岛国地理位置特殊，环境复杂脆弱，是世界上最易受气候变化影响的地区，加之其发展能力薄弱，相对于其他地区，气候变化所带来的危害尤为显著。因而，在外交方面，太平洋岛国一直积极参与全球气候治理，以气候变化议题为抓手，掌握了不可小觑的话语权。斐济能够申请到 2017 年第 23 次联合国气候变化大会与联合国海洋大会主办权，说明太平洋岛国在气候变化等方面的贡献为世界所公认。

在区域合作方面，2017 年 9 月 5—8 日，第 48 届太平洋岛国论坛在萨摩亚首都阿皮亚举行。论坛主题为"蓝色太平洋：我们的群岛之海——通过可持续发展、管理和保护实现我们的安全"。论坛打出"蓝色太平洋"的旗号，呼吁各太平洋岛国共同行动，在太平洋岛国论坛的领导下致力于蓝色太平洋的安全和可持续发展。本届会议主席国萨摩亚总理图伊拉埃帕表示，"蓝色太平洋"这一主题为太平洋的区域合作与发展，以及为该论坛与世界建立密切关系给予了一种全新的描述。会议重申了太平洋地区主义的框架，赞成加强太平洋专员办公室在跨部门海洋事务中的协调作用；承诺加快禁止使用一次性塑料袋和塑料包装盒的政策进程，呼吁环太平洋国家参加旨在解决海洋污染与海洋垃圾的行动；呼吁采取区域一致行动，应对气候变化和海平面上升。

域外大国在太平洋岛国地区的竞逐角力日益激烈。中国的"一带一路"倡议为岛国人民带来实实在在的好处，双方的共同利益得到拓展。中太在政治、经济和人文领域的交往不断向前发展，取得了丰硕的成果。随着中国等新兴力量的进入，传统大国、其他新兴国家和中国的角力也逐渐显现。面对竞争态势，各国开始调整相关外交政策，中国未来在这一区域将面临更多的挑战。

总之，2017—2018 年度，大洋洲国家政治上基本稳定，经济上低速发展，表现出较大的差异性。在外交领域，无论是双边关系，还是区域合作方面都取得了较大的成就。

Publications in English

Sino-Australian Economic Relations: A General Review*

Since the People's Republic of China (PRC) and Australia established formal diplomatic relations in 1972, the nations' economic relationship has gone ahead in leaps and bounds. Bilateral trade has developed to the highest level, mutual investment grows continuously, and economic and technical co-operation has proceeded at a high level.

The Sino-Australian relationship is one of the most important and special bilateral relationships in the Asia-Pacific region. Currently, China is a rising global economic and political great power, while Australia acts as a significant leading middle power as well being a highly open society in the Asia-Pacific. For Australia, China is her biggest market; for China, Australia is her essential energy supplier and economic partner. In the past 40 years since formal diplomatic ties were established, Sino-Australian relations have become more and more interdependent as well as mutually beneficial. There exist relatively strong complementarities between the two countries. With both sides continuing to get much benefit from their growing ties, Sino-Australian economic relations would seem to have a bright future.

Based on the official statistics published by both countries, as well as academic papers, this article will try to provide a general review of Sino-Australian economic relations. First, it will describe the general development of Sino-Australian economic relations, then it will move to an in-depth examination of the nature of those relations, and finally it will summarise the key political ramifications of Sino-Australian economic ties.

Sino-Australian Economic Relations in Retrospect

Over the past 40 years, owing to the two nations' respective natural endowments

---

* In James Relly and Jingdong Yuan (eds.), *Australia and China at* 40, Sydney: University of South Wales Press, 2012.

and development levels, economic ties between China and Australia have made great progress since the bilateral diplomatic relationship was established. Economic relations between the two encompass three major aspects: bilateral trade (including trade in goods and services), mutual investments, and other areas of economic co-operation.

Bilateral Trade

Bilateral trade between China and Australia has developed rapidly since 1972. In 1972, bilateral trade in goods amounted to only US $ 86. 43 million. A decade later (in 1982), the amount of trade soared to US $ 1. 12 billion, a 13-fold increase. In the second decade (from 1982 to 1992), the amount doubled, to US $ 2. 33 billion. By the beginning of the 21st century, bilateral trade between China and Australia had reached a "great-leap-forward" moment. In 2002, the trade amount made a breakthrough to US $ 10. 4 billion, and then reached US $ 88 billion (close to A $ 100 billion) in 2010, more than 8. 5 times the amount in 2002, nearly 40 times the 1992 figure, and over 80 times the 1982 figure (see Table 1). In 2010, China ranked as the Australia's largest trading partner, and Australia as China's seventh-largest trading partner.

Table 1 China-Australia bilateral trade in merchandise (1972 –2010, US $ million)

Year	Export	Import	Total
1972	46. 97	39. 46	86. 43
1977	100. 94	517. 87	618. 81
1982	206. 47	915. 49	1121. 96
1987	291. 86	1112. 61	1404. 47
1992	660. 81	1671. 16	2331. 98
1997	2054. 91	3247. 68	5302. 59
2002	4585. 59	5850. 24	10 435. 84
2007	17 993. 46	25 852. 28	43 845. 75
2010	27 230. 00	60 870. 00	88 090. 00

Source: The Editor Board of the Yearbook of China's Foreign Economic Relations and Trade (1985 – 2004), *Yearbook of China's Foreign Economic Relations and Trade* (1984 – 2003); The Editor Board of China's Commerce Yearbook (2005 – 2011), *China's Commerce Yearbook* (2004 – 2010).

In the first decade of the 21st century, the ratio of trade in services between China and Australia increased rapidly. In 2000, the total mutual service trade value was US $ 898. 93 million, within which China's exports to Australia were US $ 436. 31 million, while its imports from Australia amounted to US $ 462. 61. The trade amount was basically in balance. But since 2001, China's imports from Australia have surpassed China's exports to Australia. In 2010, the total value of service trade reached US $ 7. 1 billion; the surplus was about US $ 4 billion in Australia's favour (see Table 2). The amount of trade in services accounts for 7. 1 per cent of the total amount of bilateral trade.

Table 2   China-Australia bilateral trade in services, 2000 – 2010 (US $ million)

Year	Export	Import	Total
2000	436. 31	462. 61	898. 93
2001	405. 48	633. 35	1038. 84
2002	501. 50	850. 21	1351. 71
2003	575. 76	1247. 7	1823. 47
2004	819. 45	1866. 1	2685. 56
2005	920. 81	2313. 2	3234. 01
2006	839. 08	2508. 5	3347. 59
2007	1036. 27	3307. 4	4343. 67
2008	1228. 68	3999. 0	5227. 7
2009	1301. 18	4803. 33	6104. 51
2010	1575. 42	5537. 22	7112. 64

Sources: 1. United Nations Service Trade Statistics Database, www. unstates. un. org/unsd/servicetrade; 2. Australian Department of Foreign Affairs and Trade (2011), *Australia Trade with East Asia* 2010, www. dfat. gov. au/publications/stats-pubs/Australia-trade-with-East-Asia – 2010. pdf.

Thus it can be seen that the current Sino-Australian total amount of trade, which combines trade in goods and services, was close to US $ 100 billion. It had already surpassed AU $ 100 billion already.

Mutual investments

China and Australia have become significant economic partners thanks to the growth in mutual investments. Australia started to invest in China in 1979, one of the earliest countries to do so. Before 2000, China had approved 4266 investment projects from Australia, with total agreed investments amounting to US $ 6. 583 billion, out of which realised investments were US $ 2. 11 billion. [1] Between 2000 and 2010, Australian investments in China grew from an annual amount of US $ 300 million to over US $ 1 billion, with the highest at US $ 1. 02 billion. During the same period, Australian investments represented 0. 41 to 1. 09 per cent of total foreign investment in China. During the 1979 to 2010 period, which corresponds with the three decades of China's "Open Up and Reform Policy", foreign investment in China grew to a total of US $ 1101. 945 billion, of which Australia's share was 0. 59 per cent, at US $ 6. 536 billion. Both the volume and scale of investments by Australia in China are of a limited nature (see Table 3).

Table 3   Australian investment in China, 2000 –2010 (US $ 100 million)

Year	Value of Australian investment in China	Total value of foreign investment in China (includes Taiwan, Hong Kong and Macao)	Percentage of China's total foreign investment
2000	3. 09	407. 15	0. 75
2001	3. 36	468. 78	0. 71
2002	3. 80	527. 43	0. 72
2003	5. 93	535. 05	1. 10
2004	6. 64	606. 30	1. 09
2005	4. 00	724. 06	0. 55
2006	5. 50	727. 15	0. 75
2007	7. 80	835. 21	0. 93

[1]   *Yearbook of China's Foreign Economic Relations and Trade*, in Chinese, China's Foreign Economic Relations and Trade Press, 2002, p. 483.

Continued

Year	Value of Australian investment in China	Total value of foreign investment in China (includes Taiwan, Hong Kong and Macao)	Percentage of China's total foreign investment
2008	10. 20	1083. 12	0. 94
2009	3. 90	940. 65	0. 41
2010	3. 26	1088. 21	0. 29

Source: The Editor Board of the Yearbook of China's Foreign Economic Relations and Trade (2001 – 2004), *Yearbook of China's Foreign Economic Relations and Trade* (2000 – 2003); The Editor Board of the China's Commerce Yearbook (2005 – 2011), *China's Commerce Yearbook* (2004 – 2010).

Australian investments in China mainly cover architecture, transport, retail, airport landing systems, bond transaction software, vehicle control systems, medical treatment equipment, pharmaceutical products, manufacturing, environmental management, food processing, information technology, telecommunications, advertisement and design, law, finance, insurance, and so forth.

Investments by China in Australia have expanded rapidly in recent years. By late 2010, the amount of non-financial direct investments of Chinese enterprises to Australia was close to US $8. 8 billion, covering ocean shipping, aviation, finance, iron ore, nonferrous metal, farm and ranch, products processing, real estate, and catering (Table 4).

Table 4　Chinese direct investment in Australia, 2003 – 2010 (US $100 million)

Year	Value of China's investment in Australia	Total value of China's overseas investment	Percentage of total China's overseas investment
2003	0. 30	28. 54	1. 05
2004	1. 25	54. 97	2. 27
2005	1. 93	122. 61	1. 57
2006	0. 87	176. 33	0. 49
2007	5. 31	265. 06	2. 00

Continued

Year	Value of China's investment in Australia	Total value of China's overseas investment	Percentage of total China's overseas investment
2008	18. 92	559. 07	3. 38
2009	24. 36	565. 28	4. 30
2010	17. 01	688. 10	2. 47

Source: The Editor Board of the China's Commerce Yearbook (2004 – 2011), *China's Commerce Yearbook* (2004 – 2010).

According to the data in Table 4, between 2003 and 2010, the accumulated amount of investments by China in Australia in the non-financial sector is US $ 6. 997 billion, which represents only 2. 84 per cent of the total amount of China's overseas investments during the same period, which amounts to US $ 245. 91 billion. However, the growth rate is relatively fast, having increased by 81 times from US $ 0. 03 billion in 2003 to US $ 2. 436 in 2009. The amount of investment by China in Australia grew from 1. 05 per cent in 2003 to 4. 30 per cent in 2009 of the total Chinese overseas investment, but decreased to 2. 47 per cent in 2010, which shows that Chinese investment in Australia remains unstable. Most Chinese investment is focused on the mining industry, involving a number of large projects. These projects were worth many million dollars, such as the US $ 350 million natural gas exploration program of the China National Offshore Corporation, and the iron ore programs of Baosteel Co,. Ltd. and Shougang Corporation. Chinese investment in Australia principally takes the form of joint investment and many programs are often large. It's clear, then, that Chinese investment in Australia has made a great contribution to Australia's infrastructure and employment. With the ever-growing Chinese demand for energy resources, Australia will become one of the most important countries in China's overseas investment programs in the future.

Economic and Technical Co-operation

Areas of mutual economic and technical co-operation between China and Australia include technical co-operation, development aid, energy and tourism. Since China and Australia signed the Technical Co-operation for Development Agreement in October 1981, Australian aid to China has focused on productivity, and 30 per cent of the aid fund was used in importing equipments. In the past 30 years, Sino-Australian economic co-operation has expanded to include agriculture, forestry, livestock husbandry, energy, mining, transport, textiles, construction materials, education, sanitation and urban redevelopment. Australia was among the earliest western countries to offer development aid to China. In recent years, Australian government official aid to China amounts to about US $ 55 million annually. Up to 2010, 71 Australian aid programs in China had been completed, accounting for AU $ 190 million. There are 37 ongoing programs totalling AU $ 130 million, and 22 future programs totalling AU $ 150 million.

During the past decade, three key areas—contracted projects, labour service and design consultation—attracted the lion's share of the total amount of capital in Sino-Australian economic co-operation, and received US $ 3. 29 billion, of which, the 2009 amount was US $ 1. 15 billion (see Table 5).

Table 5   Chinese economic co-operation with Australia, 2001 – 2010 (US $ 10 000)

Year	Contracted projects	Labour service	Design consultation	Total
2001	2326	28	9	2363
2002	3703	91	6	3800
2003	1726	49	4	1779
2004	2235	177	0	2412
2005	1738	277	15	2030
2006	19 926	238	20	20 184
2007	20 046	351	179	20 576
2008	65 370	749	787	66 906
2009	112 396	2116	NA	114 512
2010	93 323	709	NA	94 032

Source: National Bureau of Statistics of the People's Republic of China (2002 – 2011), *China Statistics Yearbook* 2001 – 2010.

In the near future, the major areas of bilateral economic and technical co-operation will expand to include the service industry, environmental protection and clean-energy development. China warmly welcomes more aid from Australia on a co-operative and mutually beneficial basis, such as in the form of BOT (Building, Operation and Transform) and joint resources ventures.

Nature and Characteristics of Sino-Australian Economic Relations

Sino-Australian economic ties, as described above, enable the two sides to enjoy relatively strong complementarities and low competitiveness given the differences in their natural resources, demand-supply relationships of labour force, and respective economic development levels. With regards to structures of trade in goods, the goods exported to Australia from China are mainly light industrial, labour-intensive manufactured goods, while Australian goods exported to China are mainly resource products. Taking the year 2010 as an example, the major goods exported by China to Australia were mechanical and electrical products, textiles, furniture and toys, which were worth US $ 23. 96 billion, accounting for 66. 1 per cent of total exports to Australia by China. Apart from these, low-priced metal and related products, plastic, rubber and chemical products (HS category) were also important Chinese exported goods. In contrast, in 2010, the biggest category of goods imported by China from Australia was mining products, which were worth US $ 42. 28 billion, making up 78. 6 per cent of gross imports by China from Australia. The second-largest category was low-priced metal and related products, valued at US $ 198 million, making up 3. 7 per cent of total imports. Textiles and raw materials stood as the third-largest category, accounting for US $ 189 million.

As far as imports and exports of merchandise are concerned, China obviously is in an unfavourable situation. Although China's imported merchandise holds a large proportion of the Australian market, its labour-intensive products exported to Australia lack technology content, and therefore are easy to be replaced by other markets with less consumption demand. However, most commodity goods exported from Australia to China are resource products, which can hardly be replaced and are ones China is highly dependent on. Australia is abundant in energy and mineral reserves, and is located closer to China—shipping takes only nine days—than other resource-rich places such as Africa and South America. That explains the rapid growth in Chinese imports of Australian resource commodities. For Australia, China is now the number one iron ore importing country. Because of China's strong demand, mineral products consumption is directly attached to the bilateral economic relationship. The big mining companies have a monopoly in the global market and play a dominant role in the ore trade price negotiations mechanism, forcing Chinese energy companies into a passive role, since China is located in the downstream industries.

Moreover, China has run a trade deficit with Australia for a long period. China imports much more resource products from Australia than Australia imports Chinese manufactured goods, and besides, there is a difference between statistical methods of exports and imports by the two countries. China's Customs uses the c. i. f. (Cost, Insurance and Freight) basis, whereas Australia's takes the f. o. b. (Free on Board) basis. For example, according to the Australian Bureau of Statistics, the amount of bilateral trade was US $ 90. 05 billion in 2010, over US $ 2 billion more than China's statistics for the same year. Among the data, Australia's exports to China amounted to US $ 53. 8 billion, over US $ 7 billion less than China's equivalent data; imports amounted to US $ 36. 25 billion from China, US $ 9 billion more than the Chinese data. [1] For the reasons stated above, the trade balance between China and Australia is presented differently. Based on China's calculations, China's trade deficit to Australia in 2010 is US $ 33. 6 billion, but using Australia's data, the deficit is only US $ 17. 55 billion. China is the second largest trade surplus origin country to Australia according to Australian statistics, only just less than Japan. [2]

With enhanced Sino-Australian economic mutual dependence, and to further promote this trend, China and Australia started negotiation on a Free Trade Agreement (ACFTA) in 2005. According to the report by the Australia-China Free Trade Agreement Joint Feasibility Study Group, under the WTO and APEC executing structures and fixed basic principles, an Australia-China FTA would have a negligible impact on the rest of the world's real GDP and welfare. It would lead to only a mild trade growth, with some evidence of minor trade diversion. In present

---

[1] Department of Foreign Affairs and Trade (2011), *Australia's Trade with East Asia 2010*, August, www. dfat. gov. au/publications/stats-pubs/Australia-trade-with-East-Asia – 2010. pdf.

[2] Ministry of Commerce of the People's Republic of China (2011), *Country Report, Australia in* 2011, countryreport. mofcom. gov. cn/record/view110209. asp? news_ id = 25640.

value terms of 2005, an FTA could boost Australia's and China's real GDP by up to US $18 billion (AU $24. 4 billion) and US $64 billion (RMB 529. 7 billion) respectively in the period 2006-15. An FTA would enhance welfare in both countries. Australian merchandise exports to China are estimated to increase by around US $3. 2 billion (AU $4. 3 billion) or 14. 8 per cent in 2015 as a result of the FTA, while Chinese merchandise exports to Australia are estimated to increase by over US $2 billion (RMB 16. 6 billion) or 7. 3 per cent in 2015. A possible FTA would have a positive net impact on output. Australia's real GDP would increase by US $1. 2 billion (AU $1. 6 billion) or 0. 15 per cent in 2015 following the liberalisation of services in an FTA; China's real GDP is estimated to increase by US $5. 9 billion (RMB 48. 8 billion) or 0. 19 per cent in 2015. Investment liberalisation is estimated to increase Australia's real GDP by US $0. 9 billion (AU $1. 22 billion) or 0. 11 per cent in 2015, and China's real GDP by US $4. 6 billion (RMB 38. 1 billion) or 0. 15 per cent in 2015. ① An ACFTA would be expected to intensify further bilateral trade and economic co-operation.

Tensions in Sino-Australian Economic Relations

Though Sino-Australian economic relations have developed rapidly in recent years, there still exist some obstacles to closer co-operation. As a focus, at present, the CHAFTA negotiation has already taken 15 rounds. The key points in negotiation and potential areas of breakthrough are as follows.

Agriculture and agricultural products

Australia is relatively competitive in agricultural products for export; its subsidies for such products are the lowest among the developed countries. China made great concession regarding the agricultural issue when it entered the WTO in 2001; it remains a daunting challenge to fulfil its WTO obligations. If the agricultural import promise in ACFTA exceeds the WTO's, China's agriculture would face great pressure. Especially considering the recent continuing rise in the RMB exchange rate,

① Department of Foreign Affairs and Trade, Australia, and the Ministry of Commerce, China (2005), *Australia-China Free Trade Agreement Joint Feasibility Study*, Australian Government, pp. 131 – 133.

foreign agricultural products would have a negative impact on the income of Chinese farmers. China has an agricultural population of more than 1 billion people, and free trade in agricultural products would have a serious effect on China's social stability and national security. In order to reduce the development gap between country and city, and keep the income of farmers stable, the Chinese government has to provide large subsidies to farmers. Moreover, the biggest obstacle to China exporting its agricultural products to Australia is not tariffs, but Australian Custom's rigorous process of animal and plant inspection and quarantine. Although there are few advantages in Australia's natural condition (e. g. the area of arable land and climatic conditions), the per capita land of Australian people is far more than that of the Chinese due to its small population (Australia's population is only one sixty-fifth that of China). Besides, with the higher comprehensive quality of Australia's agricultural labour, its advanced farming mechanisation and high-tech agricultural applications make Australia's per capita productivity much higher than China's. On agricultural products, Australia's great potential to increase productivity in the future cannot be underestimated. Currently, in the bulk stock trade area, Australia has a very obvious advantage on trade with China, and China is its main export market for products such as wool, cotton, animal grease and sheepskin. If China's market were to open without limitation, a large amount of Australian agricultural products would probably swarm into China and would inevitably destroy China's agricultural production.

Investment facilitation

The scale of total mutual investment between China and Australia is not big enough currently. Obstacles in the way of further investment are mainly systems and regulations of both sides. Compared with other foreign investments to China, Australia's investments began early but the capital did not increase very much subsequently. As described above, Australian investment in China is concentrated on areas of agriculture, service industry and joint exploitation of energy resources projects. Australian investment had been blocked to some degree in China's service industry. Australian service sectors are strongly competitive; for them, there are huge opportunities for investment in China. Along with the realization of protocol obligations when entering WTO, China's service industry market has basically met the demand to the world step by step. China's rising economy and increasing industrialisation have brought a huge demand for energy resources and mining products. Currently, China-Australia energy co-operation has undergone a profound change: long-term contracts have been gradually replaced with spot transactions as the main trade method; pure trade gradually gives way to equity participation and joint exploitation. There is growing co-operation between China and Australia in sectors such as iron ore, alumina, liquefied natural gas and coal.

In the context of current international trade, the diversification of mining and energy supplies means that China need not worry about whether it could purchase these resource products, but it is very sensitive to the negative influence of their soaring prices affecting China's economy. While the prices of energy resources and mineral products are now rising rapidly, the prices of manufactured products are not going up at the same rate; some may even be coming down. Consequently, as an importer of energy resources and minerals and an exporter of manufactured goods, China's trade condition will continue to deteriorate. The 2009 Rio Tinto case demonstrates how the China-Australia energy trade, if mishandled, can have a far-reaching negative impact on the bilateral political relationship and investment climate at large. In recent years, economic nationalism has strongly prevailed in Australia and, using national security as its justification, the Australian federal government has imposed limitations that can be seen as "resource nationalism" to restrict China's investment in the country, especially by China's state-owned enterprises. [1] According to the 2010 Lowy Institute Poll, an increasing percentage of Australians held that their government was "allowing too much investment from China" (57 per cent, up from 50 per cent the previous year). [2]

Until now, Australian investment in China has been mainly concentrated in the eastern and coastal areas of China. With abundant land, forests, waterpower, petroleum, minerals and tourism in the middle and western areas of China, there are good future prospects for more Australian capital to be invested in these places, since Australia has more efficient processing industries of minerals, agriculture and

---

[1] Jeffrey D. Wilson, "Resource Nationalism or Resource Liberalism? Explaining Australia's Approach to Chinese Investment in Its Minerals Sector", *Australian Journal of International Affairs*, Vol. 65, No. 3, 2011, pp. 283 – 304.

[2] *Lowy Institute Poll* 2010, Lowy Institute for International Policy, 2010, p. 10.

247

animal husbandry, as well as a well-developed tourism industry. ①

Trade in services

Australia is not only an agricultural giant but also a leading service industry trader. Australia already has a mature, advanced service industry that accounts for about 70 per cent of its GDP and 75 per cent of its employment—it has a typical service-industry dominant economy—and is now becoming an increasingly important exporter of services. Banks, law firms, insurance companies, accounting firms, and institutes for information management and medical services have been playing an important role in China. Meanwhile, other service trade industries, especially Australia's advanced industries, such as finance, insurance, merchandise trade, rail and road transport, municipal public enterprise and telecommunications, have become the most likely areas for future investment by Australia.

But China is still a developing country, its economy based mainly on the export of labour-intensive manufactures. In 1990, Chinese service trade represented only 0.73 per cent of the global total; in 2000, its share had risen to 2.1 per cent. Until 1998, Chinese service products only accounted for 32.1 per cent of total GDP, far behind the economically developed countries, in which 60 to 80 per cent is the average, and it was even lower than the 45 to 55 per cent average in developing countries. By the end of 2010, the added value of the service industry should reach 43.3 per cent of GDP. Currently in China, the service trade is still strongly managed and co-ordinated by the central government. Besides, significant differences between central and local policies and regulations on international service trade, and a lack of clear lines of responsibility, cause inefficiencies, monopolies, etc. There are also national security concerns regarding some sectors, such as finance, real estate, post and telecommunications. In these sectors the degree of state monopolisation is quite high.

In accordance with the protocol China accepted when it entered WTO, China began to put into practice all promises affecting the service industry from 2007. Australia expects China to give her preferential treatment in industries such as banking, finance and insurance services. In fact, many of Australia's service in-

---

① Wu Chong Bo, "Australia Investment in China: Current Situation, Nature and Policy Thinking", *Reform*, No. 2, 2002.

dustries, including finance, insurance, education, tourism and law, have already extended their business in China. As shown in Table 2 above, Australia's exports of services to China have increased rapidly. In 2010, Australia's services exports to China reached US $ 5537. 22 million, amounting to more than 10 per cent of total Australian exports to China. Meanwhile, China's services exported to Australia, which mainly includes education, tourism and transport, have developed steadily. These exports to Australia were valued at US $ 436. 31 million in total in 2000; by 2010, this figure had increased to US $ 1575. 42 million, a four-fold increase in ten years.

Conclusion

In sum, since the establishment of formal diplomatic relations 40 years ago, China and Australia have formed a close, interdependent relationship, especially in the e-conomic sphere, from which both countries have greatly benefited. On the one hand, Australia's huge exports to China boost both its GDP and employment; on the other hand, Australia's raw materials and energy resources drive China's high-speed development. Sino-Australian economic relations have yielded three significant results.

First, it has formed an interdependent relationship. However, looking at the sensitivity and vulnerability within this interdependency, China relies more on Australia than vice versa, which gives more power to the latter. [1] The steady energy supply from Australia has a significant effect on key factors in China such as the continuous increase of GDP, the speed of economic development, the rise of the employment rate, and social stability.

Second, China has cultivated a relationship with Australia that is not just confined to economic factors but also informed by careful political and strategic considerations. On account of Australia's significant strategic position as a constructive middle power in the Pacific region and its close alliance with the United States, it is necessary and worthwhile for China to foster in-depth relations with Australia.

---

[1]   Chang Sen Yu and Jory Xiong, "The Dilemma of Interdependence: Current Features and Trends in Sino-Australian Relations" *Australian Journal of International Affairs*, Vol. 66, Issue 5, 2012.

Third, closer Sino-Australian economic ties could promote a healthy and more stable bilateral diplomatic relationship in other fields. In fact, such a close economic relationship between China and Australia has increased the stakes for both countries to address differences in political and security issues, at the same time also limiting the policy choices of both sides. Thus, I believe that an increasing Sino-Australian economic interdependent relationship has encouraged the two sides to acknowledge each other as stakeholders on other issues in the Asia-Pacific region as a whole.

My Experience in Australian Studies*

As a scholar working on Australian studies, I wish to express my sincere delight and the warmest of congratulations to the Australian Consulate-General in Guangzhou for its 20th Anniversary.

Fifteen years ago, I went to Australia to study at Griffith University's Department of Modern Asia on visiting scholar exchange program between Griffith University of Australia and Sun Yat-sen University of China.

During my time as a visiting scholar in the beautiful and magic land of Australia, I enjoyed the pleasure and sensory delight brought by the blue sky, white clouds, sea waves, and beaches.

On my return to China, I began to teach a dual language course called "The Australian Foreign Policy", and received good feedback from my students. Later on, I had invited Consuls-General Mr Sean Kelly, Mr Grant Dooley, and Ms Jill Collins to give lectures and share their brilliant ideas with our students. Such lectures were of great support to my work.

These years, with the rapid development of Sino-Australia economic relations, the two countries have established a community built on close, interdependent interests. These close bonds help to foster the study of Australia and the greater Oceania region in China.

2012 not only marked the 40th anniversary of the Sino-Australia diplomatic relationship, but it was also a year when Sun Yat-sen University harvested the fruitful achievements of its Australian studies program. In January 2012, we built the Center for Oceanian Studies based on the Center of Australian Studies. This new centre has become one of the key research bases for the Ministry of Education of the Chinese Government. From late August to early September, I was lucky to participate in an event called the "2012 China-Australia Desert Adventure", during which I witnessed the refulgence of our bilateral relationship. Furthermore, in order to cel-

---

* In Australian Consulate-General Guangzhou (ed), "*Journey to the South—Commemorating* 20 *Years of the Australian Consulate-General Guangzhou*", 2012.

251

ebrate 40 years of diplomatic relations, we edited and published a book entitled "The Grand Trend of Sino-Australia Relations" with support from Australia-China Friendship Society, and we held an international conference entitled "Historical Experience and the Latest Developments—commemorating the 40th Anniversary of Sino-Australia Diplomatic Relations" in December 2012.

I truly believe that with the further development of Sino-Australia relations, especially the growing status of South China as the frontier of China's reform and o-pening up, the Australian Consulate-General in Guangzhou will become increasing-ly important in the future.

The Dilemma of Interdependence: Current Features and Trends in Sino-Australian Relations[*]

Introduction and Analytic Framework

Australia is a very important "middle power" nation-state in the Asia Pacific region. The bilateral relations between China and Australia have made tremendous progress in recent years, especially in the economic sphere. However, with China's re-emergence as a major regional power, Australia has adjusted its policy towards China and this has led to a number of frictions and divergences. Today, as globalisation and regionalisation both have become highly developed, it is indeed a fact that international society has become more and more interdependent. Therefore, this article will analyse the current features and trends in Sino-Australia relations by applying the interdependence theory relevant to the international political economy.

The concept of interdependence emerges from "dependence". "Dependence" means a state of being affected or dominated by external forces. Simply defined, "interdependence" means mutual dependence. Interdependence in world politics refers to situations characterised by reciprocal effects among countries or among actors in different countries[①]. In most circumstances, a key feature of interdependence is asymmetry. The asymmetry of power between interdependent states/nations is a common pattern in international politics. Since the power can be thought of as the ability of an actor to get others to do something they otherwise would not do, such power can be conceived in terms of control over outcomes. When we say that asymmetrical interdependence can be a source of power, we are thinking of power

---

* In *Australian Journal of International Affairs*, Vol. 66, Issue 5, 2012. The second author is Jory Xiong, a PhD candidate in the School of Asia-Pacifc Studies at Sun Yatsen University.

① Robert O. Keohane and Joseph S. Nye, *Power and Interdependence* (Third Edition), Beijing: Pearson Education Asia Limited and Peking University Press, 2004, p. 7.

as control over resources or the potential to affect outcomes. A less dependent actor in a relationship often has a significant political resource, because changes in the relationship will be less costly to that actor than to its partner. The advantage does not guarantee, however, that the political resources provided by favorable unsymmetries in interdependence will lead to similar patterns of control over outcomes.

There are two key variables in understanding and examining interdependence: sensitivity and vulnerability. Sensitivity involves degrees of responsiveness within a policy framework—how quickly changes in one country bring costly changes in another; and how great the costly effects are. Sensitivity interdependence is created by interactions within a framework of policies. The vulnerability dimension of interdependence rests on the relative availability and costliness of the alternative that various actors face (based on policy changes). In terms of the cost of dependence, sensitivity means liability to costly effects imposed from outside before policies are altered to try to change the situation. Vulnerability can be defined as an actor's liability to suffer costs imposed by external events/forces after policies have been altered over a period of time[1]. Interdependence not only catalyses the emergence of international cooperation, but it may also generate conflict or tension.

In order to promote cooperation and solve conflicts, the establishment of international institutions becomes particularly important. By creating or accepting procedures, rules, or institutions for certain kinds of activities, governments regulate and control transnational and interstate relations. Relationships of interdependence often occur within, and may be affected by, networks of norms and procedures that are meant to regularise behavior and control their effects. Here, we refer to the sets of governance arrangements that affect relationships of interdependence as international regimes[2]. In international anarchy, international institutions play the "substitutional function" of adjusting international relations and promoting international cooperation, thereby maintaining cooperation after hegemony [3].

---

① Robert O. Keohane and Joseph S. Nye, *Power and Interdependence* (Third Edition), Beijing: Pearson Education Asia Limited and Peking University Press, 2004, pp. 10 – 12.

② Robert O. Keohane and Joseph S. Nye, *Power and Interdependence* (Third Edition), Beijing: Pearson Education Asia Limited and Peking University Press, 2004, pp. 16 – 17.

③ Robert O. Keohane, *After Hegemony: Cooperation and Discord in the World Political Economy*, Princeton: Princeton University Press, 1984.

The Emergence of Sino-Australia Interdependence

In the first 10 years of the twenty-first century, the interdependence between China and Australia has been enhanced significantly. It may be investigated through the following three areas: bilateral trade relations, two-way investment relations and non-economic cooperation.

Bilateral trade relations

The total trade between China and Australia rose extraordinarily rapidly from 2000 to 2009. In 2002, bilateral merchandise trade rose above US $ 10 billion for the first time, and it doubled to more than US $ 20 billion in 2004 when China became the second-ranking trade partner of Australia. In 2007, taking the place of Japan, China became the first-ranking merchandise trading partner of Australia, with a total bilateral trade of US $ 43.946 billion and in 2009 it increased to US $ 60.092 billion. Thus, it increased five-fold in just seven years (2002 to 2009), with an average annual growth rate of more than 28 percent (in which China's imports from Australia account for US $ 39.438 billion in 2009, attaining an annual growth of 31 percent). Such enhanced exports by Australia to China gave Australia a trade surplus of US $ 5.5 billion. Additionally, in 2009, China became the leading trade (including service trade) partner of Australia, while Australia became the seventh-ranking trading partner of China (see Table 1). Their total bilateral trade from January to June 2010 reached US $ 37.9 billion, increasing by 38.5 percent, while Australia gained a trade surplus of US $ 7.18 billion[1].

Table 1　China's merchandise trade with Australia, 2000–2009 (US $ billion)

	2000	2001	2002	2003	2004	2005	2006	2007	2008	2009
Export	3.43	3.57	4.58	6.26	8.84	11.06	13.63	17.99	22.24	20.65
Import	5.02	5.43	5.85	7.30	11.55	16.19	19.32	25.95	37.42	39.44

---

①　MOFCOM (Ministry of Commerce of the People's Republic of China), *Country Report: Australia*, n.3, 2010, http://country report. mofcom. gov. cn/record/qikan 110209. asp?id = 2579.

Continued

	2000	2001	2002	2003	2004	2005	2006	2007	2008	2009
Total	8. 45	8. 99	10. 44	13. 56	20. 39	27. 25	32. 95	43. 95	59. 66	60. 1

Source: 1. China Commerce Yearbook Editorial Committee, *China Commerce Yearbook* 2009, Beijing China Commerce Yearbook Press, 2009, pp. 150 – 151.

2. Ministry of Commerce of the People's Republic of China Comprehensive Department, *China foreign trade development in* 2009, http://zhs. mofcom. gov. cn/aarticle/Nocategory/201004/20100406888239. html.

Two-way investment relations

As important investment partners to each other, two-way investment now is becoming a new growth-point of trade cooperation between China and Australia—although Sino-Australian two-way investment has not kept pace with rapidly developing bilateral trade relationship. According to available data for 2005, China ranked 20 for Australia's overseas investment. By the end of 2008, the accumulative number of China's approvals of Australia direct investment were 8954, and the actual investment was US $ 5. 82 billion. According to incomplete statistics, from 2000 to 2008, the total number of Australian investment in China is 5427, the contracted investment valus is US $ 12069 million, the actual investment value is US $ 3972. (see Table 2). Australian investments include agricultural items, building-materials, textiles, electronics, and service. By the end of 2010, Australia's cumulative actual investments in China had reached US $ 6. 54 billion. ①

Table 2 Australia Investment in China 2000 –2008 (US $ Million)

Years	Number of approvals	Contract Investment	Actual investment
2000	393	697	308
2001	439	675	336
2002	592	910	380
2003	785	1915	593

---

① China Commerce Yearbook Edition Committee, *China Commerce Yearbook 2011*, Beijing: China Commerce Yearbook Press, 2012, p. 425.

Continued

Years	Number of approvals	Contract Investment	Actual investment
2004	736	2053	664
2005	692	2700	400
2006	629	2100	550
2007	824	—	7.4
2008	337	1020	—
Total	5427	12069	3372

Source: China Commerce Yearbook Editorial Committee, *China Commerce Yearbook* 2001 – 2009, Beijing China Commerce Yearbook Press.

Meanwhile, Chinese investment in Australia, which had been limited in the past, has increased rapidly. According to data from the Australian Foreign Investment Review Board (FIRB), in 2001 – 2002 China's investment application numbers amounted to 237, with a total value of AU $ 311 million. This ranked China in twelfth place amongst foreign investment countries accepted by Australia. And, in 2005 to 2006, China's investment applications amounted to 84, with a total value of AU $ 7259 million, jumping to the third place[1]. The majority of Chinese investment has been in minerals and mineral-processing industries, real estate, and agriculture. China became Australia's second largest investor in 2008 to 2009, with a total of AU $ 26.6 billion. Investments in the mineral exploration and development sector accounted for AU $ 26.3 billion, representing 99 percent of all Chinese investments in Australia. This was dominated by one failed proposed investment of AU $ 19.8 billion between Chalco and Rio Tinto, which represented 74 percent of the total Chinese investment (see Table 3). It has been reported that direct Chinese investment in Australia over the January-April of 2010 period was up to US $ 644 million, illustrating rapid growth.

---

[1] Australian Government Foreign Investment Review Board, 2006, "*Annual Report* 2005 – 2006", p. 37. , http://www. firb. gov. au/content/publications/ Annual Report/ 2005 – 2006/ – dowmloads/2005 – 06 – FIR-B-AR. pdf

Table 3　FIRB-approved Chinese Investment in Australia 2001 – 2009（AU $ million）

	Number of Approvals	Total Value	Rank
2001—2002	237	311	12
2002—2003	—	—	—
2003—2004	170	1100	11
2004—2005	206	264	12
2005—2006	84	7259	3
2006—2007	874	2640	11
2007—2008	774	7479	6
2008—2009	57	26599	2
Total	2402	45652	

Source：Australian Government Foreign Investment Review Board, *Annual Report* 2001—2002; 2002—2003; 2003—2004; 2004—2005; 2005—2006; 2006—2007; 2007—2008; 2008—2009; http://www. firb. gov. au/content/publications. asp?NavID = 5.

Non-economic cooperation

In this new century, high-level visits and personnel exchanges between China and Australia have been more frequent. Kevin Rudd, the then Prime Minister of Australia, made a successful visit to China in April 2008. There were one million visitor exchanges between the two countries in 2008, in which 600 000 Chinese went to Australia and 400 000 Australians went to China. There were over 13 000 Chinese students in Australia, making China Australia's biggest source of overseas student[1]. In October 2009, Li Keqiang, the then Deputy Prime Minister of China, visited Australia, and Chinese and Australian governments issued the first Joint Declaration since the establishment of the diplomatic relationship between the two countries in 1972. The leaders and governments of the two countries decided that China and Australia would host "The Year of Culture" alternately, whereby China

---

① Junsai Zhang, 2009. *Nourish China-Australia relations*, http://au. china-embassy . org. /eng/zagx/zzgx/x710595. htm.

will host "The Year of Australian Culture" in 2010 – 2011, and Australia will host "The Year of Chinese Culture" in 2011 – 2012. During the successful Australian visit by Xi Jinping, the then Deputy President of China, the leaders of the two countries held highly effective talks about "consolidating and upgrading the Sino-Australian comprehensive cooperative relations"[1], and signed several cooperation treaties.

Sensitivity and Vulnerability in Sino-Australia Interdependence

As stated above, sensitivity interdependence is created by interactions within a framework of policies. In terms of the cost of dependence, sensitivity means liability to costly effects imposed from outside before policies are altered to try to change the situation. Sino-Australian interdependence is continuously being deepened, and the mutual effects on the policies of the two countries are quite sensitive. Sensitivities of interdependence are present in areas of politics, society, and especially in economics.

The imports and exports of merchandise between China and Australia, mainly as inter-industrial trade by the structure of vertical division of labour, are indeed complementary. The merchandise that China exports to Australia is mainly industrial products, such as clothing, electronic components, computers, toys, and sports equipment. The goods China imports from Australia are mainly resources like iron-ore, wool, farming products, copper, and so on.

Such trade complementarity is based on the different natural endowments of China and Australia, although trade barriers between the two countries may also have an effect. Analysis of Sino-Australia trade and investment relations shows that there are both advantages and disadvantages for the two countries. So, when interdependence presents itself as a power relationship, each side has a different stake regarding the other. Whether considering the bilateral trade relations or the two-way investment relationships, it is clear that economic interdependence between China and Australia is based upon China's intense need for Australia's resources to fuel its rapid economic development. This has recently expanded opportunities for

---

① Vienna Ma, 2010. *Chinese vice president's visit boosts Sino-Australian ties*, http://au.china-embassy.org/eng/zzgx/zzgx/x710595.htm.

Australia's exporters, and generated considerable economic prosperity.

An overview of the structure of bilateral merchandise trade clearly demonstrates that it is China's thirst for natural resources which is driving the development of the Sino-Australian economice relationship. In 2008, the total value of China's merchandise imports from Australia was US $ 37. 4 billion, 90 percent of which are natural resources and agriculthural products, such as iron-ore (US $ 22. 45 billion), alumina (US $ 1. 46 billion), wool (US $ 1. 3 billion), manganese sand (US $ 1. 19 billion), and copper ore (US $ 1. 1 billion)[1]. This is not necessarily surprising given that Australia is endowed with abundant natural resources, with, for example, more than 70 kinds of mines, of which six or seven are the richest of their type in the world.

China is now Australia's biggest customer for energy sources/exports, increasing its share from 4. 5 percent of the market in 1995 to 26. 3 percent in 2009. In recent years, the scale of cooperation in Sino-Australia energy and mining has been expanded continuously, from traditional iron-ore sand, alumina, coal, and so on to clean-energies, such as liquefied natural gas (LNG) and coal bed methane (CBM). In 2002, companies in the two countries signed contracts for LNG exports to Guangdong Province, the first contract valued at AU $ 25 billion. In 2009, they signed a contract involving Gorgon LNG amounting to 2. 25 million tons and valued at AU $ 50 billion. In 2010, the two sides signed a contract involving the Curtis Company of Australia LNG amounting to 3. 6 million tons and valued at AU $ 44 billion. The cooperation in exploiting and utilising CBM by companies in the two countries also advanced smoothly[2].

In 2009, China was Australia's largest market for iron ore, accounting for 72. 4% , or AU $ 21. 7 billion. Export values have increased by an average 41. 8 percent annual since 1999, while export volumes have increased by 25. 7 percent on average. The increase in demand for iron ore by China is due to the large increase in Chinese steel production, which has risen from just over 120 metric tons in 1999 to 568 metric tons in 2009, and accounted for 46. 6 percent of world steel

---

① China Commerce Yearbook Editorial Committee, *China Commerce Yearbook* 2009, Beijing China Commerce Yearbook Press, 2009, p. 423.

② *Hong Kong and Foreign Medias Report on the Sales Treaty Between CNDOC and Exxon Mobile*, 2009, http://www. oilchina. com.

output. Over the past 10 years, Australia has been the largest source of imports of iron ore by China and accounted for 40. 1 per cent of total China imports of iron ore (to 2009). It was reported by *The Australian* on 31 March 2010 that Gindalbie Metals in Australia had signed an iron-ore contract with Anshan Iron and Steel Works in China, valued at AU $ 71 billion[1]. Records of the sales of Gindalbie show that they will sell the life-long exploitation of Karara magnetite, located in the central west of Australia, to Anshan Iron and Steel Works, and it predicts that the annual output in the next 30 years will be 30 million tons. This project began construction at the end of 2009, and the first exports to China were expected from the second half of 2011[2].

The Australia-China economic relationship is set to be further bolstered by greater flows of Chinese investment to Australia. In the short term, these flows will likely be an escalation of the type recently seen in the natural resources sector that have been prompted by the Chinese government's "Go Abroad Policy". It is indicated that Chinese direct investment has been heavily concentrated on just two sectors—real estate, and mineral exploration/development and resources processing. Although Australia has received tremendous interest in trade with China in the mineral and farm sectors, it also suffered losses in other sectors such as textiles and clothing manufacture, auto parts and tyre manufacture, and some fruit and vegetable products. Chinese exports of these goods to Australia have eaten away at the domestic market share of Australian producers. At the same time, particularly in the services sector, the Chinese market is heavily protected.

The high interdependence of the Sino-Australian economic relationship has increased the sensitivity of each to policy shifts made by the other. Such shifts have tended to limit each other's room for choice on policy and this led to the dilemma of mutual dependence. First, as the major sector of Sino-Australian economic cooperation, the energy industry in particular has been particularly protected by national

---

[1] Sarah-Jane Tasker, 2010, "Gindalbie strikes $ 71bn ore deal with Ansteel", *The Australian*, 31 March, http://www. theaustralian. com. au/buniess/gindalbie-strikes-71bn-ore-deal-with-ansteel/story-e6frg8zx – 1225847683291.

[2] Sarah-Jane Tasker, 2010, "Gindalbie strikes $ 71bn ore deal with Ansteel", *The Australian*, 31 March, http://www. theaustralian. com. au/buniess/gindalbie-strikes-71bn-ore-deal-with-ansteel/story-e6frg8zx – 1225847683291.

policy in Australia. The failure of Chinese state enterprises to purchase a share of the Australian energy industry is both directly and indirectly related to the Australian government's considerations of national security strategy. One example was the 2009 case of Chalco's attempt to purchase Rio Tinto. Largely due to delaying tactics of the FIRB, an investment initiative of almost AU $ 20 billion failed.

Second, the energy industry provides the Australian government with a large amount of tax and finance income. Simultaneously, it brings with it a powerful interest group, which exerts great influence on Australian political ecosystem. Former Prime Minister Kevin Rudd had planned to impose a 40 percent energy tax. This resulted in volatile resistance by energy enterprises and became a major pretext for opposition party attacks that contributed significantly to his fall from power. Once the new tax was implemented, not only the Australian energy industry would lose income, but the Chinese import companies would also bear transfer of costs from the rising price of products.

Third, China's rapidly growing demand for energy inflates its dependence on Australian energy products. However, this kind of dependence is unequal; it is very likely to be a "trump card" for Australia's dealings with China. As pointed out by Geoff Raby, the Australian Ambassador to China:

> China's heavy reliance on Australia's mineral and, increasingly, energy resources is a significant national asset for Australia in our diplomatic dealings with China. It gives us a level of influence well beyond our size in terms of population or geo-strategic importance. [1]

Moreover, individual Australian energy export interests have made use of disorder in the Chinese market which has fuelled malignant competition in its domestic industry. Essentially, the Rio Tinto event is a typical case where commercial competition became highly politicised, and it revealed the high sensitivity in the Sino-Australian interdependent relationship. The Chinese government has been compelled to employ judicial procedures to sue Australia's Rio Tinto representative in

---

[1] Geoff Raby, *The Rise of China: Implications for Australia*, Australian Ambassador to China, Keynote Address to the Future Summit, 24 May, 2010, Grand Hyatt, Melbourne, http://www. china. embassy. gov. au/bjng/spch24may. html.

China for obtaining highly sensitive commercial intelligence by unfair means. The causes and effects of the Rio Tinto case show completely how the power game is played as the two sides take advantage of the transitory unsymmetrical predominance formed during interdependent times to put pressures on each other.

The vulnerability dimension of interdependence rests on the relative availability and costliness of the alternatives that various actors face (based on policy changes). The vulnerability of interdependence could be taken to explain the economic relationship between countries, but it is more proper to interpret it as a political security relationship. We find that the vulnerability of political security in the interdependent Sino-Australian relationship is particularly obvious. It is a natural phenomenon in the international political sphere that differences appear between countries when they hold opposing strategic objectives. Historically, due to the gaps between China and Australia, each of them respectively came to hold dominant national value and social systems; their different geopolitical strategies in particular led to differences, competition and even conflicts amidst both sides.

Whilst Australia came to enjoy Chinese trade bargains and shared a surging bonus from Chinese economic growth, China—still persisting in a communist ideology that dominates its values and socialist system—has grown as an Oriental superpower. This cannot but make Australia—as a capitalist "middling power" accustomed to Western predominance—feel upset. As the Sino-Australian economic relationship constantly strengthened, especially after China surpassed Japan to become Australia's leading trade partner—it was the first time in Australian history that its major trade partner was not a member of its "friendly" alliance system (which in the recent past included Britain, the United States and Japan in turn). This has made Sino-Australian relations very complicated and delicate.

Australian mainstream "realist" scholars consider that Chinese economic development certainly will accelerate its national defence modernisation, which would lead to an imbalance in regional strategic power. How Australia can reconcile its security alliance with the Unite States and an increasingly important economic relationship with China has become the main foreign policy challenge for Canberra. As one columnist has noted:

It is common in Australian strategic analysis to conceive of deadly Chinese-US strategic competition as inevitable and that this must provoke a nightmare choice for Australia between its security relation with the US and its booming economic relationship with China. ①

On the one hand, Australia has to bear responsibilities as an ally of the USA; on the other hand, it also must avoid provoking China. Australia must positively contribute to establishing a steady and constructive China-USA-Australia triangular relationship. Some scholars frankly point out that how to cope with a booming and rising China has become the most essential challenge to the Australia-New Zealand-USA alliance since it was founded half a century ago. ② Australia has to properly reconcile its contradictions concerning its own geographic and economic benefits in Asia, and its historical and cultural affinities with the USA. During this process, Australia must formulate a successful policy that does not alienate either Beijing or Washington as this will influence Australian national security in the next decade. Canberra should adhere to well thought-out decision-making towards both, so as to ensure its best advantage. On important strategic problems, Australia should maintain long-term and structural dialogue and consultation to avoid criticism in any conflict between China and USA.

With regard to national defence policy, Australia has particularly enhanced its security towards China. In the spring of 2009, Australia published a new Defense White Paper that clearly identidied a "rising" China as the driver of uncertainty in the Asia-Pacific region, and envisaged a scenario in which China would become a strategic adversary. The White Paper fully exaggerated the "China threat" and claimed that Chinese military modernisation worried neighbouring countries. Along with the maturing military power of countries like China, it proposed that the Asia-Pacific is likely to experience conflicts in the next 20 years. It still emphasised that the United States is Australia's indispensable ally. In order to cope with the uncertainty surrounding China's rise, the White Paper noted that Australia likely will invest in excess of US $ 70 billion to improve armaments in the next 20 years, inclu-

---

① Greg Sheridan, *The Partnership: The Inside Story of the US-Australian Alliance under Bush and Howard*, Sydney: University of New South Wales Press Ltd. , 2006, p. 196.

② William T. Tow and Leisa Hay, "Australia, the United States and a ' China growing strong': Managing Conflict Avoidance ", *Australian Journal of International Affairs*, 2001, Vol. 55, No. 1, pp. 37 – 54.

ding doubling the number of submarines to 12, the addition of 100 F – 35 battle planes and the purchase of eight new model frigates and three more destroyers[1]. The "China threat" statements in the text revealed the uneasiness within Australia about the possible structural change of the international system that may take place with China's rise. Australia's distrust towards China makes it very difficult to build even a tacit fellowship on strategic cooperation. It illuminates the point that the deepening of bilateral economic interdependence does not necessarily generate political trust or strengthen community awareness. This is similar to the Sino-Japanese relationship, which has long been perplexed by "a cold political relationship, but hot economic relationship".[2] Due to the enhanced integration of the bilateral economies, the decision-making cost of betraying the other increases, thus interdependence becomes more and more fragile.

Institutions Dealing with Sino-Australia Interdependence

According to interdependence theory, by creating or accepting procedures, rules, or institutions for certain kinds of activities, governments regulate and control transnational and interstate relations. As one mainstream Australian scholars argued:

> As a small, wealthy country with no natural region, Australia could only benefit from multilateral institutions' taming effect on the law-of-the-jungle international system and the greater voice they provided for smaller states. As Asian states became richer and stronger, they would form increasingly cohesive and effective regional institutions. In order to avoid being left on the outside, Australia had to be in such associations from the beginning. To be an effective regional player, Australia had to adapt to Asian ways of diplomacy while transforming itself from within: reconciliation, the republic, multicultu-

---

① Australian Government Department of Defence, "*Defence White Paper* 2009", Department of Defence website, http://www. defence. gov. au/whitepaper/2009/docs/defence_white_paper_2009. pdf.

② Yu, Changsen, "Australian Views and Reactions to China's Rise", *Journal of Contemporary Asia-Pacific Studies*, 2010, 4: 142.

ralism. [1].

Currently, institutions for Sino-Australian cooperation are distributed among three different levels: global, regional and bilateral (see Table 4).

At the global level, China's gross economy now ranks third in the world and Australia, fourteenth. Their aggregate gross economies total more than US $ 5 thousand billion[2], and they obtain many mutual benefits from the relationship. Recently, both sides have held the same or close positions with regard to climate change, peaceful use of nuclear energy, nuclear non-proliferation, counter-terrorism, and financial stabilisation.

At the regional level, the main cooperation frameworks having both Australia and China as members include Asia-Pacific Economic Cooperation (APEC), the Association of Southeast Asian Nations Regional Forum (ARF) and the East Asia Summit (EAS). Among these, APEC, founded by Australia in 1989, has China, Chinese Hong Kong and Chinese Taipei as members since 1991. The main aims of APEC are regional trade liberalisation, facilitation, and economic technology cooperation. Based on the Association of Southeast Asian Nations (ASEAN), the ARF is a main dialogue mechanism to discuss Asia-Pacific security issues. Both China and Australia were founding members in 1994. The ARF has played a constructive role in regional countries' confidence building and the prevention of nontraditional security crises. The EAS is a higher version of the ASEAN-Plus-Three mechanism, with China and Australia as full members. The future target of the EAS is to construct a Pan-East Asian community.

---

① Michael Wesley, "Critical thinking needed to bolster ties with Asia Australian", *The Australian*, April 30, 2007.

② Department of Foreign Affairs and Trade, 2009. *Australia-China Joint Statement*, http://www. dfat. gov. au/geo/china/joint-statement – 091030. html.

Table 4   Main Institutional Frameworks Between China and Australia

	Institutions	China	Australia
Global	UN (1945—)	√	√
	WTO (1995—)	√	√
Regional	G20 (1999—)	√	√
	APEC (1989—)	√	√
	ARF (1994—)	√	√
	East Asian Summit (2005—)	√	√
	Shanghai Cooperation Organization (2001—)	√	×
	ANZUS (1951—)	×	√
	Pacific Islands Forum (1971—)	×	√
Bilateral	Ministerial-level dialogue (2007—)	√	√
	Human Right Dialogue (1997—)	√	√
	Australia-China Council (1978—)	√	√
	Free Trade Agreement (Negotiation 2005—)	√	√

At the bilateral level, since formal diplomatic relations were established in 1972, China and Australia have reached a series of agreements in the areas of politics, economy, military affairs, culture, education, and so on, which have set the foundations for their relationship. The main frameworks are Sino-Australian human right talks, a Sino-Australian ministerial level dialogue mechanism, as well as the Free Trade Agreement (FTA) negotiation process. According one scholar's study, building the Sino-Australian FTA has many advantages: Sino-Australian resources can be better deployed to meet resource demands such as agricultural products, minerals, energy linked to Chinese economic growth, satisfying Australian needs to enlarge overseas markets. Thus, both sides would benefit quite a lot, especially when viewed in the long term. Chinese welfare will increase US $ 0. 856 billion and Australian welfare will rise US $ 0. 72 billion by the end of 2010[1]. At pres-

---

[1]   Zhang Haisen, *A Study on FTA Between China and Australia*, University of International-al Business and Economics Press, 2007, pp. 124 – 125.

ent, Sino-Australian FTA netotiations have alsmot concludeed, with hopes that an agreement could come soon. It takes very important and instructive sense to eliminate bilateral economic-trade disputes; even to a small extent. This would have significant effects on easing Sino-Australian sensitivities and strengthening their fragile interdependent relationship. Although the institutions mentioned here have made considerable contrubitions to fostering Sino-Australian relations, there is still much work to do in improving both their strength and effiiciency. Although these institutions could to some extent alleviate sensitivity and vulnerability, and reduce the dilemma of interdependence between China and Australia, differences in the areas of national interests, politics and values of the two states will continue to be occasionally troublesome.

Conclusions

The Sino-Australian relationship is a complicated interdependence shaped by many factors such as security structure, value systems, as well as the distrubition of economic benefits.

First, it is the strategic divergences that have sometimes made China-Australian relations unstable. China is a rising global big power while Australia is a leading middle power in the Asia-Pacific region and tends to maintain status in quo. China's rise certainly will alter future Asia-Pacific geopolitical and security structures. To some extent, this may do damage to the long Western dominance from which Australia has benefited. The cooperation and competition in Sino-Australian relations reflect the universal law of international political power transfer processes. Second, the "politicisation" of ideological/cultural differences between the two countries also caused great tension. China is a socialist country with Oriental values while the Australian system is a parliamentary democracy with Christian values. They have different perceptions on human rights, freedom and democracy. Third, the tendency of both countries to seek relative gain results in competition. On the one hand, Australia provides China with stimulus and energy for its booming economy, while Australia gets considerable profits as well. On the other hand, we cannot rule out the possibility that both sides have the intention of taking advantage of their relatively stronger position as a bargaining stake over the weaker one. The closer the interdependence of both countries is, the less flexibility there is for the adjustment of policy space—such is the dilemma of interdependence.

In order to break through any sensitive and fragile dilemmas in the interdependent process, both countries should firstly further build mutual political trust. They should truly be tolerant and understanding in order to fully know their counterpart's reasonable concerns and core interests. A healthy and smoothly developing Sino-Australian relationship is not only better for China's peaceful rise, but is also good for Australia and a key condition for stability and prosperity in the Asia-Pacific during this century. Just as Zhang Junsai, Chinese Ambassador in Australia, hopes[1], with equality and mutual trust in politics, complementarity in economies, mutual respect of cultures, coordination and cooperation on regional affairs, a comprehensively cooperative Sino-Australian relationship would be a great example for countries with different political systems, cultural backgrounds or development levels to pursue harmony and common development.

---

[1] Zhang Junsai, 2009, *Nourish China-Australia Relations*, http://au. china-embassy. org/eng/zagx/zzgx/t710595. htm.

China's Economic Relations with Pacific Island Countries[*]

China's Overseas Economic Interests and the Pacific Islands

There are 14 independent countries in the Pacific Island region and the region is part of the Pan Asia-Pacific. The average distance between China and these countries is about 5 000 kilometres. Pacific Island countries (PICs) are developing countries with small land areas and small populations.

The Pacific has become "an important strategic link in China's greater periphery diplomacy [中国大周边战略的重要环节]" for China in the 21st century. Many of these countries are rich in natural resources, especially minerals and marine resources. Both China and the Pacific Islands have, therefore, a complementary relationship in terms of level of economic development and natural endowments.

In the first one and a half decades of the new century, Chinese economic diplomacy has exhibited the full range of development momentum. China's diplomacy toward the PICs has achieved much in the areas of trade, investment and development assistance.

Trade

In 2000, the volume of bilateral trade between China and the seven PICs that have diplomatic relations with China—Papua New Guinea, Fiji, Cook Islands, Micronesia, Samoa, Tonga, and Vanuatu—amounted to US $ 248 million. By 2012, total

---

* Lecture manuscript in The New Zealand Contemporary China Research Centre at the Victoria University of Wellington, New Zealand, 12th August, 2014. http://www.wgtn.ac.nz/china research centre/publications/popers/Yu_ Changsen_ China_ Economic_ Relations_ with_ Pocific_ Island_ Countries. pdf.

bilateral trade between China and those countries had reached US $ 1. 766 billion, an increase of more than 7 times the annual volume in 2000. Since 2006, the year when the first China-Pacific Island Countries Economic Development Cooperation Forum took place, the annual growth rate for trade reached 27%.

The merchandise China exports to the PICs is mainly electronic products and daily necessities, such as telephones, TV sets, instant food, machinery, clothing and footwear, furniture and construction materials. Chinese imports from the PICs consist mostly of raw materials, timber and seaweed, seafood and mineral products.

In terms of the trade balance, calculating the gross value over the 13 years from 2000 to 2012 shows that China is in a trade deficit position. This is mainly because China has imported a large amount of raw materials and mineral products from Papua New Guinea. The amount of trade with the other PICs remains relatively small and China has a favourable position (see Figure 1).

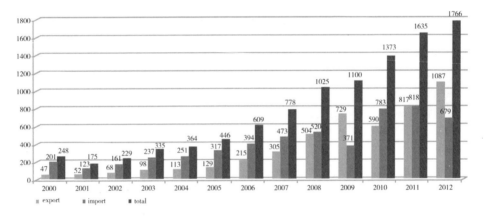

Figure 1　Trend of trade between China and PICs (US $ million)

One trade phenomenon is very strange. The total trade between China and the PICs that do not have diplomatic ties with China—Solomon Islands, Nauru and New Caledonia—actually exceeds trade with the PICs that have diplomatic relations with China. In 2012, total trade between China and all PICs was over US $ 4. 5 billion. The total trade volume of those PICs with diplomatic relations with China was only about US $ 1. 7 billion, accounting for less than 40% of total trade.

In general, most PICs are sparsely populated and their purchasing power is limited so the overall volume of trade between China and these countries is very small. According to statistics, from 2011 to 2012, the total trade volume between China and the ten PICs accounted for only 0. 11 to 0. 12% of China's total foreign trade (this includes countries with and without diplomatic relations with China).

Investment and Economic Cooperation

In recent years, PICs have become a hot spot for Chinese enterprises, "Going Out [走出去]" —to invest abroad. According to Chinese official statistics, up until September 2013, there were about 150 Chinese enterprises that have carried out direct investment in PICs, with a total accumulated capital flow of US $ 1billion, which accounted for only 0. 18% of China's total foreign direct investment during the same period. The actual number is likely to be much higher.

The vast majority of such investments took place in the early 21st century. For the ten years from 2003 to 2012, Chinese foreign direct investment (FDI) in Pacific Island Countries accumulated to about US $ 689. 2 million (see Figure 2). The main FDI destination is Papua New Guinea (US $ 313 million), followed by Samoa (US $ 252 million) and Fiji (US $ 111 million) (see Figure 3).

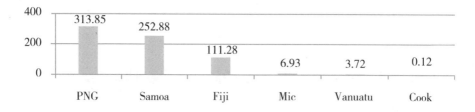

Figure 2　Distribution of Chinese FDI flow to PICs (2003—2012) (US $ million)

Investments are mainly in resource developments, fisheries, real estate and the service industry. Investors are mainly large and medium-sized central-level state-owned enterprises and local-level state-owned enterprises. Significant private enterprise investment remains small.

In addition to investment, Chinese enterprises have also won a lot of project contracts in the Oceania region. Up to September 2013, Chinese enterprises had signed various project contracts with a net value of US $ 5. 12 billion.

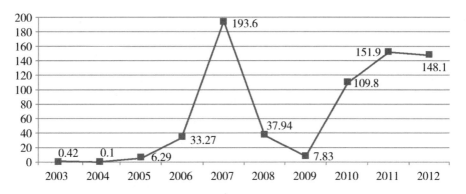

Figure 3　Chinese FDI flow to 6 PICs （US $ million）

Aid

With the rise of its overall economic strength in the 21th Century, the Chinese Government has increased efforts to provide foreign aid. China has accumulated up to 9. 4 billion RMB Yuan of Chinese aid in PICs up to September 2013. This includes provision of all kinds of assistance and more than 90 sets of reconstruction projects. However, we do not have complete and accurate data from government documents.

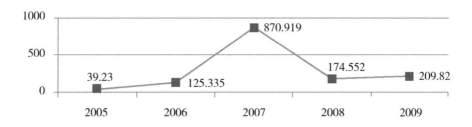

Figure 4　Trend of China's aid to PICs by commitment （2005—2009）（US $ million）

According to some sources of data, from 2005 to 2009, PICs accepted Chinese aid (through commitments) worth US $ 1. 419 billion. Based on calculations using the recently issued *White Paper on China's Foreign Aid* (2014), during the three years from 2010 to 2012 China's total aid to those countries amounted to 3. 752 billion Chinese Yuan (CNY). According to the White Paper, PICs have received only 4. 0 to 4. 2% of total Chinese foreign aid.

The largest recipient of Chinese aid in the region is Fiji. During the five-year period from 2005 to 2009, China's aid to Fiji amounted to US $ 865 million, accounting for over 60% of the country's total aid. After the 2006 military coup in Fiji, Western countries imposed sanctions and reduced aid commitments to Fiji. Over this period, China actually increased its aid in adherence with the principle of non-interference in another country's internal affairs.

Another important recipient of aid is Papua New Guinea (PNG). In the five years from 2005 to 2009, China's aid to PNG amounted to US $ 236 million, accounting for 18% of its foreign aid to the region. Papua New Guinea, a country rich in resources and the most highly populated country in Oceania, has become one of the most important countries for Chinese overseas economic engagement. This is why China increased its aid to PNG (see Figure 5).

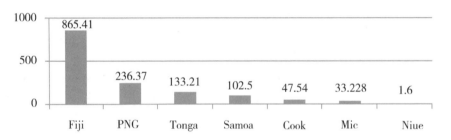

Figure 5   Share of Chinese Aid by country (2005—2009) US $ million

According to *China's Foreign Affairs White Paper* (2014), from 2000 to 2012 China provided 30 aid projects in areas such as important government office buildings, education, sports and cultural venues, medical facilities, roads and bridges, hydropower, bulwarks, model villages and e-government.

Other forms of Chinese assistance include emergency humanitarian aid, climate change assistance, education and development of human resources. Besides bilateral aid, China also supplied optional financial assistance to regional organizations such as the Pacific Island Forum (PIF), the Secretariat of the Pacific Community (SPC), and the South Pacific Trade Commission (SPTC).

At the Second China-Pacific Island Countries Development Cooperation Forum in Guangzhou, November 2013, the Chinese government announced it would provide PICs with a US $ 1 billion concessional loan over the next four years and that the China Development Bank will set up commercial loans worth US $ 1 billion for infrastructure projects to support economic and social development in each island state.

Conclusion

The above analysis shows that overall China's peaceful rise and comprehensive development is bringing important economic benefits to the outside world, including those countries in the Pacific Island region. China's peaceful rise is not a threat but creates opportunity for the world. However, some obstacles and misunderstandings about China's role and foreign policy towards the region remain.

First, as shown above, we should not exaggerate China's role in the Pacific. In terms of trade, investment and aid, Chinese influence is growing, but at the same time it has not replaced the position of traditional trade, investment and aid partners of the Pacific such as Australia, New Zealand, the United States, Japan and the European Union.

Second, we should not just judge China's role in the Pacific from the outside but also make more efforts to understand and judge it from the perspective of these island countries and peoples.

Third, as China is currently undertaking great changes, the outside world should have enough confidence and provide it the necessary space and time to adjust its policy.

The Pacific Islands in China's Geo-Strategic Thinking [*]

Chinese people's knowledge of Oceanian pales relatively in comparison with that of their counterparts living in surrounding areas, even that of Europeans before the twentieth century. Since the end of the 1970s, when China began to implement its opening-up and reform policies, universities started to provide a course on Oceania studies and several textbooks were published. However, Chinese scholars' understanding of Pacific Islands is very preliminary. For example, in a textbook extensively used in universities, the territory comprising Oceania was described as "scattered in the vast expanse of the South Pacific waters, constituting the island world". [①] Many people in China prefer to believe that the Oceania countries are located on "the edge of the world". [②]

Geographically speaking, China is indeed very far away from the countries of Oceania, the distance ranging from 4 000 to 10 000 kilometers. Furthermore, the South Pacific region is beyond the historical Chinese "maritime silk road". Shipping and air contact have not been easy. Even today, there are still no direct flights between mainland China and the Pacific Islands. Most Chinese scholars who are interested in Asia-Pacific issues focus on the US alliance system, of which a key part is Australia, considered a "south anchor" in the US Asia-Pacific strategic system during the Cold War. Few Chinese scholars devoted to the study of international relations regard Oceania as a top priority. Moreover, Pacific island countries are indeed small and micro states which gained independence not long ago. They play only a marginal role in China's strategic thinking.

---

[*] In Michael Powles (ed.), *China and the Pacific: The View from Oceania*, Wellington: Victoria University Press, 2016, pp. 89 – 97.

[①] Wang Jian Tang, *The Contemporary Oceania*, Guangzhou: Guangdong Education Press, 1991, p. 138.

[②] Yi Wen and Yang Zi (eds.), *The Oceania Countries—the Edge of the World*, Beijing: Military Literature Press, 1995.

Of course, this does not mean that the Pacific Islands are not important to China. As one scholar has argued, the Chinese government:

> according to its consistent policy, has given fervent sympathy and active support to national liberation and independence movements in the South Pacific region, and has conducted appropriate exchanges with them. ①

The Chinese government's good will towards Pacific Island countries was rewarded by their formal diplomatic recognition of China from the middle of the 1970s. However, the major concern of the Chinese government regarding its Pacific Island counterparts has been related to the political and diplomatic struggle with the Taiwanese regimes for "official diplomatic" recognition. Oceania's strategic importance to China has been limited given that peripheral countries and great powers (the US and former Soviet Union in particular) merit much more attention from the Chinese government. That said, this trend has changed substantially since the second decade of the 21st century. The rapid increase in economic exchanges and trade between China and the South Pacific countries has encouraged the Chinese leadership to rethink its strategic approach to South Pacific countries. This trend will grow if China's rise continues, raising the economic and geostrategic importance attached to the Pacific Islands by Beijing. Recent evidence of this is the agreement between China and the Pacific Islands to build a *strategic* relationship. ②

This article explores the role Pacific Island countries play in China's geo-strategic thinking now and in the future. Four important roles are recognized, in order.

First, the important location of various island countries in the context of China's safe ship transport through the South Pacific sea lanes;

Second, the island countries play a significant role in China's offshore defence strategy in the Pacific along with the further development of blue water navy;

Third, Pacific island countries remain a major priority of China's leadership in the struggle with Taiwanese regimes for diplomatic recognition, which is closely

---

① Wang Tai Ping (ed.), *Fifty Years of PRC Diplomacy*, Beijing: Beijing Press, 1999, p. 1532.

② Xinhua News Agency, *China, Pacific Island Countries Announce Strategic Relationship*, http://news. xinhuanet. com/english/china/2014 – 11/22/c_ 133807415. htm.

linked to China's peaceful unification strategy;

And last, Pacific islands can serve as a litmus test regarding China's promise to be a responsible great power commensurate with its rising strength.

The Pacific Islands and China's Maritime Navigation Security

There are more than 20 000 islands in the Pacific Ocean, mostly located near or south of the equator. Apart from Australia and New Zealand, the islands can be divided into three archipelagos—Melanesia, Micronesia, and Polynesia. These island regions are of economic and strategic importance for Chinese maritime security and navigation activities in the South Pacific. As one commentator has concluded:

> Those Oceanian developing countries are located in-between Asia, Australia, North and South America, and are linked with the Pacific Ocean and the Indian Ocean. Many international submarine cables are going through that region, both maritime and air transportation lanes also meet there. [1]

As China's domestic economic and external trade grows, so will its reliance on the shipment of goods and dependence on maritime security and freedom of navigation. Statistics show that about 90% of China's total import and export of goods and 40% of petrol and oil depend on marine transportation. By 2020, China's annual maritime trade will reach one trillion US dollars, and these products will be transported mainly by Chinese commercial shipping. [2] It is not surprising therefore that the Chinese government is attaching increasing importance to the maritime security and stability of Pacific sea routes of communication. As one analyst clearly described:

> China's petrol, oil and other important raw materials are supplied mainly by maritime transportation, and the delivery of the huge quantity of its finished

---

[1] Wang Jian Tang, *The Contemporary Oceania*, Guangzhou: Guangdong Education Press, 1991, p. 182.

[2] Xi Qi, "The Development of Chinese maritime Geo-strategy and China Navy in the Early Twenty-first Century", *Chinese Military Science* No. 4, 2004, p. 80.

products to overseas market also chiefly depends on shipping. So the mainte-
nance of security of the sea routes of communication is critical to Chinese mar-
itime security, and even more broadly to its national security. ①

Simply put, there are three major sea routes in the Pacific Ocean: a north
line, a middle line and a south line. Among them, the South Pacific line stretches
from East Asia to South America, Australian and New Zealand, and the total length
of the lines is about 10 000 nautical miles. The Pacific islands are located in the
intersection area, and there are many natural harbours in those countries.

Lack of infrastructure has led to bottleneck problems in these countries. China
can help them to develop modern shipping industries through port construction and
upgrades. At present, China is vigorously promoting the initiative of the 21st Cen-
tury Maritime Silk Road, and is treating "connectivity" as crucial. The Oceanian
region is regarded as the south part of the new silk road and great importance is at-
tached to it by the Chinese government.

Meanwhile, the Pacific Islands are also important transfer and supply stations
for Chinese scientific expeditions to Antarctica. China has undertaken a series of
Antarctic scientific expeditions since 1984, studying the potential for the peaceful
utilization of Antarctica. In so doing, China has successfully built four scientific
expedition stations including the *Great Wall*, *Zhongshan*, *Taishan*, *KunLun*. Cur-
rently, Chinese Antarctic scientific expedition ships often sail through sea routes in
the Pacific Island region. With the possible development of Antarctic tourism lines,
South Pacific islands can also serve as halfway stations. Clearly it is desirable for
China to promote cooperation with Pacific island countries in this regard. As one
Chinese scholar suggested:

As long as China and South Pacific Island countries have established
good relationships, it will bring about mutual benefits. If China can build
some observation bases or transform stations, not only can it significantly re-

---

① Gabriel Collins, "China's Dependence on Global Sea Public Goods", in A. S. Erick-
son, L. J. Goldstein, and Ni Li (eds.), *China, the United States, and 21st Century Sea Pow-
er: Defining a Maritime Security Partnership*, Translated by Xu Sheng and others. Beijing: O-
cean Press, 2014, p. 26.

duce the field of aerospace, marine, oil and gas exploration costs, but this will also enhance space technology development. ①

In short, the Pacific island countries are important strategic pivots for the future development of China's maritime transportation and navigation.

The Pacific Islands and China's Maritime Defence Strategy

Along with the expansion of China's overseas interests due to its deeper engagement with the international economy, China has sought to boost its maritime power in order to safeguard its interests if necessary. In so doing, China has paid special attention to its Pacific maritime defence strategy. China's maritime strategic priorities now and in the future can be summarized as: safeguarding national sovereignty, protecting marine rights and interests, maintaining the security of sea routes, establishing a stable relationship of great powers, and supporting marine order. For these purposes, China is dedicated to building a powerful blue water navy.

For geographic and strategic reasons as a big country on the Pacific Rim, China has developed its strategic orientation towards the Pacific Ocean. Its dedication towards becoming a strong maritime power is logical even though it has focused historically on and across its land borders. ② However, China's strategic interest in the Pacific Ocean has been obstrcted by invisible hands from the alliance of the United States, Japan and Australia. Since early in the Cold War, the U. S. has constructed three " C" type of Pacific island chain networks against the Soviet Union and China. Among them, the second island chain is also called the Southwest Pacific Network of which Guam serves as the center of the Micronesia group, extending from the Guam to Micronesia islands, New Zealand and Australia. As a result, an arc has been created of which the Tasman Sea, the Coral Sea, the Arafura Sea and other important waters are under the tight control of the US-led alliance. This plays a crucial role in enabling the US to contain and deter the Soviet Union

---

① Xie Xiao Jun, "Prime Minister Wen's Trip to South Pacific", *The Aged*, No. 5, 2005, pp. 8 – 9.

② John K. Fairbank, "China's Foreign Policy in Historical Perspective", *Foreign Affairs*, Vol. 47, No. 3, 1969, pp. 449 – 463.

and China. Although the Soviet Union has been sidelined by history, this "C" type of defensive network remains active because China is still considered a potential threat.

China's maritime strategic thinking relies first on its "coastal defense" in the first island chain and the surrounding areas including the Yellow Sea, East China Sea and South China Sea. However, China's naval modernization and its policy of building a real blue water navy for "offshore active defense" requires breaking through and undermining the US-led defensive network in the second island chain. [1] China's maritime great power dream will not be realized if the second island chain remains intact.

Some of the Pacific island countries are located in the second and third chains, and thus are important to China strategically. One Chinese analyst noted:

In the Pacific Ocean, this area (Pacific island countries) stretch-crosses two strategic channels—from east to north, from south to north—it has therefore always been a strategic location where the fierce competition of various marine powers loomed. [2]

While China's strategic orientation towards the Pacific Ocean is clear-cut, the US government continues to strengthen its presence in this region and has reemphasized that America is a "Pacific power". [3] This kind of statement has important implications during a period of escalating maritime disputes in the South China Sea and East China Sea. The US will not turn a blind eye to China's recent assertive-

---

[1] David Bennett, "China's Offshore Active Defense and the People's Liberation Army Navy", *Global Security Studies*, Vol. 1, No. 1, 2010, pp. 126 – 141.

[2] Xie Xiao Jun, "Prime Minister Wen's Trip to South Pacific, *The Aged*, No. 5, 2005, p. 8.

[3] "US defence Secretary: 'We are a Pacific Power, We Aren't Going Anywhere'", *The Guardian*, 11 August, 2011, http://www. theguardian. com/world/2014/aug/11/us-defence-secretary-we-are-a-pacific-power-we-arent-going-anywhere; Hillary Clinton, "America's Pacific Century", *Foreign Policy*, November 2011, http://www. foreignpolicy. com/articles/2011/10/11/americas_pacific_century.

ness, and is developing ways of constraining China's rising influence in the region. ① The US is further strengthening its military presence in the Pacific region, where the Pacific island region has been regarded as the strategic backyard of America. To prevent infiltration by external forces, America has implemented a "denial" strategy in the region. ② It seems inevitable that Sino-US competition is ultimately unavoidable in this region. ③

However, the strategic competition between China and the US, if indeed it does emerge in the future, may not necessarily turn into a zero-sum game, and Pacific island countries may not have to choose between China and America. Some even argue that it is counterproductive to suggest great power rivalry in this region. ④ After all, China's policy increasingly favours "defensive realism" rather than the relentless pursuit of power implied in its opposite of offensive realism. ⑤ In pursuing its national interests, China can also pay attention to the benefits resulting from strategic cooperation with the US and/or Pacific Island countries. That is why analysts suggest "soft" rather than "hard" power behaviour emerge in the South Pacific. ⑥

---

① Robert Ross, "Chinese Nationalism and Its Discontents", *The National Interest*, No. 116, 2011; Hugh White, "The Obama Doctrine", *The Wall Street Journal*, November 25, 2011.

② *Statements of Derek Mitchell, Principle of Deputy Assistant Secretary of Defense, Asian and Pacific Security Affairs*, Submitted to the House of Foreign Affairs Committee, Subcommittee on Asia, the Pacific and Global Environment, September 29, 2010.

③ Betel Vintner, "The South Pacific, China's New Frontier", in Anne-Marie Brady (ed.), *Looking North, Looking South, China, Taiwan and the South Pacific*, World Scientific Publishing Co., 2010, p. 30.

④ Jenny Hayward-Jones, *Big Enough for All of Us: Geo-strategic Competition in the Pacific Islands*, NSW: Lowy Institute, 2014.

⑤ Tang Shiping, "From Offensive to Defensive Realism", in Robert S. Ross and Zhu Feng (eds.), *China's Ascent: Power, Security, and Future of International Politics*, Ithaca and London: Cornell University Press, pp. 141 – 162.

⑥ Marc Lanteigne, "Water Dragon? China, Power Shifts and Soft Balancing in the South Pacific", *Political Science*, Vol. 64, No. 21, 2012, pp. 21 – 38.

The Pacific Islands Countries and China's Peaceful Reunification

The peaceful reunification of China is clearly an indispensable part of the China dream as promoted by the top Chinese leadership. ① The Taiwan issue has been China's biggest internal and foreign challenge. For a long time, both mainland China and Taiwan competed vigorously with each other for international diplomatic recognition, costing them both considerable resources and energy. From the perspectives of geopolitics and China's national reputation, the Taiwan issue has become a real obstacle to China's rejuvenation.

Since most of the Pacific island countries were small, under-developed and recently independent, the way was open for the Taiwanese regimes to conduct chequebook diplomacy: the provision of economic aid in exchange for diplomatic recognition. Within the current 22 "diplomatic allies" of Taiwan globally, six of them are from Pacific island countries, i. e. , Salomon Islands, Nauru, Kiribati, Marshall Islands, Palau, Tuvalu. ② The Taiwanese regimes have given high priority to Pacific island countries in their diplomacy. As one local Taiwan scholar concluded:

Although Taiwan is far away from those countries in the South Pacific, they are very important to the Taiwanese regimes at three levels: the achievement of diplomatic relations with Taiwan; bolstering America's strategic dominance in the Asia Pacific; as well as improving Taiwan's strategic posture in East Asia. Therefore, we (Taiwan) cannot underestimate the importance of those countries in the South Pacific". ③

In order to secure "diplomatic relations" with Pacific island countries, Taiwanese regimes have continued to strengthen their influence in these countries

---

① David Gosset, "China Dream Over the Taiwan Strait", *The Huffington Post*, 17 February 2014, at http://www. huffingtonpost. com/david-gosset/china-dream-over-the-taiwan-strait_b_4771628. html.

② In 2019, Solomon Islands and Kiribati broke off diplomatic relations with Taiwan.

③ I-Chung Lai, Taiwan's South Pacific Strategy, *Taiwan International Studies Quarterly*, Vol. 3, No. 3, Autumn 2007, p. 147.

through investment of political, economic and cultural resources. The investment of political resources involved "visit diplomacy", "summit diplomacy", "transit diplomacy" and so on. Meanwhile, the Taiwanese government increased economic aid to Pacific countries in an attempt to win the support of top-ranking officials in the countries. Culturally, the Taiwanese regimes have touted the cultural similarity between the aboriginal peoples of Taiwan and Pacific Islanders. More importantly, the Taiwanese regimes have worked with the US in order to retard the rising stature of China in this region.

The diplomatic tug of war in the South Pacific between China and the Taiwanese regimes continued for some time. According to Yang Jian, "the reality is that for many years until recently to compete with Taiwan diplomatically was perhaps the most important factor for China's growing involvement in the South Pacific."[1] During the late 1980s and early 1990s in particular, when China experienced serious domestic political turmoil, the Taiwan regime tried to take advantage of the opportunity to sabotage the normal relationships between China and some of the Pacific Island countries.[2] China's diplomatic relations with the Pacific island countries suffered somewhat as a result.

As time went on, China's remarkable economic growth and its return to a stable political situation paved the way for China to consolidate and develop friendly relations with Pacific island countries strictly in accordance with the "One China" policy. At present, there are eight Pacific island countries which have formal diplomatic relations with mainland China, slightly more than the number supporting Taiwan.[3] China's economic relations with the Pacific Island countries have grown recently and the total volume of trade between mainland China and the Pacific Island countries has greatly exceeded Taiwan-Pacific island trade. On foreign aid, China has become the third largest donor to Pacific island countries, only behind Austral-

---

① Jian Yang, *The Pacific Islands in China's Grand Strategy: Small States, Big Games*, New York: Palgrave Macmillan, 2011, p. 51.

② Xi Ming Yuan, *My Diplomatic Mission in the South Pacific*, Beijing: Xin Hua Press, 2009, p. 38.

③ China had established the formal diplomatic relations with the Soloman Islands and Kirrbatc in 2019, thus there are ten Pacific Island Countries which have diplomatic relations with China.

ia and New Zealand. ① Moreover, China is a full dialogue partner of the Pacific Islands Forum, the leading regional organisation. It seems that mainland China now has the upper hand.

In 2008 the Kuomintang candidate Ma Ying-Jeou was elected "president" of Taiwan and a "diplomatic truce" across the Taiwan Strait emerged. The long-standing diplomatic rivalry in the region was temporarily suspended. However, this truce might be reversed while the goal of peaceful unification remains a challenge. Taiwan will presumably continue to utilize its diplomatic leverages in the region and seek to expand its "international space", for example by striving for formal membership of the United Nations and other international organizations. Taiwan's "chequebook diplomacy" and "democratic values diplomacy" remain attractive in the South Pacific region. The sophisticated diplomacy used by Taiwan in the Pacific Islands region may therefore continue to pose a strategic challenge to mainland China's foreign policy in the region.

The Pacific Islands and China's Soft Balancing Strategy

Among the 14 Pacific Islands sovereign countries, 12 of them are UN member states. In addition, there are about a dozen territories subject to American or French, the US. and New Zealand. jurisdiction or influence. In the future, if some of these territories can achieve independence and join the UN as formal members, the influence of the Pacific Islands will nominally increase. There is a considerable Chinese diaspora scattered in those islands, with a total of approximately 80 000, amounting to about 1% of the total population. ② Though many of these Chinese have inter-married with the local people, and have deeply integrated into local society, their Chinese heritage and links to both Chinese and local culture, are assets in the promotion of friendly relations between China and Pacific Island countries.

---

① Yu Chang Sen, "Chinese Economic Diplomacy Toward the Oceania Island States in the First Decade of 21st Century", *Blue Book of Oceania* 2013 – 2014, Beijing: Social Science Academic Press, 2014.

② Ron Crocombe, Asian in the Pacific Islands, Replacing the West, *Geographical Journal*, Vol. 173, No. 4, 2008, pp. 390 – 392.

Recently, China has provided aid in various infrastructure projects in Pacific Island countries. According to "China's Foreign Affairs" White Paper, from 2000 to 2012, the Chinese government has offered about 30 major projects to six Pacific Island countries—Papua New Guinea, Fiji, Federated States of Micronesia, Samoa, Tonga and Vanuatu. These include the construction of official government buildings, e-government networks, and infrastructure such as highways, bridges, and hydropower and sea embankments. The Chinese government also offered considerable free aid and grants for human resources training, cultural communication, medical and health care and fields such as emergency assistance. [1] More importantly, Chinese aid is generally free of political conditions. As a result, both political elites and the general public can enjoy the benefits of Chinese aid, and it lays a strong foundation for mutually beneficial relations between China and Pacific Island countries.

In the future, through the sophisticated use of economic tools and a thorough understanding of needs, and with the cooperation of the local people, China may be able to ensure the sustainable development of island countries. This is evident from the concept of "green innovation and win-win cooperation" proposed at the second China-Pacific Island Countries Economic Development and Cooperation Forum held in November 2013 in Guangzhou, China. China is working hard together with the international community to tackle poverty and solve development problems in the Pacific Islands region.

Meanwhile, China can use its increasing soft power (through Confucius Institutes and other tools of public diplomacy) to cultivate local elites and public opinion, and promote a good image of China in this region. As one scholar observed:

China's public diplomacy can shape the (favourable) image of China as a peaceful and responsible country which honours the equality of sovereignty between countries big or small, and this may enhance mutual understanding

---

① Yu Chang Sen, "Chinese Economic Diplomacy Toward the Oceania Island States in the First Decade of 21st Century", *Blue Book of Oceania* 2013 – 2014, Beijing: Social Science Academic Press, 2014, pp. 20 – 25.

and trust in the South Pacific. ①

Indeed, China's economic aid and public diplomacy have produced positive returns. Many Pacific Island countries have publicly started to "look north"② and to look forward to the "dragon's hug"③. More importantly, they have expressed their willingness to further strengthen their relations with China as a key component of their diplomatic strategies and national policies. Many Island leaders have made Beijing their first official overseas destination. These positive trends were underlined in 2014 when Chinese President Xi Jinping visited Fiji, and held meetings with Pacific leaders. On this visit, President Xi Jinping announced new economic cooperation initiatives including zero tariff treatment of 97% of goods imported from least developed countries, offered 1 000 training scholarships, and promised support on climate change issues. ④

Conclusion

China is in the early stage of formulating its grand strategy for the new century. Traditionally, great powers, peripheral countries and developing countries have dominated China's grand strategic thinking. In contrast, the Pacific Island countries only play a marginal role. Yet, due to China's rise and the recent expansion of its global interest, Beijing now pays considerable attention to Oceania, and gives priority to strategic relations with Pacific Islands. China's maritime security and freedom of navigation in the Pacific, its defence strategy, maritime development and diplomatic rivalry with Taiwan have all been factors. In short, a review of the place of the Pacific Island countries in China's strategic blueprint is in order.

---

① Li De Fang, "The Public Diplomacy Practice of China in the South Pacific Island Countries", *Pacific Journal*, No. 11, 2014, p. 33.

② Ron Crocombe, "The Software of China-Pacific Relations", in Anne-Marie Brady (ed.), *Looking North, Looking South, China, Taiwan and the South Pacific*, Singapore: World Scientific Publishing Co., 2010, pp. 35 – 38.

③ "Dragon's Hug", *Fiji Times*, 23 November 2014, p. 1.

④ *Xi Jing Ping Meets with the Leaders of Pacific Island Countries*, http://news. xinhuanet. com/world/2014 – 11/22/c_1113361879. htm.

China's Response to the South Pacific Regionalism*

Compared with the whole Asia-Pacific, the so called Oceania or South Pacific is a sub-region indeed. Pacific regionalism in this article refers to the process and model of regional integration or convergence among the countries in Oceania.

1 Emergence of the "Pacific Way"

South Pacific regionalism can be divided into two stages. Before the 1970s, the South Pacific region belonged to the Western powers as their colonies and overseas territories. Regional cooperation was dominated by foreign powers (or sovereign states), thus the cooperation agenda was mainly to coordinate the interests of and competition among the sovereign states. We consider this kind of cooperation as "old regionalism".

During that period, the most prominence of regional institutional arrangements was the establishment of the South Pacific Commission in 1947. Its members include the United Kingdom, France, the United States, the Netherlands, Australia, and New Zealand. Since the 1960s, the South Pacific Islands have successively gained independence, and regionalism has been gradually localized. Then the South Pacific regional cooperation has entered a new stage. The outstanding event was the establishment of the South Pacific Forum in August 1971. Fiji, Samoa, Tonga, Nauru, Cook Islands, Australia, and New Zealand were the founding members of the Forum. We argue that cooperation in South Pacific thus enter a period of *new regionalism*.

In 2000, the South Pacific Forum was renamed to the Pacific Islands Forum (PIF), which comprises 16 independent members of the South Pacific region. The mission of the Pacific Islands Forum is "to work in support of Forum member governments, to enhance the economic and social well-being of the people of the South

---

* In Yu Changsen (ed.), *Regionalism in South Pacific*, Beijing: Social Science Academic Press, 2018, pp. 45 – 54.

Pacific by fostering cooperation between governments and between international a-
gencies, and by representing the interests of Forum members in ways agreed by the
Forum. " ①In 2013, the Pacific Island Development Forum (PIDF) was set up,
whose members include Fiji, Federated States of Micronesia, Kiribati, Marshall
Islands, Nauru, Palau, Solomon Islands, Timor-Leste, Tokelau, Tonga, Tuvalu,
and Vanuatu, without Australia and New Zealand, making its localization more viv-
id.

Based on its own historical tradition, cultural characteristics and the reality of
political and economic development, Pacific regionalism has its own model, which
can be concluded as *Pacific Style* or *Pacific Way*. According to the views of Chi-
nese scholar Dr. Xu Xiujun, the *Pacific Way* has become not only the key to un-
derstand the people's living and national external behavior in the South Pacific, but
also the basic clue to study the South Pacific cooperation process. ② In the summary
of the *Pacific Way*, Dr. Xu has put forward five core elements of that concept,
which are, 1) peaceful way to resolve disputes; 2) equality; 3) consensus;
4) pan-Pacific spirit; 5) gradualism. ③

I think points 2 and 3 of the concept reflect the distinctive features of *Pacific
Way*. "Equality" means all countries, big or small, are equal. This is especially
important because most of the Pacific island countries are small states and even mi-
cro states. "Consensus" means make decisions through friendly negotiations, not
under pressure. "Gradualism" means "slow" lifestyle and island culture in this re-
gion; "pan-Pacific spirit" means "shared responsibility and wealth". ④ In addi-
tion, I would like to add another obvious character, "the spirit of regional autono-
my". In the process of studying the Pacific regional cooperation, we find that there
have always been tensions between islanders who seek for autonomy and external
influences which obviously exist there. We admit that the external forces, including

---

① http://www. forumsec. org/pages. cfm/about-us/.

② Xu Xiujun, *Regionalism and Regional Order, the Case of South Pacific* , Beijing: So-
cial Science Academic Press, 2013, p. 132.

③ Xu Xiujun, *Regionalism and Regional Order, the Case of South Pacific* , Beijing: So-
cial Science Academic Press, 2013, pp. 132 – 136.

④ Ron G. Crocombe, *The Pacific Way: An Emerging Identity*, Suva: Lotus Pasirika Pro-
ductions, 1976, p. 24.

Australia, New Zealand, and the former sovereign European states, as well as e-merging forces—the United States, Japan, China, etc. , have been trying to play greater influence on this process.

2 China's National Interest and Strategy in South Pacific

Undoubtedly, China is a new comer to the Pacific cooperation and had little impact in the early history of its process. China's policy on cooperation in Oceania is main-ly based on its strategic objectives in the region. For a long time, China's main strategic objectives in the South Pacific are as follows.

2. 1 To prevent Taiwan seeking for expanding international space, and maintain one China position

At present, among the 14 independent Pacific island countries, six (Marshall Islands, Solomon Islands, Palau, Kiribati, Tuvalu and Nauru) still maintain dip-lomatic relationships with Taiwan, accounting for a quarter of the total number of Taiwan's diplomatic relate countries. [1] Under the temptation of "check book" di-plomacy, these countries created "two Chinas" contradictions from time to time in the international occasions. For example, those countries proposed Taiwan to be-come a member of UN at the United Nations General Assembly. According to Jian Yang, for a long term, diplomatic competition with Taiwan was the most important factor of China's involvement in South Pacific region. [2]

2. 2 To protect the life and property of overseas Chinese

There are about 1. 5 million overseas Chinese living in Australia, and 250 thousand in New Zealand. The Chinese residents in the Pacific island region has no exact demography, and in 2006, there were a total of about 80 000 Chinese, mainly in

---

[1] In 2019, Solomon Islands and Kiribati broke off diplomatic relations with Taiwan.

[2] Jian Yang, *The Pacific Islands in China's Grand Strategy: Small States, Big Games*, Palgrave Macmillan, New York 2011, p. 51.

Papua New Guinea and Fiji. ① With the increase in trade, investment, economic and technological cooperation between China and the Pacific island countries are in recent years, the number of Chinese people in the Pacific island has increased significantly, especially the new Chinese immigrants, students, Chinese employees and so on. Although most Chinese have joined the local nationality, they have become minorities. When Pacific island countries are in turmoil, "the Chinese people often become the scapegoat of local opposition politicians and the target of the local people during the riots." ②Therefore, how to effectively fulfill the consular protection of the Chinese has become one of the important tasks of China's diplomacy in the Pacific island countries.

2.3   To expand Chinese economic diplomacy in the South Pacific

In the first 15 years of the 21st century, we find that China and Oceania island relations show a full range of development momentum. China's rise and economic development have benefited all countries, including those in Oceania. Through equal and reciprocal trade, China has gained mineral resources and marine products which are needed for economic development, and has exported inexpensive industrial products to Oceania countries. China has become an important trading partner of Oceania. In terms of investment and projects contracting, Oceania has opened up a new business for Chinese companies to implement the "Going Out" strategy and "One Belt One Road" initiative. In terms of development assistance, China is currently the third largest foreign aid provider to the South Pacific countries. By September 2012, China has totally provided RMB 9.4 billion of various types of assistance and 90 sets of projects to the South Pacific countries. ③The field of aid covers industrial, agricultural, infrastructure and civil construction projects. To a

---

① Paul D'arcy, *China in the Pacific, Some Policy Consideration for Australia and New Zealand*, Discussion Paper 2007/4, State, Society, and Governance in Melanesia, Research School of Pacific and Asian Studies, Australian National University.

② Graeme Smith, "Trends among Chinese Investors in the South Pacific", in Yu Changsen (ed.), *The Blue Book of Oceania 2014 – 2015*, Beijing: Social Science Academic Press, 2015, p. 218.

③ *Speech of Vice Premier Wang Yang at the Opening Ceremony of Second China-Pacific Island Countries Economic Development and Cooperation Forum*, November 8, 2013, http://www.fmprc.gov.cn/mfa_chn/zyxw_602251/t1097478.shtml.

certain extent, these aid projects have improved the islands' infrastructure and living conditions.

2. 4 To promote Chinese public diplomacy in the South Pacific

China can construct a peaceful and responsible reputation and positive national image by supplying foreign aid, especially medical and health assistance, emergency humanitarian assistance, civil service training, cultural exchange to the South Pacific. Through NGOs such as the Confucius Institute and the Chinese school, China provides scholarships and other forms of funds for the island people to cultivate social elites in the South Pacific region. According to Ron Crocombe, in recent years, through sustained efforts, China's public diplomacy has produced a positive return. Many Pacific island countries has set the "Look North" as the established national policy[1]and they want to meet with the "Dragon Hug" with great enthusiasm. [2]

3   China's Policy to the South Pacific Regionalism

With the rapid rise of China in the early 21st century, especially the expansion and deepening of bilateral economic and cultural exchanges between China and Oceania, China has played an increasingly obvious positive role in the multilateralism process in the region. China's influence and policy to the Pacific regionalism can be mainly manifested as follows.

3. 1 China participates in the Pacific Islands Forum's Dialogue meeting by sending high level delegations

In 1989, China became a partner of the Pacific Islands Forum Dialogue meeting. Since 1990, China has continuously sent high-level representatives of the government to attend the post-conference dialogue meeting, to foster cooperation with the

---

[1]   Ron Crocombe, "The Software of China-Pacific Relations", in Anne-Marie Brady (ed.), *Looking North, Looking South, China, Taiwan and the South Pacific*, World Scientific Publishing Co. , 2010.

[2]   Fiji Highly Valued Xi Jinping's Visit, Excited to Meet "Dragon Hug", *Global Times*, Nov 24, 2014, http://world. huanqiu. com/exclusive/2014 – 11/5212571. html.

Forum secretariat and its member countries. China proposes "mutual respect, e-quality and mutual benefit, mutual opening and common prosperity, consensus" as the fundamental principle of friendly cooperation between Asia Pacific countries and South Pacific countries. ① In August of 2003, Chinese Vice Foreign Minister Zhou Wenzhong led a delegation to attend the 15th Forum meeting in Auckland, New Zealand. At that meeting, he put forward five proposals to strengthen relations with the forum members. The proposals were: China joins the South Pacific Tourism Organization; organizes South Pacific island diplomats training courses; funds advisory services of oil project; welcomes the South Pacific island countries to continue to send delegations to participate in the "China investment and Trade Fair" in Xiamen, "China International Tourism Trade Fair" in Kunming; and welcomes the media delegations of island countries to visit China. These proposals have been highly appreciated and welcomed by the forum. ② At the same time, the Chinese government appointed China-Pacific Forum Dialogue Special Envoy to show China's attention to the Pacific regional organization. The Special Envoy, as a representative of the Chinese government, can make speeches on behalf of Chinese official positions on various occasions. So far, China has successively selected two such envoys, Ambassador Li Qiangmin and Ambassador Du Qiwen. The special envoys also attend the Pacific Island Development Forum's meetings, and pay special visits to the member states regularly. they have become the liaison men and bridge between the Chinese government and Pacific states, as well as the regional organizations.

3.2　The Chinese government provides financial assistance and training program for regional organizations and member states

In the last decade, China had provided financial assistance to several regional organizations. These organizations include the Pacific Islands Forum, the Pacific Island Development Forum, the Pacific Community and the Melanesian Spearhead Group. Since 2000, the Chinese government has decided to set up China-Pacific

① The Pacific Island Forum, http://www.baike.com/wiki/%E5%A4%AA%E5%B9%B3%E6%B4%8B%E5%B2%9B%E5%9B%BD%E8%AE%BA%E5%9D%9B.

② The Pacific Island Forum, http://www.baike.com/wiki/%E5%A4%AA%E5%B9%B3%E6%B4%8B%E5%B2%9B%E5%9B%BD%E8%AE%BA%E5%9D%9B.

Islands Forum Cooperation Fund to promote cooperation between the two sides in trade and investment. China decided to increase the capital of this fund by US $ 2 million over the period 2011 to 2015. China provides fund for Pacific Island Trade and Investment Commissioner Office in Beijing, on its purpose to promote trade, investment and tourism cooperation between Pacific island countries and China. In October 2005, the Chinese government decided to fund the comprehensive development of the ports under the Pacific Plan, regional aviation arrangements, and information projects for rural remote areas (2006 – 2010), and donated to the regional security fund. China has also provided small assistance to the Pacific Community's "South Pacific Forest Protection", "remote area satellite communications" and "South Pacific airport terminal upgrade" projects. In 2006, China funded the reconstruction of the headquarters of the Melanesian Spearhead Group in Vila Port, Vanuatu. China has set up special human resource training programs for the Pacific island countries and regional organizations. The Ministry of Foreign Affairs of China organized five sessions of Pacific Islands Forum senior diplomat training courses, in which diplomats of China's eight diplomatic relation states and the PIF secretariat diplomats were invited to China from November 2009 to June 2011. From 2011 to 2015, the Ministry of CPC Central Committee External Relations had organized five politician joint missions from Pacific island states to visit China. According to the central government's arrangement, the Guangdong Provincial People's Government commissioned the Guangdong University of Foreign Studies to offer training courses for the Pacific island youth leaders. As mentioned above, these training programs sponsored by China not only improve the governance capacity of the Pacific island countries, but also cultivate friendly social elites.

3.3 China co-sponsors the "China-Pacific island countries economic development and cooperation forum" with the PIF Secretariat

The first "China-Pacific Island Economic Development and Cooperation Forum" was held in Nadi, Fiji on April 5, 2006. Premier Wen Jiabao led the Chinese delegation to attend the meeting. At this meeting Premier Wen described China's principle of economic and trade cooperation with the Pacific island countries as "focus on long-term, step-by-step, mutual benefits and common development". Premier Wen Jiabao announced a series of policy measures: China would provide RMB 3 billion of preferential loans in the next three years and provide a total of 2 000 scholarships in training the government officials and various technical personnel in the PICs. ① The conference marks a new step in the multilateral cooperative relations between China and the Pacific island countries, and opens a new model for collective meetings between China and the Pacific islands. China's policy change has caused a chain reaction in the international community. On November 8, 2013, the Second China-Pacific Island Countries Economic and Development and Cooperation Forum was held in Guangzhou. Chinese State Council Deputy Prime Minister Wang Yang attended the opening ceremony. In his keynote speech, Wang Yang stressed that the development of friendly and cooperative relations with Pacific Island countries is a long-term strategic policy of China's diplomacy. China promised to provide a total of US $ 1 billion in loans to the island countries; establish a special loan of US $ 1 billion US for island infrastructure construction; provide 2 000 scholarships in training professional and technical personnel in the next four years for the island countries. ② It was the first high-level meeting between China and the Oceania countries held in China. The theme of the conference was "green innovation, win-win cooperation", which not only meets the actual needs of the e-conomic and social development of the South Pacific countries, but also advocates a new concept of cooperation.

Conclusion

From the cases above, we can find that, as an outsider, China has shown strong enthusiasm and quite positively response to the Pacific regionalism. The character-istics of China's policy to Pacific regionalism can be summarized as follows:

First, constructing the institutional linkage between China and the major regional organizations in the Pacific, through appointment of special envoys and co-sponsoring the China-Pacific Island Countries Economic Development and Coopera-

---

① Speech at the opening ceremony of the first ministerial meeting of "China-Pacific Island Economic Development Cooperation Forum" by Premier Wen Jiabao, *People's Daily*, April 6, 2006.

② Speech at the opening ceremony of the Second ministerial meeting of "China-Pacific Island Economic Development and Cooperation Forum," by Vice Premier Wang Yang, *People's Daily*, November 9, 2013.

tion Forum;

Second, Providing funds for the regional organizations in Oceania through foreign aid;

Third, Helping in promoting the ability of the islands' good governance through training programs for the civil servants. In this respect, China can harvest good personal relations with the island elites in the future, as well as taking full understandings of the Pacific island countries' reasonable concerns, such as extreme climate threat, green sustainable development, the spirit of struggle for autonomy and so on.

China also volunteers to support emergency assistance to island countries when natural disasters happen. In terms of autonomy, China's assistance to island countries has never attached any political conditions, but with full respect to the models of development chosen by the island countries themselves. China provides financial support to the regional organizations such as Pacific Islands Forum, the Pacific Community, the Pacific Island Development Forum, and the Melanesian Spearhead Group.

China's involvement in Oceania's regional cooperation in recent years increasingly plays a role of a supplement to China's bilateral relations with Pacific island countries. China's participation in the Pacific regional cooperation provides a new platform for China's Oceanian diplomacy. However, compared with Australia and New Zealand, China's influence on Pacific regionalism is relatively limited.

China's policy on regionalism in the South Pacific mainly aims at consolidating its core interests and expanding its influence. It is based on the following three basic objectives: First, in politics, to strengthen regional relations with regional countries through the use of regional multilateral cooperation platform, and squeeze Taiwan's international living space through the implementation of one Chinese policy. Second, in economics, to encourage and indirectly participate in the process of economic integration in the South Pacific region, for Chinese enterprises to "Go Out" to create more business opportunities. Third, in public diplomatic, through providing financial assistance and personnel training, to expand China's influence, in order to consolidate the foundation of the relationship between China and the South Pacific countries.

In the future, since the South Pacific region has become the "south leg" of the 21st Century Maritime Silk Road initiative, Chinese attention to the region and resources input will be improved further. However, China's policy can only be carried out smoothly when its own interest is combined with the immediate needs of the countries in the region.

US and Australia Should Abandon "Mania for Colonization" in the Pacific*

"China sees the Pacific Island countries as a partner of 'south-south cooperation', which is a partnership between developing countries and aims for mutual benefits," said Yu Changsen, research fellow with the Center for Oceanian Studies at Sun Yat-sen University.

Yu believes the interference of countries including US and Australia in the development of China-Pacific Island countries (PICs) relations, especially in the security cooperation between China and Solomon Islands, reflects their "mania for colonization".

Yu Changsen is a professor emeritus at Sun Yat-sen University in Guangzhou, China's Guangdong Province. His research fields cover China-Oceanian countries relations, Australia's foreign policy and Asia-Pacific regional cooperation.

The "Colonizer Mindset" Should Be Blamed

Chinese State Councilor and Foreign Minister Wang Yi recently conducted a 10-day diplomatic tour of the Pacific Island nations, when China and PICs signed and reached 52 bilateral cooperation outcomes, covering 15 areas, including climate change, pandemic response, disaster prevention and mitigation, agriculture and trade.

In an interview after the visit, Wang emphasized that China has no intention of competing with anyone for influence or engaging in geographical competition. However, US and Australia have voiced their concerns over China's engagement in the South Pacific, especially over its bilateral security framework agreement with the Solomon Islands.

---

* Interview draft released by the International Communication Center, Nanfang Media Group, 2022 – Jun – 13. < Fact Check ︱ US and Australia should abandon "mania for colonization" in the South Pacific: Expert_ www. newsgd. com. >

"Countries such as US and Australia have longstanding relationships in the South Pacific. They are seeking to control PICs and safeguard their so-called 'sphere of influence'," Yu said. "But the Pacific Island countries are sovereign states, rather than anyone's backyard."

Yu noted the security agreement between China and Solomon Islands does not involve the building of any military bases. "The main content of the agreement is about policing cooperation, in a bid to enhance Solomon Islands' capacity of safeguarding its own social stability and responding to security emergencies," Yu furthered. "The cooperation targets no third party."

Solomon Islands Prime Minister Manasseh Sogavare said the security agreement with China was needed because an agreement with Australia was "inadequate" when addressing parliament in April and lashed Australia's signing of the AUKUS defence alliance with the US and UK last year without consulting PICs.

"AUKUS is tasked with helping Australia to acquire nuclear-powered submarines," Yu went on. "It is a sheer violation of the South Pacific Nuclear Free Zone Treaty."

Yu pointed out that even in the 21st century, Australia and US were reluctant to give up their "mania for colonization". "From their perspective, there is no need to consult PICs," Yu said.

"China-Pacific Islands Cooperation Based on Equality and Reciprocity"

"The cooperation between China and Pacific Island countries is under the framework of the 21st Century Maritime Silk Road. Infrastructure construction is a major part of China's assistance to those nations. There is also cooperation in tackling climate change, talent training and developing electronic commerce," Yu elaborated.

With geographical proximity, "the region of Pacific Islands is also a key area for Guangdong's comprehensive opening up to the world on a higher level," Yu said.

In recent years, Guangdong has carried out various assistance to and cooperation with PICs in the fields of trade, livelihood assistance, COVID response and public health, disaster prevention and mitigation, human resources development, cultural exchanges and more, according to the *Fact Sheet: Cooperation Between*

Guangdong Province and Pacific Island Countries.

For example, as shown in the *Fact Sheet*, since the outbreak of COVID-19 in 2020, Guangdong has donated more than 1.8 million pieces of medical supplies such as masks, test reagents, gloves, protective clothing and forehead thermometers, as well as 30 isolation wards. In addition, enterprises in Guangdong Province have participated in the construction and operation of infrastructure, agricultural and fishery projects in PICs such as Papua New Guinea, Fiji and Samoa.

Yu noted, "The development of China-Pacific Islands countries relations will be always on the basis of equality and reciprocity and for the benefits of the people on the two sides."

后　记

我对大洋洲区域问题研究的学术生涯，与大多数国内学者相似，都是从特定的国别研究开始的。我首先研究的是澳大利亚，那时是 20 世纪 90 年代末期。1998 年 5 月到 1999 年 5 月，我有幸被中山大学遴选前往澳大利亚格里菲斯大学从事为期一年的访学。当时接待我的主要是该校现代亚洲系系主任、著名的汉学家马克林教授（Professor Collin Mackerras）。尽管格大总体实力不如排名在它之前的另外 8 所澳大利亚大学，但是它的亚洲研究是全澳有名的。目前，格里菲斯亚洲研究所（Griffith Asian Institute, GAI）已经成为世界排名靠前的国际问题知名智库。随后，我又申请到了前往澳大利亚国立大学战略与防卫研究中心（SDSC）做 2 个月访问的机会。

我在澳大利亚主要关注和研究的领域是澳大利亚的亚太区域合作政策，相关研究成果列入《亚太区域合作的理论与实践》（中国社会出版社 2004 年版）一书中。此后一段时间之内，由于受到教学压力的影响，我的澳大利亚研究工作一度沉寂下来，6 年内没有发表任何成果。

直至 21 世纪的第一个十年，中山大学亚太研究院支持本院教师开展澳大利亚和大洋洲问题的研究与学术交流活动。为此，2009 年和 2010 年，我院与格里菲斯大学亚洲研究所联合轮流举办以非传统安全为主题的研讨会。

2010 年，我申报广东省哲学社会科学基金项目"亚太国家对中国崛起的认知与反应"获得批准。作为该项目的前期成果，我发表了论文《澳大利亚对中国崛起的认知与反应》（《当代亚太》2010 年第 4 期），这也是我第一次在期刊公开发表有关澳大利亚—大洋洲研究的论文。紧接着我提交澳大利亚格里菲斯大学的会议论文 "The Dilemma of Interdependence: Current Features and Trends in Sino-Australian Relations" 也被遴选发表在 *The Australian Journal of International Affairs*（Vol. 66, Issue 5, 2012）杂志上。据悉，目前还没有发现有其他哪位国内大洋洲研究领域学者在该期刊发文。在该文中，我运用了复合相互依赖理论，通过敏感性和脆弱性两个维度，分析了中澳经贸关系，回答到底谁更依赖谁的问题。而且研究发现，澳大利亚遭遇最大的贸易伙伴不是同盟国家的困境，这在历史上是第一次。

2012 年春，中山大学大洋洲研究中心有幸被教育部批准为国别和区域研究培育基地。本人不才，被学院和学校领导推选为中心常务副主任，负责管理中心的日常科研和学术交流工作。时至今日，已经历过了十个发展春秋。在此期间，本人除了参与中心日常行政事务外，主要精力放在了编辑撰写一年一度的《大洋洲蓝皮书——大洋洲发展报告》上面，为此，我花费了一年中的几乎一半时间。蓝皮书获得教育部社科司哲学社会科学发展报告项目立项资助，至今一共出版了 10 本。除了为《大洋洲蓝皮书——大洋洲发展报告》撰写报告外，我还参与了由广东外语外贸大学周方银教授主持的2014 年度国家社科基金重大项目"未来十年中国打造战略支点国家的理论分析与策略研究"，并为此撰写了《21 世纪美澳同盟的再定义：从联合反恐到应对中国崛起》（载《当代亚太》2016 年第 4 期）。在大洋洲研究选题方面，美国因素是绕不过的坎，而对美澳同盟的研究则是大洋洲—澳大利亚研究的重中之重。在该文中，我主要分析了美澳同盟在从联合反恐到应对中国崛起方向性转折的原因及历史，并解释为了应对中国崛起，该同盟做了哪些制度修复和升级改造工作。

除了重点研究澳大利亚这个大洋洲的超级大国外，我也有意识研究了中国与太平洋岛国的关系，主要成果包括：①《21 世纪初中国与太平洋岛国经济外交》（《大洋洲蓝皮书——大洋洲发展报告（2013—2014)》，社会科学文献出版社 2014 年版）。该文从贸易、投资、援助等三个方面深入分析了中国与太平洋岛国之间的关系。②《中国企业在太平洋岛国投资的社会政治风险分析》（《大洋洲蓝皮书：大洋洲发展报告（2015—2016)》，社会科学文献出版社 2016 年版）。该文从政治风险、法律风险、环境风险、文化宗教风险等方面分析了中国企业投资太平洋岛国可能遭遇到的风险，并提出了应对之策。③ "The Pacific Islands in China's Geo-strategic Thinking"（In Michael Powles edited, *China and the Pacific*：*View from Oceania*, Victoria University Press, 2016)。该文为作者出席 2015 年于萨摩亚首都阿皮亚召开的中山大学—新西兰维多利亚大学—萨摩亚国立大学三校联合举办的国际学术研讨会论文，后收入该研讨会文集。该文主要阐述太平洋岛国地区对中国国防战略和国家统一目标等方面的重要意义。

遗憾的是，本人的研究专题并没有涉及新西兰问题。作为构成大洋洲区域的三大块（澳大利亚、新西兰和太平洋岛国）之一，国内新西兰的研究力量一直比较薄弱。但是在本人主编的每期《大洋洲蓝皮书——大洋洲发展报告》所撰写的"总报告"中都有涉及新西兰的动态发展内容方面的分析。

在担任中山大学大洋洲研究中心常务副主任的这 10 年间，我除了撰写发表个人视角的研究成果外，还主编了以下重要著作：①《大洋洲蓝皮书——大洋洲发展报告》共 8 期；②《中澳关系大趋势：利益共同体的建构与展望》；③《中澳关系发展的历史回顾与前景展望》；④《澳大利亚语言文化研究》；⑤《国际社会对太平洋岛国援助的比较分析》；⑥ "*South Pacific Regionalism*"；等等。主持翻译了澳大利亚知名华人学者格里菲斯大学王毅教授撰写的《1949 年以来的澳中关系：60 年贸易与政治》一书，并负责指导《大洋洲研究通讯》的编撰和发行。

2021 年，本人从中山大学国际关系学院荣休，但仍然关注大洋洲研究动态，并不时发表一些评论文章和采访稿。借此中心成立十周年系列活动的机会，本人萌发了将过去十余年来有关大洋洲研究中外文章结集成书出版的想法，以便对我这十余年来的学术研究做一个总结。同时也可以利用图书出版的机会，与学界进行交流。本书收录的部分论文或者著作的章节发表在国外，很多国内同行是很难看到的。所以，结集出版，仍具有较大的学术价值。

承蒙中山大学"一带一路"研究院院长陈建洪教授的大力支持，将本书列入"一带一路"研究丛书，为本书稿出版提供了经费资助。现任大洋洲研究中心主任费晟教授极力推荐，玉成本书出版。中山大学国际关系学院的领导和同事、"一带一路"研究院同事给本书的出版提供了多方面的支持与帮助。中山大学出版社王天琪社长将本书列入优先出版计划；人文编辑部熊锡源主任是我多年的合作伙伴，政治敏锐，业务能力强，这次仍然由他负责本书的编辑工作。对于以上各位的大力帮助，在此一并感谢！

特别感谢华东师范大学政治与国际关系学院教授、中国大洋洲研究会会长汪诗明先生的抬爱，在百忙之中为本书撰写了序言。序言本身既是对本人的一种鞭策，也是对目前我国大洋洲研究的一个具有完整意义的指导性高论。因而，此序言为本书增添了光彩。

总之，书稿中存在不当之处全由本人负责。如果该书出版能对我国的大洋洲研究有所启发，则不胜荣幸之至！

喻常森

2022 年 10 月于广州

中山大学寓所